Werner Kany, Hermann Schöler
Fokus: Sprachdiagnostik

Frühe Kindheit | Sprache & Literacy

Werner Kany, Hermann Schöler

Fokus: Sprachdiagnostik

Leitfaden zur Sprachstandsbestimmung im Kindergarten

Cornelsen
SCRIPTOR

Ihre Wünsche, Kritiken und Fragen richten Sie bitte an:
Cornelsen Verlag Scriptor, Redaktion Frühe Kindheit,
Willy-Brandt-Platz 6, 68161 Mannheim

Ihre Bestellungen und Anfragen richten Sie bitte an:
Marketing, 14328 Berlin, Cornelsen Service Center,
Servicetelefon 030/89 785 89 29

ISBN 978-3-589-24520-8

1. Auflage 2007

07 08 09 10 11 5 4 3 2 1

Redaktionsleiterin: Ulrike Bazlen, Mannheim
Lektorat: Sigrid Weber, Freiburg i. Br.
Herstellung: Sandra Bennua, Mannheim
Layout: Ulrike Bazlen, Mannheim; Markus Schmitz, Münster
Satz: Markus Schmitz, Büro für typographische Dienstleistungen, Münster
Druck und Bindung: Druck Partner Rübelmann GmbH, Hemsbach
Umschlaggestaltung: Claudia Adam Graphik-Design, Darmstadt
Titelfotografie: Barbara Fahle, Frankfurt/M.

Printed in Germany

Weitere Informationen finden Sie im Internet unter
www.cornelsen.de

Inhalt

Einleitung

Sprachbeherrschung öffnet das Tor zur Welt. Sie ist zugleich Eintritts- und Mitgliedskarte: Zum einen gewährleistet sie den Eintritt in eine (Sprach-)Gemeinschaft, zum anderen ist sie Ausdruck der Zugehörigkeit zu einer (Sprach-)Gemeinschaft. In dieser erweist sich die Sprachbeherrschung als eine Schlüsselkompetenz, die die Teilhabe am Bildungsangebot einer Gemeinschaft und vor allem dessen Nutzung sichert. Die erfolgreiche Teilhabe und Nutzung entscheiden über die künftige berufliche und gesellschaftliche Stellung. Um beides zu gewährleisten, sind möglichst frühzeitig begleitende Maßnahmen erforderlich. Dies gilt vor allem dann, wenn Elternhäuser nur unzureichende Entwicklungsbedingungen bieten oder schaffen können. Dies ist häufig bei so genannten bildungsfernen oder Familien mit Migrationshintergrund der Fall.

Vielen Lehrenden galt und gilt der Kindergarten als Schonraum, der Kindern noch einmal vor dem Ende der Kindheit – dem Eintritt in die Schule – die Zeit geben soll, „ganz Kind sein“ zu können. Diese Position vertreten viele Erwachsene, ohne das Kind zu fragen bzw. ohne zu wissen, was es möchte. Dass damit zum einen die Wissbegierde vieler Kinder gebremst wird, zum anderen den Kindern mit Entwicklungsproblemen ein Bärendienst erwiesen wird, ist mittlerweile weitgehend Konsens. Was für die allgemeine Entwicklung gilt, trifft insbesondere auf den Spracherwerb zu und gerade der Zeitpunkt des Eintritts in den Kindergarten ist hierbei kritisch. Darum ist es unerlässlich, dass die Erzieherin bereits im Kindergarten auf den Spracherwerb der Kinder einwirkt und diese Aufgabe nicht der Schule und auch nicht allein dem Elternhaus überlässt. Erforderlich ist es, frühzeitig zu diagnostizieren und – wo es aufgrund ihrer Kenntnisse möglich ist – zu fördern. Hierfür sprechen verschiedene Gründe:

- Frühe Maßnahmen sind oft effektiver, als zuzuwarten und zu hoffen, dass sich die Probleme irgendwie „auswachsen“
- Die ersten Lebensjahre sind eine günstige Zeit für beiläufiges, nicht „verkopftes“ Lernen
- Die Entstehung von begleitenden und nachfolgenden Fehlentwicklungen der Spracherwerbsstörung, die nicht nur im sprachlichen, sondern auch im sozialen, emotionalen und schulischen Bereich zu beobachten sind, kann verhindert oder zumindest gemindert werden
- Angemessene Kenntnisse der Verkehrssprache sind die Voraussetzung für das Verständnis des Unterrichts und eines erfolgreichen Schulbesuchs.

In den in nahezu allen Bundesländern aufgestellten Bildungs- oder Orientierungsplänen für Kindergärten wird als Aufgabe der Erzieherin auch die der Diagnostik genannt. Es wird erwartet, dass sie Entwicklungsstand und Entwicklungsveränderungen einschätzen und bestimmen kann. Aufgrund der Befunde soll für jedes einzelne Kind ein angemessener Förder- und Bildungsplan erstellt werden: Welche Anregungen, welche gezielten Fördermaßnahmen benötigt das einzelne Kind? Wie erkennt die Erzieherin, wann Fördermaßnahmen einzuleiten sind? Welche der Maßnahmen können im Kindergarten bzw. der Kindertagesstätte durchgeführt werden, welche nur durch Fachkräfte anderer Disziplinen, wie z. B. Logopädie, Sprachheilpädagogik und Psychologie? Welche Prognosen sind möglich?

Die hierfür auch erforderliche diagnostische Kompetenz hatte bislang im Rahmen der Erzieherinnenausbildung und ihrer späteren beruflichen Praxis einen geringen Stellenwert. Die diesbezüglichen Ausbildungsinhalte konzentrierten sich vornehmlich auf die Vermittlung von Kenntnissen über die Methode der Beobachtung. Dabei wird zumeist verkannt, dass gerade die Beobachtung eine der anspruchsvollsten und aufwändigsten Datengewinnungsmethoden innerhalb der Diagnostik darstellt (Greve & Wentura, 1997). Die Erzieherinnen sind deshalb für die von ihnen nun erwartete Aufgabe nur unzulänglich gerüstet.

Der vorliegende Leitfaden wird sich daher nicht nur mit Sprache und Spracherwerb beschäftigen, sondern auch mit diagnostischen Methoden – und zwar nicht nur mit der Beobachtung. Vielmehr plädieren wir für die Erweiterung des Methodeninventars der Erzieherin. Deshalb werden standardisierte und informelle Verfahren in ihren Möglichkeiten und Grenzen vorgestellt. Nur durch die Kombination unterschiedlicher Vorgehensweisen können Erzieherinnen die verpflichtende Aufgabe, umfassend zu diagnostizieren und die Ergebnisse ihrer diagnostischen Tätigkeit fortlaufend zu dokumentieren, erfüllen (z. B. Ministerium für Kultus, Jugend und Sport Baden-Württemberg, 2005, S. 51). Mit dem Ziel einer umfassenden Diagnostik und einer auf sie aufbauenden Förderung verbindet sich auch der Anspruch, die Kinder zu fordern.

Der Leitfaden hat folgenden Aufbau: Im *ersten Kapitel* werden einige grundlegende Begriffe wie Sprache und Kommunikation, Spracherwerbsstörung und mangelnde Sprachbeherrschung definiert und voneinander abgegrenzt. Bevor wir die Meilen- und Grenzsteine des Spracherwerbs setzen können, müssen wir zunächst einiges über die Landschaft wissen, in der diese Steine aufgestellt werden sollen. Daher werden wir im *zweiten Kapitel* die Begrifflichkeiten klären, die im Zusammenhang mit dem Spracherwerb und seinen Auffälligkeiten immer wieder auftauchen. Das *dritte Kapitel* stellt auf den unterschiedlichen Sprachebenen dar:

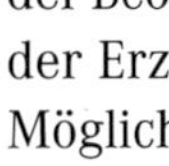

Die *Meilensteine* des unauffälligen Spracherwerbs und

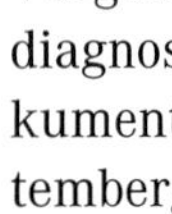

Die *Grenzsteine* zum auffälligen Spracherwerb.

Vor diesem Hintergrund werden abweichende Entwicklungen in unterschiedlichen Lebensaltern und auf unterschiedlichen Sprachebenen hervorgehoben, deren Beobachtung durch Eltern oder Fachkräfte Anlass für eine vertiefte Diagnostik ist. Ein Überblick über Auffälligkeiten und Störungen des Spracherwerbs wird im *vierten Kapitel* gegeben. Die Phänomene der verschiedenen Sprech- und Stimmstörungen sowie Spracherwerbsstörungen, die im Kindergartenalter beobachtet werden können sowie deren Verlauf, werden grob skizziert. An diesen Kenntnisstand und bezogen auf Einzelfälle (Notwendigkeit einer weitergehenden Diagnose) anknüpfend wird im *fünften Kapitel* zunächst der Begriff der Diagnose erläutert, um anschließend Normen und Probleme des Messens zu diskutieren. Im *sechsten Kapitel* geht es um die Vielfalt der Methoden der Diagnostik. Drei diagnostische Methoden werden an Beispielen dargestellt: (1) Befragung, (2) Beobachtung und (3) Elizitationstechniken wie standardisierte Tests, Screenings und informelle Verfahren. Im *siebten Kapitel* werden die Einsatzmöglichkeiten, die Vor- und Nachteile der verschiedenen Methoden und Verfahren diskutiert. Die verschiedenen Verfahren werden am Schluss des Kapitels tabellarisch zusammengefasst. Im *achten Kapitel* werden derzeit vorliegende Förderprogramme vorgestellt und bewertet. Auch dieses Kapitel schließt mit einer Tabelle, in der die Interventionsprogramme im Überblick wiedergegeben werden.

In einem *Glossar* werden die unvermeidbaren Fachbegriffe erläutert. Zusätzlich zu den Symbolen auf der vorherigen Seite werden folgende Symbole verwandt:

Praxisbeispiele

Expertenwissen bzw. Tipps für Erzieherinnen und Erzieher.

Aus Gründen der Lesbarkeit verzichten wir in der Regel auf das Nennen der weiblichen oder männlichen Formen, sondern wählen meist die weibliche Form. Im Elementar- und im Grundschulbereich dominieren ohnehin Erzieherinnen und Grundschullehrerinnen – leider, denn eine gleichmäßige Beteiligung von Frauen und Männern an der Erziehung unserer Kinder im Bereich der Elementar- und Primarerziehung wäre wünschenswert. Die wenigen Erzieher und Grundschullehrer mögen uns dies verzeihen.

Abschließend möchten wir nicht versäumen, den Erzieherinnen in Baden-Württemberg und den Kindergärtnerinnen in Südtirol zu danken, die durch ihre Rückfragen bei Fortbildungen des Zweitautors wertvolle Hinweise auf die Inhalte und deren Formulierungen gegeben haben. Ein besonderer Dank geht dabei an Frau Inspektorin Dr. Christa Messner (Provinzregierung Südtirol), die den Impuls für ein solches Buch gegeben hat, nachdem sie den Zweitautor zu einer dreitägigen Kindergärtnerinnen-Fortbildung im Frühjahr 2005 nach Südtirol eingeladen hatte. Auch Frau Sonja Ritter vom Beltz Verlag, Frau Ulrike Bazlen vom Cornelsen Verlag Scriptor und der Lektorin Frau Sigrid Weber haben wir herzlich zu danken, ohne deren wertvolle Rückmeldungen das Buch nicht in der vorliegenden Fassung erschienen wäre.

Wir hoffen, dass dieser Leitfaden die Erzieherin bei ihrer anspruchsvollen und schwierigen Aufgabe unterstützen kann.

Heidelberg, im November 2006

Werner Kany und Hermann Schöler

Sprache und Kommunikation, Sprachstörung und mangelnde Sprachbeherrschung

1

1.1 Kommunikation und Sprache sind zweierlei

Menschen kommunizieren mimisch, gestisch und bildlich, vor allem aber sprachlich. Die Begriffe **Kommunikation** und **Sprache** werden oft synonym gebraucht, sie sind jedoch keineswegs bedeutungsgleich. Sprache ist eine Kommunikationsform unter anderen, wenngleich die wichtigste. Beim Sprechen oder Zuhören agieren wir nicht nur mit Worten, sondern meist auch mimisch und gestisch. Diese die Sprache begleitenden Aspekte entfallen bei der schriftsprachlichen Kommunikation, d.h. beim Lesen und Schreiben.

Neben ihrem Beitrag zur Kommunikation ist die Sprache zugleich das prominenteste Mittel für die Speicherung, den Aufbau, die Organisation (→ Repräsentation) und den Abruf unseres Wissens. Das individuelle und das allgemein geteilte kulturelle Wissen sind in unserem Gedächtnis oder extern z.B. in Büchern und Zeitschriften sprachlich niedergelegt bzw. repräsentiert.

Nicht zuletzt dient die Sprache dazu, unser Tun anzuleiten und zu steuern. Man denke nur an das innere Sprechen, wenn wir zum Beispiel vor einer Handlung überlegen: „Wie geht das? Zuerst dies – jetzt das – dann ...“. Insofern hat Sprache auch eine handlungsleitende und handlungssteuernde Funktion.

Kommunikation und Sprache werden oft nicht deutlich unterschieden. Dies führt zu Fehleinschätzungen hinsichtlich der sprachlichen, insbesondere der formal-sprachlichen Fähigkeiten und Fertigkeiten von Kindern. Wenn sie erfolgreich kommunizieren – insbesondere im frühen Alter –, ist das nicht gleichbedeutend mit Sprachbeherrschung. Manche Kinder haben Probleme mit der Wortstellung (→ Syntax), den Wortformen (→ Morphologie), mit der korrekten Verwendung von Person, → Numerus, → Kasus und → Tempus, haben aber gelernt, ihre sprachlichen Defizite durch nonverbale Mittel (Gestik, Mimik) zu kompensieren. Die Differenz zwischen kommunikativen und sprachlichen Fertigkeiten wird bei der Beurteilung, ob eine Spracherwerbsstörung vorliegt, häufig nicht ausreichend gewürdigt, das erfolgreich kommunizierende Kind wird als sprachunauffällig (sprachnormal) betrachtet.

Dabei wird der Erfolg des künftigen Schülers, Auszubildenden und des im Arbeitsleben stehenden Erwachsenen wesentlich davon abhängen, wie gut er die Sprache anderer versteht und sich selbst sprachlich korrekt äußert und ausdrückt. Im Hinblick auf den Schul- und Berufserfolg muss ein Kind überdies nicht nur die Entwicklungsaufgabe des Erlernens und der Beherrschung der gesprochenen (oralen) sondern auch die des Erlernens der Schriftsprache (Lesen und Schreiben) meistern. Dies ist gleichzeitig auch Voraussetzung für die Nutzung der so genannten repräsentationalen Funktion der Sprache. Insbesondere das Verständnis externer Repräsentationen – beginnend mit einfachen Hinweisschildern, die Bild und Sprache kombinieren, bis hin zu Texten in Zeitungen und Büchern – sind an die Beherrschung von Schriftsprache und damit nicht zuletzt auch an das Verständnis der Grammatik (→ Syntax und → Morphologie) gebunden.

1.2 Der Spracherwerb basiert auf unterschiedlichen Lernprozessen

Lange wurde der **Spracherwerb** (Definition → unten) lediglich auf einen einzigen Lernprozess oder Lernmechanismus zurückgeführt, etwa das *Imitations-* oder das *Verstärkungslernen.* Das heißt, das Kind lernt die Sprache, weil es die Vorgaben seiner Umgebung nachahmt oder zunehmend nur noch die verstärkten Äußerungen produziert („Ach wie toll, kleiner Schatz, du hast ja schon Mama gesagt", so die Mutter zu ihrem Baby, das gerade Lallmonologe wie „mamama" geäußert hat). Weit verbreitet ist auch immer noch die Auffassung, dass der Spracherwerb im Wesentlichen durch einen angeborenen Mechanismus gesteuert wird (→ *Nativismus*). So postulierte Noam Chomsky einen Language Acquisition Device (→ LAD), einen Spracherwerbsmechanismus, mit dessen Hilfe das Kind automatisch die Strukturen der jeweiligen Zielsprache entdecken und lernen kann. Studien zum Spracherwerb aus den letzten Jahrzehnten legen dagegen nahe, dass der Spracherwerb durch verschiedene Motoren vorangetrieben wird. Diese sind sowohl *entwicklungs-* als auch *(sprach-)bereichsbezogen* unterschiedlich wirksam.

Voraussetzung für die Meisterung dieser Aufgabe sind allgemeine Lernprozesse und -formen, wie Assoziations-, Verstärkungs- oder Imitationslernen sowie spezifisch auf die Verarbeitung von Sprache zugeschnittene Erwerbsmechanismen.

Spracherwerb – Sprachentwicklung – Sprachlernen

Der Prozess, in dem Kinder ihre Muttersprache erlernen, d. h. sie allmählich verstehen und produzieren, wird in der Fachliteratur unterschiedlich bezeichnet. Die einen sprechen von Sprachentwicklung, andere von Spracherwerb, nur wenige von Sprachlernen. Die meisten wiederum setzen Spracherwerb und Sprachentwicklung gleich.

Geht man von der häufigsten Verwendung und der Bedeutung dieser Wörter aus, so verbindet sich mit dem Begriff **Sprachentwicklung** die Auffassung, dass sich Sprache in vergleichbarer Weise wie z. B. das Nervensystem oder die Organe entwickelt. Auf Grundlage der genetischen Ausstattung entfaltet sich ein angelegtes Reifungsprogramm. Das Kind wird als passiv betrachtet.

Der Begriff **Spracherwerb** betont demgegenüber den aktiven Beitrag des Kindes. Das Kind setzt sich mit dem von seiner Umgebung dargebotenen Sprachangebot auseinander und erwirbt in dieser Auseinandersetzung die Fertigkeit, seine Muttersprache zu sprechen.

Mit dem Begriff **Sprachlernen** wird meist ein Lernprozess verbunden, der dem anderer zu lernender Fertigkeiten des Kindes gleicht. Das Kind eignet sich die Sprache wie andere, beispielsweise soziokulturelle Fähigkeiten und Fertigkeiten an.

Da wir davon ausgehen, dass ein Kind auf der Grundlage bereichsbezogener Voraussetzungen aktiv zum Erlernen seiner Muttersprache beiträgt, um ein kompetenter Sprecher einer Sprachgemeinschaft zu werden, verwenden wir die beiden Begriffe Spracherwerb und Sprachlernen synonym. Damit verbindet sich eine Sicht des Lern- bzw. Erwerbsprozesses, die das Wechselspiel zwischen Entwicklungsvoraussetzungen und -bedingungen (Kind-Umwelt-Interaktion), zwischen den verschiedenen Sprachbereichen (z. B. Einfluss der phonologischen Entwicklung auf den Wortschatz) und zwischen sprachlicher und kognitiver Entwicklung betont.

1.2.1 Entwicklungsbezogene Prozesse

Unter **entwicklungsbezogenen Prozessen** ist zu verstehen, dass sich die Sprachverarbeitungs- und somit auch die Spracherwerbsmöglichkeiten des Kindes in Abhängigkeit vom (kognitiven) Entwicklungsstand erweitern und verändern: So kann ein etwa einjähriges Kind noch nicht auf der Basis von Einsicht lernen, wohingegen dies bei älteren, kognitiv weiter entwickelten Kindern möglich ist. Vor diesem Hintergrund wird auch angenommen, dass dem Erwerb der Muttersprache und dem einer Zweitsprache, die üblicherweise erst später erlernt wird, unterschiedliche Lernprozesse zugrunde liegen. Dies gilt etwa ab einem Alter von drei bis vier Jahren, also dem Zeitpunkt des Kindergarteneintritts. Die Zweitsprache wird nicht wie die Erstsprache sozusagen beiläufig erworben. Für viele Kinder mit Migrationshintergrund bedeutet dies, dass sie die Zweitsprache Deutsch vor dem Hintergrund ihrer Erstsprache „bewusster“ erlernen und unter Umständen auch einer anderen Förderung bedürfen.

1.2.2 Bereichsbezogene Prozesse

Unter **bereichsbezogenen Prozessen** ist zu verstehen, dass je nach Sprachbereich – sei es Aussprache, Wortschatz, Grammatik – ebenfalls unterschiedliche Lernmöglichkeiten oder -mechanismen wirken können. Möglicherweise entwickelt sich das Lautinventar des Kindes gegen Ende des ersten Lebensjahres in Richtung Umgebungssprache durch Nachahmungslernen oder → operantes Lernen, wie dies Skinner, einer der bekanntesten Behavioristen, in seiner Erklärung des Sprachlernens vermutete. Danach würden die Laute, die jedes Kind in den ersten Monaten äußert, durch Verstärkungsprozesse allmählich zu den Lauten der Zielsprache geformt, die das Kind zu lernen hat. Oder es werden Zuordnungen zwischen Lautfolgen und Bedeutungen durch assoziatives Lernen gestiftet, wenn beispielsweise bestimmte Lautfolgen oder Lautgebilde zu Namen von bestimmten Objekten werden. Oder Kinder entdecken durch Regelbildung erste eigene morphologische Formen – etwa im Bereich der Pluralbildung (Bücher → Büchers).

1.3 Entwicklungsbedingungen

Unter **Entwicklungsbedingungen** verstehen wir *äußere Faktoren,* d.h. die Lebensumstände, unter denen ein Kind aufwächst. Während die einen Anregungen erhalten, die ihre Entwicklung fördern, wachsen andere in Milieus auf, die sie in ihrer Entwicklung eher hemmen. Hier geht es um den Beitrag der Umwelt zum Spracherwerb, insbesondere auch um die Qualität des angebotenen sprachlichen Inputs.

Wie älteren Kindern ist auch den Erwachsenen in der Regel nicht bewusst, dass sie beim Spracherwerb als „Geburtshelfer“ fungieren – sie agieren sprachfördernd, ohne es zu bemerken. Dies ist ein seit Jahrtausenden eingespielter dyadischer Vorgang, in dem sich → Novize und Experte begegnen. Das Sprechen in diesen → Dyaden ist dadurch gekennzeichnet, dass der Experte, z.B. die Mutter, seine Sprache dem Spracherwerbsstand des Novizen, z.B. des Kindes, intuitiv anpasst, deren grammatische Merkmale prägnanter macht und somit den Spracherwerb unterstützt. Spracherwerbsforscher sprechen von → *Motherese,* der kindgerechten Sprache, und vom *Spracherwerbsunterstützungssystem* (Language Acquisition Support System LASS, Bruner, 1987).

Informationen über die Entwicklungsbedingungen, d.h. die Lebensumstände eines Kindes sind mit Blick auf die Sprachdiagnostik bei einsprachigen Kindern unerlässlich, die aufgrund mangelnder Anregungen und Anforderungen spracherwerbsauffällig werden und die unbedingt von spracherwerbsgestörten Kindern abzugrenzen sind. Insbesondere gilt dies jedoch für Kinder mit Migrationshintergrund. Hier ist oft nicht ohne weiteres ersichtlich, welche der Sprachen dominant ist und welche als Muttersprache gelten kann, die sprachliche Zuordnung ist uneindeutig. Die Zweisprachigkeit dieser Kinder ist meist eingeschränkt, d.h. sie beherrschen eine, oft gar beide der infrage stehenden Sprachen nur unzulänglich.

1.4 Entwicklungsvoraussetzungen

Im Unterschied zu den Entwicklungsbedingungen verstehen wir unter **Entwicklungsvoraussetzungen** die für den Spracherwerb wichtigen *inneren Faktoren*, die das Kind mitbringt bzw. anlagebedingt in Reifungsprozessen ausbildet. Dazu gehören biologische Anlagen (das Zentralnervensystem, der Vokaltrakt und die Sprechwerkzeuge wie Kehlkopf, Nasen- und Rachenraum sowie die Zähne), die teilweise während der Schwangerschaft bzw. nach der Geburt aufgrund von genetischen Reifungsprogrammen und steuernden hormonellen Einflüssen ausgebildet werden. Selbstverständlich zählen hierzu auch erworbene Voraussetzungen wie die → Objektpermanenz. Zusätzlich werden sprachspezifische Lernprozesse und Strukturen (etwa → constraints, → LAD) oder sprachunspezifische Lernprozesse und Strukturen postuliert.

Informationen über Entwicklungsbedingungen und -voraussetzungen des Kindes lassen sich entweder aus der Akte (z.B. ärztliche Befunde aus den Vorsorgeuntersuchungen) entnehmen oder ergeben sich aus Gesprächen mit den Eltern (→ Anamnese). Die Checkliste auf S. 18 (orientiert an dem Elternfragebogen aus → IDIS, Kap. 7.4.3) bietet eine Orientierung für relevante Fragen in einem Elterngespräch.

1.5 Können vor Wissen: Die Grundlagen des Verstehens und Sprechens

Können Kinder bis zum Schulalter sprechen, heißt das noch nicht, dass sie *wissen*, wie man spricht (→ Wissen), sie *können* es einfach (→ Können). Dies gilt für die meisten Sprachbereiche. Selbst wir Erwachsenen wissen oft nichts über syntaktische Regeln und die Bildung morphologischer Formen. So können die meisten Erwachsenen nicht erklären, nach welcher Regel sie für das Kunstwort „Zawo" die korrekte deutsche Pluralform „Zawos" bilden (diese Pluralform bilden nämlich nahezu alle Erwachsenen und auch die meisten Kinder ab sechs Jahren korrekt). Die zugrunde liegende Regel – die allerdings die wenigsten kennen – lautet: Substantive (Nomen), die nicht mit dem Vokal [e] enden, sondern mit [a], [i], [o], [u], werden mit [s] pluralisiert. Viele Bereiche unseres Sprachkönnens sind uns nicht bewusst. Gleiches gilt für den Bereich der Phonetik und Phonologie. Kaum jemand weiß, wie er beim Sprechen Einzellaute aneinanderreiht oder den Unterschied zwischen einem stimmhaften und einem stimmlosen Laut erzeugt. Es geht uns wie beim Treppensteigen: Wir können es einfach – über die motorischen Programme, denen unsere Muskeln folgen, haben wir nie nachgedacht, sie sind uns unbekannt.

Checkliste Entwicklungsbedingungen

Name und Vorname des Kindes: ______________________________

Geschlecht: ❑ männlich ❑ weiblich

Geburtsdatum: ______________ Alter: ________

Migrationshintergrund: ❑ ja ❑ nein

Materielle Ressourcen (Einkommen, Wohnsituation):

- Einkommen:
  ❑ regelmäßig
  ❑ unregelmäßig
  ❑ schlecht (Arbeitslosigkeit/gering bezahlte Tätigkeit)
- Eigenes Kinderzimmer: ❑ ja ❑ nein
- ❑ überwiegend deutsche Bevölkerung ❑ gemischt ❑ Ausländerviertel

Lebensbedingungen der Familie (nur bei Migrationshintergrund):

- Kontakt zu deutschsprachigen Familien: ❑ ja ❑ nein
- Wird in der Familie auch Deutsch gesprochen? ❑ ja ❑ nein
- Begegnet das Kind dem Deutschen nur beim Spiel mit anderen Kindern auf der Straße und/oder im Kindergarten? ❑ ja ❑ nein
- Ist es auf der Straße im Kontakt mit deutschsprachigen Kindern: ❑ ja ❑ nein
- Nur in der Kita bzw. im Kindergarten ❑ ja ❑ nein

Wie ist die Einstellung der Eltern zum Erwerb der Verkehrssprache?

❑ positiv ❑ gleichgültig ❑ ablehnend

Gibt es in der Familie eine Zeitung/Zeitschriften/Comics/Magazine/Bücher?

- In der Herkunftssprache: ❑ ja ❑ nein
- In der Verkehrssprache: ❑ ja ❑ nein

Wie intensiv ist der Fernseh- und Videokonsum?

- In der Herkunftssprache: ❑ bis 2 Stunden ❑ bis 4 Stunden ❑ mehr
- Deutschsprachiges Fernsehen: ❑ bis 2 Stunden ❑ bis 4 Stunden ❑ mehr

Gibt es einen Computer und Computerspiele?

- In der Herkunftssprache: ❑ ja ❑ nein
- Deutschsprachig: ❑ ja ❑ nein

Wird dem Kind vorgelesen?

- In der Herkunftssprache: ❑ ja ❑ nein
- In der deutschen Sprache: ❑ ja ❑ nein

Wird das Kind zum Sprechen motiviert und angeregt?

- In der Herkunftssprache: ❑ ja ❑ nein
- In der Verkehrssprache: ❑ ja ❑ nein

Vorbereitung auf Schule in der Familie: ❑ ja ❑ nein

- Sind sich die Eltern der Bedeutung des Schulerfolgs für den weiteren Lebenslauf ihrer Kinder bewusst? ❑ ja ❑ nein

Wissen über Sprache im Wortsinne entwickelt sich überwiegend erst in der mittleren Kindheit. Da die Kinder in diesem Alter auch in die Schule kommen und Lesen und Schreiben lernen, gehen einige Forscher davon aus, dass sich dieses Wissen über die Sprache in Folge des Erlernens schriftsprachlicher Fertigkeiten herausbildet. Tatsächlich ist bei vielen Kindern in Verbindung mit dem Lese- und Schreibunterricht ein enormer Anstieg des Wissens über die Sprache (und zwar im Wesentlichen bezogen auf Wörter und Sätze) festzustellen – allerdings ist die Ursache-Wirkung-Beziehung noch unklar. So lassen sich bereits bei jüngeren Kindern spontane „Reflexionen" über sprachliche Phänomene und Merkmale beobachten, diese Fähigkeit variiert jedoch erheblich zwischen den Kindern. Am häufigsten und am frühesten finden sich solche Reflexionen über Sprache bei zweisprachig aufwachsenden Kindern. Offenbar stimuliert das simultane Lernen zweier Sprachen frühzeitig das Nachdenken über Sprache – jedenfalls früher als bei einsprachig (monolingual) aufwachsenden Kindern.

1.6 Ein- und Mehrsprachigkeit

Vivian (3;4 Jahre) ist eines der jüngsten Kinder einer Kindergruppe. Ihre Eltern, Herr und Frau Macy haben sich während des Studiums in England kennen gelernt. Dort verbrachte Frau Macy zwei Auslandssemester, um ihre Englischkenntnisse zu vertiefen. Nachdem sie geheiratet hatten, entschieden sie nach Deutschland zu gehen, da Herr Macy als Ingenieur ein Angebot einer deutschen Firma in deren Auslandsabteilung erhielt. Frau Macy ist Gymnasiallehrerin für Englisch und Deutsch. Gegenwärtig ist sie beurlaubt. Beide sind übereingekommen, dass ihre Töchter Vivian und Hannah (1;6 Jahre) zweisprachig aufwachsen sollen. Sie haben vereinbart, dass Frau Macy mit ihren Kindern ausschließlich Deutsch spricht, während Herr Macy für das Englische zuständig ist. Bislang scheint dies zu klappen, wie die Entwicklung von Vivian in beiden Sprachen belegt.

Die Frage, ob eine mehrsprachige (meist bilinguale, d. h. zweisprachige) Erziehung Segen oder Fluch ist, wurde und wird sehr kontrovers diskutiert. Lange Zeit wurde angenommen, dass das frühe Erlernen mehrerer Sprachen ungünstige Auswirkungen sowohl für die Sprachbeherrschung als auch die allgemeine Entwicklung von Kindern hat. Heute ist man dagegen überwiegend der Auffassung, dass Mehrsprachigkeit die kognitive Entwicklung sogar fördert. Bilingualismus ist nichts Exotisches, die meisten Kinder der Welt wachsen unter mehrsprachigen Bedingungen auf und erlernen simultan oder sukzessiv verschiedene Sprachen.

Spracherwerbstypen

Der **Erst**- oder **Mutterspracherwerb** wird üblicherweise vom **Zweitspracherwerb** unterschieden. Innerhalb des Zweitspracherwerbs werden in Abhängigkeit vom Alter, in dem Kinder mit einer zweiten Sprache konfrontiert werden, weitere Zweitspracherwerbsformen unterschieden. Zudem kann man den Zweitspracherwerb danach differenzieren, ob der Erwerb *gesteuert* (z. B. im schulischen Fremdspracherwerb) oder *ungesteuert* in der natürlichen Sprachumgebung erfolgt, wie es bei vielen Gastarbeitern der ersten Generation der Fall war. Dies gilt auch für deren Kinder: Wird in der Familie kein Deutsch gesprochen, findet der Erwerb des Deutschen in aller Regel auf der Straße, im Spiel mit deutschsprachigen Kindern oder – falls sie eine Kindertagesstätte bzw. einen Kindergarten besuchen – in der Kindergartengruppe statt. Diese Form des Zweitspracherwerbs führt oft zu einem Sprachentwicklungsstand, der als **Semilingualismus** (oder *doppelseitige Halbsprachigkeit*) bezeichnet wird: Beide zu lernenden Sprachen, die Muttersprache und die Verkehrssprache, sind an unterschiedliche Lebensräume und -inhalte gebunden. In keiner der beiden Sprachen kann daher in allen Kontexten und über alle Inhalte gesprochen werden.

Was ist Erst-, was Zweitsprache? Von **Bilingualismus** oder *doppeltem Erstspracherwerb* spricht man, wenn von Geburt an gleichzeitig zwei Sprachen erworben werden. Bilinguale Kinder kommen häufig aus Familien, in denen die Mutter und der Vater unterschiedliche Erstsprachen (Muttersprachen) sprechen. Ein Kind kann dann beide Sprachen wie Muttersprachen lernen, wenn Vater und Mutter im Kontakt mit dem Kind jeweils in ihrer Muttersprache kommunizieren. Dieses Prinzip, das nach dem heutigen Kenntnisstand als optimal gilt, heißt: „Eine Person, eine Sprache" und wird von Familie Macy praktiziert.

Von **Zweitspracherwerb** spricht man, wenn der Erwerb der Muttersprache bereits im Gange ist und das Kind erst danach mit einer zweiten Sprache in Kontakt kommt. In Abhängigkeit vom Lebensalter, in dem der Zweitspracherwerb einsetzt, werden unterschiedliche Bezeichnungen für den Zweitspracherwerb gewählt. Früher Zweitspracherwerb liegt etwa dann vor, wenn der Kontakt mit einer zweiten Sprache ab dem dritten Lebensjahr intensiviert wird, beispielsweise durch den Kindergarteneintritt, in dem die Muttersprache nicht die Grundlage für Verständigung und Kommunikation bietet.

Während des fünften und sechsten Lebensjahrs ändern sich offenbar die Lernprozesse beim Erwerb einer zweiten Sprache. Haben die Kinder die zweite Sprache bislang eher *kommunikationsorientiert*, quasi nebenbei im Umgang mit anderen Personen gelernt, so verändern sich nun die Anteile der verschiedenen Lernformen beim Zweitsprachlernen. Ab dem Alter von fünf bis sechs Jahren erfolgt das Lernen der zweiten Sprache stärker *kognitionsbestimmt*. Erste bewusste Vergleiche zwischen Zweit- und Muttersprache finden statt. Dies kann auch dazu führen, dass sich die ursprüngliche Unbefangenheit verliert.

Die bekannte englische Spracherwerbsforscherin Annette Karmiloff-Smith hat diese Entwicklungsphase einmal dadurch charakterisiert, dass das Kind nun in der Lage sei, Sprache als eigenen Problembereich zu betrachten. Bislang war die Sprache eingebunden in den jeweiligen Kontext. Kinder konnten zwar sprachliche Äußerungen verstehen, die Bedeutung feiner grammatischer Unterschiede und schwierigerer Satzstrukturen aber nur deshalb erfassen, weil die Sprache immer in einen sinnvollen Kontext eingebunden war.

Wenn sich bei mehrsprachig aufwachsenden Kindern Fehler und Auffälligkeiten in der Verkehrssprache zeigen, ist dies nicht immer vorrangig auf die Situation der Konfrontation mit zwei Sprachen, der Herkunfts- und der Umgebungssprache zurückzuführen. Die Ursache kann ebenso in eingeschränkten Entwicklungsbedingungen bzw. -voraussetzungen liegen, die den Spracherwerb beeinträchtigen. Das folgende Beispiel von Önur zeigt im Vergleich zu Vivian, unter welch unterschiedlichen Bedingungen das Erlernen zweier Sprachen erfolgen kann.

Önur Gülesin ist fünfeinhalb Jahre alt. Er ist in Deutschland geboren und besucht seit zwei Jahren den Kindergarten. Sein Vater Öczan Gülesin kam mit seiner Mutter und seinen zwei jüngeren Schwestern im Alter von elf Jahren nach Deutschland. Herr Gülesin wurde auf die Förderschule überwiesen und erfüllte dort seine Schulbesuchspflicht. Mit 19 Jahren wurde er mit einer Cousine – Gülcan – aus der Türkei verheiratet, die kurz nach der Hochzeit zu ihm nach Deutschland kam. Mit ihr hat er mittlerweile drei Kinder. Herr Gülesin arbeitet bei der Stadtgärtnerei, hat dort eine sichere Arbeitsstelle. Frau Gülesin hat verschiedene Stellen als Putzfrau. Zu Hause spricht die Familie ausschließlich Türkisch. Herrn Gülesin bedrückt die Situation, weil er nicht möchte, dass es seinen Kindern wie ihm ergeht, dass sie aufgrund mangelnder Sprachkenntnisse Schwierigkeiten in der Schule haben und wie er keine qualifizierte Berufsausbildung erwerben können. Deshalb besteht er gegenüber seiner Frau darauf, dass Önur den Kindergarten besucht. Dessen Entwicklung bestätigt die Richtigkeit von Herrn Gülesins Beharren auf dem Kindergartenbesuch. Önurs Deutschkenntnisse haben sich in den zurückliegenden zwei Jahren entscheidend verbessert. Fehler macht er nur noch in Bereichen, in denen sich das Deutsche und Türkische deutlich unterscheiden (Genus, Präpositionen).

Im Unterschied zu Vivian muss Önur die Verkehrssprache Deutsch auf der Grundlage seiner Erfahrungen mit der Umwelt, beispielsweise beim Kontakt mit anderen

Kindern im Kindergarten oder beim Spielen auf der Straße, beim Einkauf im Laden, erlernen. Beide Elternteile beherrschen nur ihre Herkunftssprache. Vivians Mutter dagegen kann ihr auch die Verkehrssprache Deutsch vermitteln.

1.7 Unterschiede zwischen Jungen und Mädchen

Mädchen – so wird des Öfteren berichtet – verfügten über größere sprachliche Kompetenzen als Jungen, würden die Sprache früher und schneller erwerben. Zumindest im Kindergartenalter lässt sich dies aber nicht bestätigen, die Befunde ergeben kein klares Bild (Dittmann, 2002). Eindeutig sind aber die besseren Leistungen der Mädchen bei den schriftsprachlichen Leistungen in der Grundschule, weshalb bei einigen Schulleistungstests sogar getrennte → Normen für Jungen und Mädchen angeboten werden (z. B. in der Würzburger Leise Leseprobe, kurz WLLP). Diese Geschlechtsnormierung ist allerdings kritikwürdig.

1.8 Spracherwerbsstörung und mangelnde Sprachbeherrschung

Eine wesentliche, wenn nicht sogar die wichtigste diagnostische Aufgabe für die Erzieherin besteht darin, zwischen **Spracherwerbsstörungen** und **mangelnder Sprachbeherrschung** unterscheiden zu können. Deutsche Kinder mit einer Spracherwerbsstörung begehen oft ähnliche Fehler wie Kinder mit Migrationshintergrund.

Wenn der fünfeinhalbjährige Önur den anderen Kindern erzählt: „Wir gehen nach Schwimmbad“, so liegt hier kein Verdacht für eine Spracherwerbsstörung vor, sondern dieser Fehler ist eher als typisch für Deutschlernende zu sehen, insbesondere dann, wenn deren Muttersprache Türkisch ist. Dieser Fehler im Gebrauch der Präposition ist deshalb nahe liegend, weil das Türkische keine Präpositionen kennt. Auch das Erlernen des Geschlechts (→ Genus) der Nomen bereitet dem Jungen offenbar große Schwierigkeiten. Nicht selten spricht er von „das Hund“, „der Buch“ oder „das Teller“. Genusfehler jedoch sind ein Spezifikum von Zweitsprachlernern.

Äußert aber der etwa altersgleiche, muttersprachlich Deutsch aufwachsende Peter (knapp sechs Jahre) Sätze wie „Die Katze hatten der Hund geesst“, dann liegt der Verdacht auf eine Spracherwerbsstörung nahe.

Auch wenn ähnliche Fehler beobachtet werden, liegen einer Spracherwerbsstörung und einer mangelhaften Sprachbeherrschung unterschiedliche Ursachen zugrunde. Deshalb sind unterschiedliche Interventionen angezeigt. Beherrscht ein Kind die deutsche Sprache nicht ausreichend, so muss es in Deutsch gefördert werden. Ist ein Kind spracherwerbsgestört, so sind spezifischere, etwa kompensatorische, therapeutische Maßnahmen notwendig. Ein intensiviertes Sprachangebot wäre in einem solchen Falle nicht ausreichend.

Von **Spracherwerbsstörungen** spricht man immer dann, wenn der Spracherwerb etwa aufgrund von Informationsverarbeitungsstörungen nicht altersgemäß und untypisch verläuft. Sollten sich derlei Beeinträchtigungen durch entsprechende Untersuchungen oder Tests nicht nachweisen lassen (SETK 3-5 → Kap. 7.2.5, SSV → Kap. 7.3.5, HASE → Kap. 7.3.3), sind die beobachteten Auffälligkeiten sowohl bei ein- als auch bei zwei- oder mehrsprachig aufwachsenden Kindern mit oder ohne Migrationshintergrund Ausdruck einer unzureichenden Sprachbeherrschung und somit auf anregungsarme Entwicklungsbedingungen zurückzuführen.

Schwierig wird die Unterscheidung bei Kindern mit Migrationshintergrund, die gleichzeitig spracherwerbsgestört sind. Hier ist die Forschung noch nicht weit genug, um hinreichende Möglichkeiten einer → Differenzialdiagnose anbieten zu können. Andererseits ist mit hoher Wahrscheinlichkeit anzunehmen, dass sich eine Spracherwerbsstörung in jeder zu erwerbenden Sprache zeigt.

1.9 Zu den Folgen einer Spracherwerbsstörung

Störungen des Spracherwerbs sind von weitreichender Bedeutung. Sie bleiben nicht isoliert, sondern „metastasieren“, d. h. sie wirken in andere Entwicklungsbereiche hinein und beeinflussen die Gesamtentwicklung des Kindes. Spracherwerbsstörungen gefährden nicht nur den schulischen und anschließenden beruflichen Erfolg, sondern auch die soziale und emotionale Entwicklung und führen z. B. zu aggressivem Verhalten oder zu Rückzug. So werden laut Esser, Lehmkuhl und Schmidt (1983) 50 % der sprachauffälligen Kinder als emotional auffällig eingestuft. Insbesondere bei älteren Kindern, die ein Störungsbewusstsein ausgebildet haben, entsteht oft ein Leidensdruck. Die Kinder meiden sprachliche Anforderungen, was ihre Lernmöglichkeiten wiederum einschränkt und die Situation verschärft. Andere zeigen Verhaltensauffälligkeiten und reagieren zunehmend aggressiv.

Der Spracherwerb

2

Der Spracherwerb ist ein erstaunlich robuster Vorgang, der auch unter weniger optimalen Entwicklungsvoraussetzungen und -bedingungen meistens normal verläuft. Für einen erfolgreichen Erwerb der Muttersprache müssen – wenigstens in Bereichen wie der → Phonologie oder → Syntax – Entwicklungsbedingungen und -voraussetzungen bestimmte Schwellenwerte erreichen. Erst wenn diese unterschritten werden, ist der Spracherwerb gefährdet.

2.1 Spracherwerb als Entwicklungsaufgabe

Der Spracherwerb ist eine zentrale Entwicklungsaufgabe. Erwachsene machen sich oft keine Gedanken über deren Vielschichtigkeit und über die vielen Teilfertigkeiten, die auf den einzelnen Sprachebenen erlernt werden müssen. Vorrangig sind jeweils **Verstehens-** und **Produktionsfertigkeiten** aufzubauen, die uns am Ende als automatisierte Routinen zur Verfügung stehen. Man stelle sich vor, man müsste beim Sprechen darüber nachdenken, wie man Sprachlaute artikuliert, Silben und Wörter hintereinander fügt und letztlich die Äußerungen produziert. Hinzu kommt der Aufbau von **Wissen über Sprache** als einem spezifischen Bereich unseres Wissens von der Welt. Das Wissen selbst stellt sozusagen einen von der unmittelbaren Sprachverwendung (zunächst) unabhängigen Bereich dar.

Die Sprachwissenschaft *(Linguistik)* unterscheidet verschiedene Ebenen bzw. Bereiche der Sprache: die Rhythmik von Spracheinheiten (→ Prosodie), Artikulation und Lautbildung (→ Phonetik und Phonologie), Bedeutung (→ Semantik), Wortschatz (→ Lexikon), Wortbildung (→ Morphologie), Satzbildung (→ Syntax), Sprechhandlungen (→ Pragmatik) und Wissen über Sprache (→ metasprachliches Wissen). Nicht zuletzt wird in unserer Kultur, im Unterschied zu oralen Kulturen, die keine

Schriftsprache kennen, erwartet, dass wir auch **Lese-** und **Rechtschreibfertigkeiten** ausbilden. Die Entwicklungsaufgabe Spracherwerb umfasst somit den Aufbau von wenigstens acht Fertigkeits- und Fähigkeits- bzw. Wissenssystemen.

Der Aufbau sprachlicher Wissens- und Könnenssysteme ist nicht mit dem Fremdspracherwerb in der Schule zu vergleichen, bei dem Prosodie, Aussprache, Wörter und Grammatik systematisch und unter beträchtlichem Aufwand erlernt werden. Primärsprachliche Fähigkeiten und Fertigkeiten werden vielmehr beiläufig erworben. Alters- und bereichsbezogen sind unterschiedliche Lernformen wirksam. Fähigkeiten und Fertigkeiten (Können) resultieren zunächst aus der alltäglichen Sprachverwendung, es geht noch nicht um Wissen, etwa über grammatische Regeln. Mit zunehmendem Alter und schulischer Anleitung lernen wir mehr und mehr über die Struktur der Sprache, die wir bislang ohne Nachdenken und unbefangen gebrauchten, und bauen mehr oder weniger diesbezügliches Wissen auf. Das Ausmaß dieses Wissens variiert zwischen den einzelnen Sprecherinnen und Sprechern beträchtlich.

Die Entwicklungsaufgaben auf den verschiedenen Sprachebenen sind vom Kind zwar in einer gewissen Reihenfolge zu „bearbeiten", eine feste → Entwicklungssequenz ist damit allerdings nicht notwendig verbunden. Als erstes werden die Ebenen der → Prosodie und → Phonologie angesprochen und aktiviert. Die Lösungen dieser Entwicklungsaufgaben gehen jedoch nicht verloren, sondern stellen die Grundlagen etwa für den Erwerb von Wörtern (→ Semantik, → Lexikon) und Wortformen, für Wortbildungen und Wortzusammensetzungen (→ Morphologie), für die Erzeugung und das Verstehen von Sätzen und Satzstrukturen (→ Syntax) bis hin zu (subtilen) Verwendungen von Sprache (→ Pragmatik) bereit.

Das Ausmaß des Sprachverstehens bzw. Sprachverständnisses eines Kindes wird leicht überschätzt

Kleinkinder interpretieren sprachliche Äußerungen zunächst nach prosodischen Merkmalen, nach der Intonation. Werden sie beschimpft, bleiben sie freundlich, solange dies in einem warmen Ton geschieht. Sie reagieren abwehrend und ängstlich, wenn ihnen nette Komplimente gemacht werden, diese aber in einer ärgerlichen oder dem Inhalt unangemessenen Tonlage vorgetragen werden. Beobachtungen und Untersuchungen in diesem Zusammenhang zeigen, dass Kleinkinder beim Sprachverstehen die Äußerungen noch nicht auf der grammatischen und semantischen Ebene analysieren, sie interpretieren diese in aller Regel mit Hilfe des Kontextes, in dem sie stehen. Dieser liefert meist Informationen zum Verstehen der sprachlichen Äußerungen. Kontextuelle Informationen sind im Allgemeinen insofern verlässlich, als die Interaktionspartner des Kindes dieses unterstützen und nicht täuschen wollen. „Täuschungen" bzw. erfahrungsdiskrepante Informationen werden jedoch in diagnostischen Aufgabenstellungen genutzt, um feststellen zu können, welche der angebotenen grammatischen Strukturen das Kind schon beherrscht oder ob es Interpretationen aufgrund seiner bisherigen Erfahrungen oder bestimmter Verstehensstrategien vornimmt (→ unten, „Strategien von Drei- bis Fünfjährigen beim Verstehen von Äußerungen"). Jüngere Kinder verstehen also nicht alle Ebenen von Äußerungen, sondern orientieren sich zumeist nur an einzellautübergreifenden → suprasegmentalen Merkmalen wie der Tonlage („Der Ton macht die Musik") und am Kontext, in dem die Äußerung fällt. Das Verstehen einzelner Wörter in den Äußerungen von Bezugspersonen ermöglicht ihnen oft die richtige Interpretation in einem Kontext, in dem auch andere Informationsquellen und Hinweise, wie beispielsweise Zeigegesten, die Interpretation erleichtern.

Strategien von Drei- bis Fünfjährigen beim Verstehen von Äußerungen

Nennreihenfolge und Weltwissen bestimmen die Interpretation

- „Das Mädchen wird von dem Jungen geküsst", wird oft interpretiert als „Das Mädchen küsst den Jungen". Verstehen und beherrschen Kinder noch keine Passivstrukturen, bei denen, wie im Beispiel, jede der genannten Personen die Handlung ausführen könnte, dann wird meist die erstgenannte Person als Handelnde betrachtet.
- „Die Mutter wird von dem kleinen Mädchen gewaschen" wird interpretiert als „Die Mutter wäscht das kleine Mädchen". Bei dieser Interpretation spielt aber sicher auch das Weltwissen, d. h. die bisherigen Erfahrungen des Kindes, eine wichtige Rolle.
- „Bevor das Pferd rennt, springt der Elefant" wird interpretiert als „Das Pferd rennt, dann springt der Elefant". Ist die Bedeutung der temporalen Konjunktion *bevor* dem Kind noch nicht bekannt, wird die temporale Folge von Ereignissen gleichgesetzt mit der Reihenfolge der Nennung der Ereignisse im Satz. Interessant ist, dass diese Kinder solche Satzstrukturen meist auch nicht nachsprechen können. *Bevor* wird dann häufig durch andere Konjunktionen oder Präpositionen wie *vor* ersetzt oder ausgelassen.

Prinzip des geringsten Abstandes

- „Peter verspricht Hans, das Bild zu malen", wird oft interpretiert als „Hans malt das Bild". Als Akteur einer Handlung wird meist das Element betrachtet, das am nächsten zum – in diesem Falle – Handlungsverb steht.

Kleine Kinder reagieren mehr auf die Betonung oder einzelne Wörter. Erst mit fünf oder sechs Jahren lernen sie sozusagen zwischen den Zeilen zu lesen, Ironie und Uneigentliches zu entschlüsseln. Viele ironische Aussagen, Sprachwitze und → Metaphern verstehen sie daher erst in höherem Alter. Dabei hilft ihnen das im Zuge der Aneignung schriftsprachlicher Kompetenzen erworbene Wissen über Sprache.

Dies gilt auch für viele Wortbedeutungen. Wenn Kinder bestimmte Wörter verwenden, meinen sie damit nicht unbedingt dasselbe wie Erwachsene. Die von ihnen verwendeten Wörter haben oft weniger und andere Inhalte. Dies lässt sich leicht am Beispiel einiger Begriffe wie „Leben, lebendig“ zeigen (→ Kap. 3). Was Erwachsene mit „Leben“ bzw. „lebendig“ verbinden, verstehen Kinder meist erst mit zehn bis zwölf Jahren.

2.2 Einige allgemeine Kennzeichen des Spracherwerbs

Sprachverstehen geht der Sprachproduktion voraus

Der Spracherwerb beginnt, lange bevor Kinder sprechen, d. h. Sprachwahrnehmung und -verstehen gehen der Produktion sprachlicher Äußerungen voraus. Dies bedeutet, dass komplexe Äußerungen verstanden, aber noch nicht produziert werden können. Verstehen und Produktion von Sprache sind daher auch nicht wie die beiden Seiten einer Münze verbunden, sondern als zwei Systeme zu betrachten, die sich in unterschiedlicher Weise entwickeln und gestört sein können. Für die Sprachdiagnostik ist es daher unerlässlich, sowohl das **Sprachverstehen** als auch die **Sprachproduktion** zu prüfen.

Entwicklungsfenster

Viele Befunde sprechen dafür, dass ein normaler Spracherwerb nur in einem umschriebenen Zeitraum möglich ist. Solche Phasen bezeichnete man früher als *sensible Phasen,* heute wird von **Entwicklungsfenstern** gesprochen. Solche Entwicklungsfenster wurden zuerst bei Tieren beobachtet. Dieses Phänomen hat der Verhaltensforscher Konrad Lorenz bei Graugänsen eindrucksvoll beschrieben: In einem ganz bestimmten engen Zeitfenster (in den ersten Stunden oder Tagen nach ihrer Geburt) wird die Graugans auf ein „Mutter-Tier“ geprägt. Handelt es sich um eine menschliche Person, so nimmt diese die Mutterrolle für diese Graugans ein.

Beim Spracherwerb gilt die Zeit von der Geburt bis zur Pubertät als ein solches Entwicklungsfenster. Hat ein Kind bis zu seiner Pubertät keinen Kontakt mit einer Sprache, schließt sich dieses Entwicklungsfenster, es kann keine Sprache mehr erwerben. So genannte → Kaspar-Hauser-Kinder gelten als Beleg für die Annahme eines solchen Entwicklungsfensters. Diskutiert wird, ob es auch für die verschiedenen Sprachbereiche solche Zeitfenster gibt. So nimmt beispielsweise John Locke (1997) an, dass ein Kind bis zum Alter von etwa zweieinhalb Jahren eine bestimmte Anzahl von sprachlichen Äußerungen und Wörtern erworben haben muss, damit das System für den Erwerb grammatischer Strukturen gestartet werden kann. Und dieses System steht nur in einer begrenzten Zeit für einen erfolgreichen Erwerb grammatischer Strukturen zur Verfügung. Mit etwa dreieinhalb bis vier Jahren soll sich dieses Zeitfenster wieder schließen.

Individuelle Lernerprofile

Wie in der Entwicklungspsychologie generell werden auch beim Spracherwerb zunehmend die Unterschiede in den Entwicklungsverläufen betont. Der Spracherwerb nimmt nicht immer den gleichen Verlauf, d. h. die Kinder gehen nicht alle den gleichen Weg. Dies gilt für unterschiedliche Sprachbereiche. So hat sich gezeigt, dass deutliche Unterschiede zwischen Kindern nicht nur hinsichtlich des *Tempos beim Spracherwerb,* sondern auch in Bezug auf die *Lernweise* und den *Lernstil* zu beobachten sind.

Katherine Nelson (1973) hat im Bereich des **Wortschatzerwerbs** von Kindern unterschiedliche Stile beobachtet. Sie identifizierte Kinder, bei denen unter den ersten fünfzig Wörtern Nomina wie „Ball", „Puppe", „Auto" überwiegen *(referenzieller Erwerbsstil),* und Kinder, bei denen relationale Wörter dominieren, mit denen Beziehungen zwischen Personen, Handlungen und Gegenständen („da", „weg", „hei", „guck") ausgedrückt werden *(expressiver Erwerbsstil).*

Auch im Bereich der **Grammatik** finden sich individuelle Lernerprofile. „Manche Lerner und Lernerinnen orientieren sich an der Prosodie und entnehmen dem Input Fragmente, die aus mehreren Wörtern des Erwachsenensystems bestehen können, vom Kind aber ganzheitlich abgespeichert werden (z. B. „gehtich" von „geht nicht"), während andere eher analytisch und ‚kleinteilig' vorgehen und erst allmählich größere Einheiten aufbauen. ... [Untersuchungen] zeigen, dass sich viele Kinder beider Strategien bedienen und sowohl holistische als auch analytische Pfade einschlagen" (Tracy, 2002, S. 3 f.).

Entwicklungstempi

Wie bereits kurz erwähnt, unterscheidet sich auch das **Tempo des Spracherwerbs** von Kind zu Kind. Diese Unterschiede im Lern- und Entwicklungstempo sind von großer Bedeutung im Hinblick auf die Ausbildung von Spracherwerbsstörungen. Am deutlichsten wird dies bei den so genannten → **late talkern** *(späte Wortlerner),* die bei Zweijährigen einen Anteil von bis zu 19 % haben sollen (Schulz, 2007). Im Unterschied zu ihren Altersgenossen verfügen late talker im Alter von zwei Jahren noch nicht über einen Wortschatz von 50 Wörtern. Etwa die Hälfte dieser Kinder holt diesen Entwicklungsrückstand bis zum dritten Lebensjahr ohne weiteres Zutun wieder auf (so genannte → **late bloomer**). Die anderen Kinder laufen Gefahr, eine Spracherwerbsstörung auszubilden.

Kognitive und sprachliche Komplexität und Erwerbsreihenfolge

Der Erwerb von Fertigkeiten auf den verschiedenen Sprachebenen wird wesentlich durch die *kognitive Komplexität* („Wie anspruchsvoll ist das, was ausgedrückt werden soll, in geistiger Hinsicht?") und die *sprachliche Komplexität* („Wie anspruchsvoll sind die hierzu notwendigen sprachlichen Mittel?") bestimmt. Dies gilt innerhalb einer Sprache, insbesondere jedoch auch im Vergleich des Erwerbs unterschiedlicher Sprachen. Erlernen Kinder mehrere Sprachen, ist häufig zu beobachten, dass ein und derselbe Sachverhalt nur in einer der beiden Sprachen korrekt versprachlicht werden kann. Offenbar verfügt das Kind über die hierzu notwendigen sprachlichen Formen nur in einer der beiden Sprachen. Das liegt daran, dass diese unterschiedlich schwierig sind. Für Erzieherinnen ist der Hinweis wichtig, dass Kinder mit Migrationshintergrund auch deshalb einen unterschiedlichen Spracherwerbsstand in Herkunfts- und Verkehrssprache aufweisen können.

Somit macht es nur innerhalb einer Sprache Sinn davon auszugehen, dass die sprachlichen Strukturen in einer vergleichsweise ähnlichen Reihenfolge erworben werden. So werden beim Grammatikerwerb für das Deutsche Erwerbsreihenfolgen (Erwerbssequenzen) angenommen (Clahsen, 1982).

Im nächsten Kapitel wenden wir uns nun detaillierter dem „normalen" Spracherwerb zu und nennen Meilensteine und Grenzsteine auf dem Weg zur umfassenden Sprachbeherrschung. Das Aufstellen dieser Meilen- und Grenzsteine soll helfen, normale und anormale (entwicklungs*un*typische) Fehler zu unterscheiden. Wir konzentrieren uns dabei vor allem auf den Altersbereich von drei bis sechs Jahren, in dem die Erzieherin den Kindern im Kindergarten begegnet, skizzieren die bis zum Alter von ca. drei Jahren vorausgegangenen Entwicklungen jedoch ebenfalls, um deren Bedeutsamkeit für die spätere Entwicklung zu dokumentieren.

Darüber hinaus geben wir Hinweise für (anamnestische) Fragen an Eltern, die die Entwicklung in der Vorkindergartenzeit betreffen. Die so gewonnenen Informationen über die Vorgeschichte können helfen, ein fundierteres Urteil über den Spracherwerbsstand eines Kindes bilden zu können. Auch um die Fragen von Eltern oder Behörden beantworten zu können, etwa wenn es um die Einschulung geht, benötigt man Grundkenntnisse über allgemeine Kennzeichen sowie Meilen- und Grenzsteine des Spracherwerbs.

3 Meilen- und Grenzsteine beim Spracherwerb als Voraussetzungen für frühpädagogische Diagnostik

In diesem Kapitel werden die **Meilensteine des normalen Spracherwerbs** beschrieben. Zusätzlich werden Grenzsteine gesetzt. Diese stehen dort, wo bestimmte Meilensteine nicht oder verspätet passiert werden. Die **Grenzsteine** weisen daher auf Abweichungen vom unauffälligen Spracherwerb hin. Bei ihnen sollten die für die Entwicklung des Kindes wichtigen Personen, also zunächst einmal die Eltern, später Tagesmütter, Erzieherinnen, Ärzte aufmerksam werden.

Meilensteine und Grenzsteine

Wichtige Etappen des Spracherwerbs werden heute in aller Regel mit dem Begriff **Meilenstein** bezeichnet. Häufig sind mit dieser Bezeichnung auch reifungstheoretische Vorstellungen verbunden, die das Zustandekommen der Entwicklung als festgelegte Abfolge von ausschließlich durch innere Reifungsprogramme gelenkten Entwicklungsschritten betrachten. Hierbei bleibt außer Acht, dass selbst reifungsbasierte Schritte entsprechende Entwicklungsbedingungen voraussetzen. Von dem Neuropädiater Michaelis wird daher zu Recht der Begriff des Meilensteins als Ausdruck eines überholten Reifungskonzeptes abgelehnt (Michaelis, 2004).

Trotz der begründeten Kritik wird an dem Bild der Meilensteine für die Beschreibung der unauffälligen Entwicklung festgehalten, nicht zuletzt auch deshalb, weil sich der Begriff in der modernen Spracherwerbsforschung etabliert hat und dort nicht – wie in der Kinderheilkunde üblich – mit Reifungstheorien gekoppelt ist, sondern der Beschreibung markanter Entwicklungsschritte dient.

Grenzsteine markieren die Grenzen zum normalen Entwicklungsweg, sie sind Hinweisschilder am Wegesrand der Entwicklung, bei denen die Beobachter der kindlichen Entwicklung (Eltern, Erzieherinnen, Fachkräfte) aufmerken sollen, weil sich Abweichungen vom unauffälligen Weg andeuten, die ein genaueres Hinsehen erfordern.

Beim Eintritt in den Kindergarten, d. h. bis zum dritten Lebensjahr ist die Entwicklung in den meisten Sprachbereichen bereits im Gange, jedoch weder im Bereich der Aussprache, des Wortschatzes noch der Grammatik abgeschlossen.

Über das reguläre Passieren der ersten Meilensteine besitzen Erzieherinnen vermutlich wenige Informationen. Nur beim Vorliegen (gravierender) Spracherwerbsstörungen liegen vielleicht entsprechende Angaben in den Akten vor. Die ärztlichen Unterlagen aus den Vorsorgeuntersuchungen bleiben in der Regel unzugänglich. Möglicherweise sind in manchen Fällen bereits besondere Maßnahmen eingeleitet worden, etwa die Zuweisung in einen Sonderkindergarten oder die Überweisung an eine logopädische Praxis. Nachträgliche Befragungen der Eltern können ebenfalls Informationen über das Passieren von Meilen- und Grenzsteinen liefern. Die Erfahrungen bei solchen Befragungen (ELFRA → Kap. 7.4.16, FRAKIS → Kap. 7.4.18) zeigen allerdings, dass sich die Eltern nicht immer gut erinnern.

Wie eine neuere Studie zeigt, sind es gerade die Eltern von Kindern mit Förderbedarf, die ihre Kinder in ihrer Leistungsfähigkeit eher überschätzen. Diese Kinder nehmen daher seltener an erforderlichen frühen Interventionsmaßnahmen teil. Hinzu kommt, dass auch in den kinderärztlichen Früherkennungsuntersuchungen U7 (von 1;9 bis 2;0 Jahren), U8 (von 3;7 bis 4;0 Jahren) und U9 (von 5;0 bis 5;4 Jahren) noch zu viele Kinder übersehen werden, die einer frühzeitigeren Intervention bedurft hätten. Zwischen den Reihenuntersuchungen U7 und U8 liegt darüber hinaus ein zu langer Zeitraum, insbesondere wenn man die gravierenden Entwicklungen bedenkt, die zwischen zwei und dreieinhalb Jahren gerade im sprachlichen Bereich stattfinden. Der Erzieherin kommt daher eine wichtige diagnostische Aufgabe zu, wenn die Kinder in der Zeit zwischen der U7 und der U8 in den Kindergarten aufgenommen werden. Sie besteht vor allem darin, gefährdete Kinder zu identifizieren und gegebenenfalls an Fachkräfte zu delegieren. In einigen Fällen und Sprachbereichen, wie dem Wortschatz, kann sie selbst Fördermaßnahmen vornehmen.

Das Gewinnen und Einordnen von Angaben über den Verlauf des Spracherwerbs auf den unterschiedenen sprachlichen Ebenen ist bereits bei einsprachigen Kindern nicht einfach. Bei Kindern mit Migrationshintergrund wird dies noch dadurch erschwert, dass selbst vorliegende Informationen über entsprechende Entwicklungen meist nicht eindeutig einer der im Erwerb begriffenen Sprachen zugeordnet werden können.

3.1 Prosodie

Unter **Prosodie** versteht man die *Rhythmik von Spracheinheiten*. Dazu gehören Tonhöhe, Lautstärke, Länge der Sprachlaute und Pausengebung. Der Entwicklung bzw. dem Vorhandensein von Verstehens- und Produktionsfähigkeiten im Bereich der Prosodie wird mittlerweile eine für den Spracherwerb zentrale Bedeutung zugeschrieben.

Wie bei allen unterschiedenen Sprachebenen, mit Ausnahme der Entwicklung von Wissen über Sprache, ist die Entwicklungsaufgabe Prosodieerwerb eine doppelte: Zum einen geht es darum, prosodische Merkmale der Sprache wahrnehmen und verstehen zu lernen, zum anderen um den Einsatz prosodischer Merkmale als Mittel der Kommunikation. Für beide Aufgaben sind förderliche Entwicklungsbedingungen unabdingbar.

Die Bedeutung der Prosodie geht über den bloßen Spracheinstieg und die ersten Lebensmonate weit hinaus. Sie ist auch für den Erwerb des Wortschatzes und des Satzbaus wesentlich. In der Erwachsenensprache spielt die Prosodie eine wichtige Rolle beim Verstehen von Äußerungen, denn verschiedene Betonungen verändern die Bedeutung.

Die Prosodie als ein wesentliches Mittel der Bedeutungszuweisung

- *Fahren Sie heute nach Berlin?* Nein.
- *Fahren* Sie heute nach Berlin? Nein, ich *fliege*.
- Fahren *Sie* heute nach Berlin? Nein, *meine Kollegin*.
- Fahren Sie *heute* nach Berlin? Nein, erst *morgen*.
- Fahren Sie heute nach *Berlin*? Nein, nach *München*.

Wahrnehmung und Verstehen

Die Entwicklungsvoraussetzungen für das **Wahrnehmen** und **Verstehen** prosodischer Merkmale gehören wohl zu unserer genetischen Ausstattung. Anatomische Voraussetzungen für die Sprachschallwahrnehmung sind bereits ab der 27. Schwangerschaftswoche ausgebildet. Wir wissen heute, dass bereits Föten sprachliche von nichtsprachlichen Reizen unterscheiden. So faszinierend diese Beobachtungen sind, für die praktische Arbeit bleiben sie bislang irrelevant. Pränatale Diagnostik wird bislang nur bei Risikoschwangerschaften und nicht als generelles → Screening durchgeführt. Ziel ist die Identifikation somatischer, vor allem genetischer Defekte (z. B. → Trisomie 21) oder von Stoffwechselstörungen wie der → Phenylketonurie. An die Identifikation von Risikofaktoren für den künftigen Spracherwerb (etwa pränatale Beeinträchtigungen der auditiven Wahrnehmung und ihre Folgen) ist bislang nicht gedacht. Es gibt also keinerlei Hinweise dafür, dass und wie sich künftige Spracherwerbsstörungen bereits vor der Geburt abzeichnen. Wenn wir dennoch auf diese Möglichkeit hinweisen, dann deshalb, um zu verdeutlichen, dass die künftige Sprachbeherrschung auf vielen – auch biologischen und genetischen – Entwicklungsvoraussetzungen beruht, deren Intaktheit in nicht allzu ferner Zukunft möglicherweise bereits pränatal diagnostiziert werden kann.

Produktion

Im Bereich der **Produktion** von prosodischen Merkmalen gibt es humanspezifische Entwicklungsvoraussetzungen (Anatomie des Vokaltrakts, sprechmotorische Voraussetzungen u. Ä.). Missbildungen des Vokaltraktes, Lippen-Kiefer-Gaumenspalten oder Dysarthrien können zu erheblichen Beeinträchtigungen dieses für die Vermittlung von Intentionen so wichtigen Teilbereichs der Sprache führen. Auch bei Schwerhörigen ist die prosodische Qualität von Äußerungen oft herabgesetzt, so dass sie teilweise allein aufgrund ihrer „Eintönigkeit" als minderbegabt betrachtet werden. Schwierigkeiten in der prosodischen Gestaltung von Äußerungen können also zu Fehleinschätzungen anderer Personenmerkmale wie z. B. der Intelligenz eines Gesprächspartners führen.

Kinder im Kindergartenalter haben die wesentlichen Meilensteine in der prosodischen Entwicklung längst passiert. Zu beachten sind dennoch die Hinweise in den Angaben der Mütter (vgl. Fragebögen ELFRA → Kap. 7.4.16, FRAKIS → Kap. 7.4.18) oder in den Akten (→ Anamnese).

Meilensteine

Der Einstieg in den Spracherwerb erfolgt vermutlich über prosodische Leistungen. Da die Entwicklung prosodischer Fähigkeiten bereits vor der Geburt einsetzt, blieb sie lange unbemerkt. Ihr Nachweis gelang erst in den vergangenen Jahrzehnten, als die Wahrnehmung prosodischer Informationen durch immer ausgefeiltere Untersuchungsmethoden bereits bei Föten nachgewiesen werden konnte.

Im Unterschied zu den Wahrnehmungsleistungen können Produktionsleistungen erst nach der Geburt beobachtet werden (frühe Vokalisationen): Der erste Einsatz prosodischer Merkmale wird jedoch schon vor Sprechbeginn in der Lallphase beobachtet.

Meilensteine	Wahrnehmen/Verstehen	Produktion
27. Schwangerschaftswoche	Prosodische Eigenschaften (Rhythmus, Klang, Intonation) der Muttersprache werden identifiziert	–
Geburt bis 0;2 Jahre	Differenzierung zwischen sprachlichen und nichtsprachlichen Lauten Differenzierung von Mutter- und Fremdsprache	–
0;2–0;6 Jahre	Reagieren auf unterschiedliche Stimmen (ärgerlich, beruhigend, spielerisch ...)	Lautspiele: Erprobung prosodischer Muster (Stimmhöhenvariation, Lautstärke, Silbenrate), Grundsteine der Beherrschung der prosodischen Strukturen
0;6–0;8 Jahre	Säuglinge bevorzugen Texte mit normalen Pausen Nutzung der Prosodie zum Verständnis grammatischer Strukturen	Gehörlose Kinder werden in ihren Äußerungen auffällig
0;9–1;6 Jahre		Einsatz von Melodie, Rhythmus und Tonfall

Tab. 3.1: Meilensteine des Prosodie-Erwerbs bis zum zweiten Lebensjahr

Grenzsteine

Beeinträchtigungen der bereits im frühen Stadium des Spracherwerbs wirksamen basalen prosodischen Verarbeitungsmechanismen gelten als (Mit-)Verursacher für die Entstehung von Spracherwerbsstörungen sowie für mangelnde Sprachverarbeitungs- und Gedächtnisleistungen.

Derartige Defizite sind möglicherweise bereits pränatal angelegt, sie lassen sich aber erst nach der Geburt, in den ersten Lebensmonaten und -jahren feststellen. Einige Forscher meinen, dass sie durch eine Schreianalyse bereits im Neugeborenenalter, also in den ersten Lebensmonaten identifiziert werden könnten.

Auffälligkeiten im Bereich der Prosodie sind offenbar kein entwicklungsnormales Übergangsphänomen. Kinder mit solchen Auffälligkeiten haben vor allem Probleme mit der Betonung und der Zeitstruktur von Äußerungen. Noch als Fünf- bis Zehnjährige haben spracherwerbsgestörte Kinder Schwierigkeiten bei der Wortprosodie (Penner, 2002 b).

Grenzsteine	Wahrnehmen/Verstehen	Produktion
0;6 Jahre ff.	Ungenügende Nutzung rhythmisch-prosodischer Informationen (Identifizieren natürlicher Texte)	Ausbleiben des Erprobens/Variierens prosodischer Muster in der Lallphase (Stimmhöhe, Lautstärke, Silbenrate, zeitliche Parameter) Mangelnde Beachtung der Wortprosodie

Tab. 3.2: Grenzsteine beim Erwerb der Prosodie

Wahrnehmungs- und Verstehensleistungen sind meist schwieriger als Produktionsleistungen nachzuweisen, wenngleich erstere durch immer ausgefeiltere Untersuchungsmethoden mittlerweile besser erfassbar sind. Diese Methoden kommen jedoch aufgrund ihrer Aufwändigkeit nur in der Forschung und nicht in der praktischen diagnostischen Arbeit zur Anwendung.

Die Erzieherin wird die Akten dahingehend sichten, ob sie Hinweise auf Auffälligkeiten der prosodischen Entwicklung enthalten. Vor allem aber wird sie diese im Elterngespräch thematisieren (→ Anamnese).

Lisa, (3;8 Jahre) ist mit 3;8 Jahren die jüngste von vier Geschwistern. Die beiden Ältesten leben bereits außer Haus, so dass sie mit ihrem älteren Bruder Kevin (11;7 Jahre) aufwächst. Die älteste Schwester Lisas besuchte die Sprachheilschule, von der sie nach der vierten Klasse auf die Realschule wechselte. Kevin besucht die erste Klasse eines Gymnasiums. Lisas Spracherwerb verlief bislang schleppend. Aufgrund ihrer schlechten Aussprache ist sie kaum zu verstehen. Die Mutter berichtet der Erzieherin bei einem Anamnese-Gespräch, dass Lisa die ersten Worte erst mit zwei Jahren äußerte und erst kurz vor Eintritt in den Kindergarten Mehrwortäußerungen produzierte. Schon als Säugling sei sie anders als ihre Geschwister gewesen, eher still, während ihre Geschwister durch ihr ausgeprägtes, moduliertes Babbeln und Lallen auffielen.

3.2 Phonetik und Phonologie

Die **Phonetik** befasst sich mit den akustischen Merkmalen von Lauten und ihrer Bildung, sie untersucht die physikalischen Eigenschaften von Sprachlauten (Frequenz, Intensität) und wie diese beim Sprechen erzeugt werden. Die **Phonologie** beschäftigt sich mit den Lauten (Phonemen) als den kleinsten bedeutungs*unterscheidenden* Elementen einer Sprache. Sie konzentriert sich also auf deren Funktion innerhalb von Sprachen.

Auch beim Erwerb phonetisch-phonologischer Fähigkeiten ist die Entwicklungsaufgabe wiederum eine doppelte: Kinder müssen zum einen die Laute ihrer Muttersprache wahrnehmen, sie unterscheiden (diskriminieren) und lernen, sie zu bilden *(phonetische Entwicklung).* Zum anderen müssen sie auch deren sprachfunktionelle Bedeutung verstehen und nutzen können *(phonologische Entwicklung).* Oft ist zu beobachten, dass Kinder die erste Aufgabe meistern, d. h. die Laute diskriminieren und produzieren können, sie aber weder sprachfunktionell verstehen oder nutzen. Dann spricht man von einer phonologischen Störung.

Mit Erreichen des sechsten Lebensjahrs haben die Kinder die Entwicklungsaufgabe „phonetisch-phonologischer Erwerb“ in aller Regel gemeistert. Der phonetisch-phonologische Bereich ist für die Entwicklung der weiteren Sprachebenen von großer Bedeutung, Fehlentwicklungen gebührt daher eine hohe Aufmerksamkeit.

3.2.1 Phonetische Entwicklung

Entwicklung der vorsprachlichen Lautbildung (präverbale Artikulationsentwicklung, Ausspracheentwicklung, artikulatorische Phonetik)

Meilensteine der präverbalen Artikulationsentwicklung

Bei der **Entwicklung der Lautbildung** unterscheidet man eine *vorsprachliche* und eine *sprachliche Phase.* Schreien können die Kinder sofort nach der Geburt. In den ersten Wochen und Monaten lernt der Säugling seine Stimmgebungen so zu gestalten, dass die Mutter in aller Regel weiß, ob er sich wohlfühlt, ob er Schmerzen oder ob er Hunger hat (→ Prosodie, → Pragmatik).

Im Unterschied zur Wahrnehmung sind die produktiven Leistungen im ersten Lebensjahr aufgrund anatomischer Beschränkungen reduziert – so verändert sich etwa noch die Lage des Kehlkopfes, die feinmotorische Steuerung der Zunge. Sprachlaute im eigentlichen Sinne können noch nicht gebildet werden. Die Lautbildungsentwicklung im ersten Lebensjahr lässt zwei Phasen erkennen:
- Die frühen Vokalisationen (Lautäußerungen) im ersten Halbjahr
- Das „Babbling“ im zweiten Lebenshalbjahr.

Bei detaillierterer Betrachtung ergeben sich noch weitere Phasen (El Mogharbel & Deutsch, 2007):

- Die ersten zwei Monate sind gekennzeichnet durch Wiederholungen von quasivokalischen Lauten: Quasi, weil es sich bei den ersten Lautäußerungen aufgrund der eingeschränkten Lautbildungsmöglichkeiten noch nicht um Sprachlaute (Phoneme: Konsonanten/Vokale) handelt. So ist der Vokaltrakt anatomisch noch nicht für die Bildung von Vokalen entwickelt. Das Kind kann nur vokalähnliche Laute erzeugen
- Vom ersten bis vierten Monat werden erste konsonantenähnliche Gurrlaute im Rachenraum gebildet
- Zwischen dem dritten und achten Monat erweitert der Säugling durch eine Reihe von Lautbildungen wie Quietschen, Brummen, Schreien, Flüstern sein Repertoire, er experimentiert jetzt mit verschiedenen Lautbildungen
- Ab dem fünften bis zehnten Monat beginnt das Kleinkind, Silben immer und immer wieder zu wiederholen. Eine Silbe besteht dabei mindestens aus einem vokalischen und mindestens einem konsonantischen Element. Diese Lautmuster

werden im Deutschen oft als Plappern, Babbeln, Brabbeln oder Lallen bezeichnet. Weltweit beginnen die Kinder mit dem Babbling ungefähr zum gleichen Zeitpunkt, und die in dieser Phase produzierten Lautmuster ähneln sich in allen Sprachen
- Ab dem zehnten Monat bis zur Produktion des ersten Wortes mit etwa einem Jahr nähert sich das Babbling den Lauten der Zielsprache an
- Ab dem neunten bis zum fünfzehnten Monat produzieren die Kinder ihre ersten Wörter. Als Wort gilt jede Lautäußerung eines Kindes, die eine eindeutige und konstante → Referenz ausdrückt, d.h. eine Lautform wird stabil mit einer Bedeutung verbunden. So äußert z.B. ein Kind immer wenn es einen Hund sieht, die Laute [wau wau]. Die ersten Wörter müssen demnach lautlich und inhaltlich noch nicht den Wörtern der Erwachsenensprache entsprechen (→ Protowörter).

Diese Differenzierung unterscheidbarer Phasen der Entwicklung der Lautbildung bietet einen universellen Rahmen für die Entwicklung der Kinder im ersten Lebensjahr.

Meilensteine	Wahrnehmen/Verstehen	Produktion
0–0;2 Jahre	Differenzierung sprachlicher und nichtsprachlicher Laute	Schreien, basale biologische Geräusche (Saugen, Schlucken, Husten ...)
0;2–0;5 Jahre		Vorsilbische Phase (1) Gurren (6.–8. Woche) (2) Lachen (2.–4. Monat); Anwachsen der Produktion von Lauten
0;5–0;7 Jahre		Lautspiele (3) Lallphase (Reduplikationen, kanonisches Lallen: babababa, gagagaga)
0;6–0;8 Jahre		(4) Mit Beginn der verbalen Phase erhalten die Laute den Status von Phonemen, werden bedeutungsunterscheidend Silbenbildung
0;9–1;6 Jahre		→ Wortschatzentwicklung, Kap. 3.3

Tab. 3.3: Meilensteine beim Erwerb von Lautäußerungen im ersten Lebensjahr

Grenzsteine der präverbalen Artikulationsentwicklung

Als ein Grenzstein der präverbalen Phase gilt die Verzögerung der Lautentwicklung. Ein Alarmsignal ist das Ausbleiben der Lallmonologe.

Entwicklung der Wahrnehmung und Diskrimination von Lauten

Für die **Entwicklung im Bereich der Wahrnehmung und Diskrimination von Lauten** (Phonen) sind wie bei der Ausspracheentwicklung neben organischen Voraussetzungen (z.B. Hörfähigkeit) insbesondere die → kategoriale Wahrnehmung, im Bereich der Produktion die unversehrte Anatomie des Sprechapparates (→ Vokaltrakt, → Lippen-, Kiefer- Gaumenspalte), der sprechmotorischen Voraussetzungen und ihrer Entwicklung sowie das Vorhandensein der Lernmechanismen bzw. -formen zu nennen.

Die Entwicklung der Wahrnehmung von Sprachlauten beginnt bereits im Mutterleib. Sie läuft der Produktion von Lauten voraus. Dennoch ist sie nach dem Auftreten der ersten Wörter keineswegs abgeschlossen, sondern dauert mehrere Jahre an. So verlieren die Kinder etwa ab diesem Zeitpunkt nach und nach die Fähigkeit, die Laute aller Sprachen der Welt unterscheiden zu können. Die Wahrnehmung des Kindes richtet sich auf das Lautinventar seiner Umgebungssprache.[1] Witze basieren auf solchen Sozialisationsprozessen: So können Japaner in der präverbalen Phase beispielsweise [l] und [r] als Phone noch unterscheiden, beim späteren Spracherwerb verlieren sie jedoch diese Fertigkeit, weil die beiden Laute in ihrer Sprache keine bedeutungsunterscheidende Funktion haben. „Fried rice" (gebratener Reis) ist für sie gleichlautend mit „flied lice", also irgendwelchen Läusen – die daraus resultierenden Missverständnisse kann man sich leicht ausmalen.

Entwicklung der sprachlichen Lautbildung (verbale Artikulationsentwicklung)

Nach dem beschriebenen vorbereitenden Stadium setzt die **Entwicklung der Bildung von Sprachlauten** ein (phonetische Ebene). Hier geht es darum, dass Kinder lernen, die Laute ihrer Sprache zu unterscheiden und zu bilden. Erforderlich sind neben intakten Entwicklungsvoraussetzungen auch förderliche Entwicklungsbedingungen (→ Kap. 1). Die Aufgabe, die für die Muttersprache spezifischen Laute zu erkennen und bilden zu können, wird zweifellos von den Bezugspersonen durch eine deutliche Artikulation, akzentuierte Prosodie sowie eine besondere Gliederung des Lautstroms in Wörter erleichtert (→ kindgerichtete Sprache). Von entscheidendem Einfluss sind auch die physiologischen Voraussetzungen.

Zur Entwicklung der Lautbildung in Einzelsprachen sind (gegenwärtig) keine Verallgemeinerungen möglich, da sich die phonetischen Systeme der verschiedenen Sprachen der Welt stark unterscheiden. Generell gilt, dass der Erwerb des Vokalsystems

---

1 Solche Einengungsprozesse (oder Sozialisationsprozesse) sind in vielen anderen Bereichen ebenfalls beobachtbar, so beispielsweise bei der Wortbildung. Kinder sind in ihren ersten Lebensjahren sehr kreativ, wenn es darum geht, neue Wörter für Dinge zu finden, für die sie noch keinen Namen haben. Sie benutzen dazu die bisher gelernten Wörter und kombinieren sie in kreativer Weise, um das neue Ding mit einem Namen zu versehen (Wortschatzerwerb → Kap. 3.3.2).

vor dem des Konsonantensystems erfolgt. Innerhalb des Konsonantensystems werden → Plosive ([b], [t], [d], [g] usw.) vor → Frikativen ([f], [s]) erworben. Diese allgemeinen Erwerbsreihenfolgen werden durch folgende Faktoren beeinflusst:

- Schwierigkeitsgrad der Artikulation
- Auftretenshäufigkeit eines Lautes (Phons)
- Wahrnehmbarkeit/Unterscheidbarkeit des Phons von anderen Lauten
- Sprachangebot (→ kindgerichtete Sprache).

Häufig auftretende (hochfrequente) Laute werden (je nach Artikulationsschwierigkeit) ebenfalls früher gebildet als seltene (niedrigfrequente). Schwierig zu bildende Laute folgen. Von Bedeutung sind hier z. B. der Vokalisationsort sowie die Zahl der beteiligten und zu koordinierenden Muskeln. So ist etwa die Bildung von Lauten der dritten → Artikulationszone (wie [g], [h], [k], [r]) am schwierigsten, sie werden als letzte beherrscht.

Wie bereits erwähnt ähneln sich die ersten Lautbildungen der Kinder in allen Sprachen der Welt. Obwohl das hörende Kind ständig muttersprachspezifische Hörerfahrungen sammelt, wird nach der Geburt, unabhängig von einzelsprachlichen Vorgaben, zunächst ein offenbar universelles Vokalisationsprogramm aktiviert. Dieses Programm sichert wohl auch das Training der verschiedenen Muskeln des Sprechapparates. Dies ist daran erkennbar, dass gehörlos geborene Kinder zunächst ähnliche Laute wie hörende Kinder produzieren. Erst mit etwa acht bis neun Monaten verstummen diese Kinder. Zu diesem Zeitpunkt werden anlagebedingte Erwerbsprogramme offenbar durch umweltbedingte Einflüsse abgelöst. Der Prozess des Sprachlernens beginnt, d. h. die Vorgaben der Umgebungssprache engen die Lautproduktion zunehmend ein.

Die bereits von den Sterns (1907) empirisch beobachteten, von Jakobson (1941) theoretisch postulierten Erwerbsreihenfolgen haben sich im Wesentlichen bestätigt: *Labiale Laute* (mit den Lippen gebildete Laute: [m), [p]) werden vor *alveolaren Lauten* (mit Zungenspitze und Zahntaschen gebildete Laute: [d]), diese wiederum vor *velaren Lauten* (am Gaumensegel gebildete Laute: [k]), *frikativen Lauten* (durch Reibung hervorgebrachte Laute: [f]) und *affrikativen Lauten* (durch Verschluss und anschließenden Reibelaut gebildete Laute: [pf]) erworben. Konsonantenverbindungen werden als Letzte erlernt. Diese Angaben stützen sich auf eine Lautklassifikation, die auf dem Bildungsort der Laute beruht: Die Labiale sprechen die Beteiligung der Lippen an (Labium = Lippe), die Alveolare, die der Zahntaschen (hier stößt die Zunge an die Zahntaschen, wie bei [d], [t]). Äußerungen wie [ma: ma:], [pa: pa:] sind nicht zuletzt deshalb universell als erste Äußerungen des Kindes zu beobachten.

Meilensteine der verbalen Artikulationsentwicklung

Laute isoliert korrekt bilden zu können *(phonetisches Lautinventar),* ist nicht identisch mit der Fertigkeit, Laute korrekt in der von der

Einzelsprache vorgegebenen Lautumgebung bilden zu können *(phonemisches Lautinventar)*. Da die Feststellung, welche Kinder Laute isoliert, jedoch nicht im Kontext bilden können, bereits eine logopädische Untersuchung voraussetzt, geben wir hier nur die Erwerbsabfolge im Kontext wieder, die man ohne weitere diagnostische Maßnahmen beobachten kann. Die Darstellung beruht auf den Angaben von Fox (2005, S. 64).

Meilensteine	Produktion
1;6–1;11	[m], [p], [d]
2;0–2;5	[b], [n]
2;6–2:11	[v], [f], [l], [t], [n], [x], [h], [k], [s/z]
3;0–3;5	[j], [g], [pf]
3;6–3;11	[ts]
4;0–4;5	[χ]
4;6–4;11	[Σ]
5;0–6;0	Der Erwerb sämtlicher Laute, insbesondere der Konsonanten, ist abgeschlossen.

Tab. 3.4: Meilensteine beim Erwerb phonetisch-phonologischer Fähigkeiten bis zum fünften Lebensjahr nach Fox (2005). Erwerbskriterium ist, dass 90 % der Kinder ein Phonem bei zwei von drei Produktionen korrekt bilden.

Traditionell werden Kinder mit Aussprachesschwierigkeiten nach deren Schweregrad klassifiziert. Abhängig von der Anzahl der fehlgebildeten, ersetzten oder ausgelassenen Laute ist von partiellen, multiplen oder universellen Dyslalien die Rede (→ Kap. 4). Für die praktische Arbeit bedeutsam ist, dass frühe Auffälligkeiten in der Lautproduktion Prädiktoren für spätere Störungen des Spracherwerbs sind. So belegten Jensen, Boggild-Andersen, Schmidt, Ankerhus und Hansen (1988), „dass diejenigen Säuglinge, die signifikant weniger verschiedene Konsonanten und weniger Sequenzen mit mehreren Silben als andere Säuglinge produzierten, als Vorschulkinder signifikant schlechtere Leistungen in einem Spracherwerbstest zeigten" (Grimm & Weinert, 2002, S. 525).

Kinder mit organisch bedingten Aussprachestörungen (Spaltbildungen, Hörstörung u. ä.) sind durch entsprechende Fachkräfte zu betreuen. Dies gilt auch für die Kinder, bei denen keine entsprechenden Beeinträchtigungen vorliegen und die dennoch die Entwicklungsaufgabe der Lautdiskriminierung und -produktion bis zum fünften Lebensjahr nicht meistern.

Grenzsteine der verbalen Artikulationsentwicklung

Unter den ersten 50 Wörtern, die ein Kind äußert, sind keine Wörter mit Labialkonsonanten vorhanden.

3.2.2 Phonologische Entwicklung

Im Unterschied zur phonetischen besteht die **phonologische Entwicklungsaufgabe** u. a. darin, Phoneme in ihrer sprachfunktionellen Funktion wahrnehmen und verwenden zu können: So müssen ein [s] und ein [h] voneinander unterschieden werden, um beispielsweise den Bedeutungsunterschied zwischen „Sand" und „Hand" zu verstehen oder auszudrücken.

Zur Phonologie gehört auch, dass Kinder einzelsprachlich gegebene Beschränkungen der Kombinierbarkeit von Lauten zu Silben, Morphemen und Wörtern (→ Phonotaktik) beim Verstehen und der Produktion berücksichtigen. Während „skrilts" eine mögliche deutsche Silbe oder ein Wort sein könnte, verletzt „mntps" die Regeln der Kombinierbarkeit von Lauten im Deutschen.

Unterschieden werden deshalb phonetische (→ oben) und phonologische Entwicklung sowie respektive phonetische bzw. phonologische Störungen. Berücksichtigt wird, ob Ausspracheauffälligkeiten auf Artikulationsschwierigkeiten zurückzuführen sind (→ Kap. 4) oder ob sie auf Schwierigkeiten beim Erwerb des phonologischen Systems beruhen. Auffälligkeiten auf beiden Ebenen können entwicklungsbezogen normal (etwa physiologisch oder schwierigkeitsbedingt) oder pathologisch sein. Nur wenn die Auffälligkeiten nicht dem normalen Entwicklungsverlauf entsprechen, sollte sich die Erzieherin Gedanken machen und gegebenenfalls eine Vorstellung bei der Logopädin nahelegen, wie dies im folgenden Beispiel von Michael der Fall ist.

Michael (5;7 Jahre) Die Giegers besuchen in der dritten Generation die Förderschule. Beide Eltern sind ohne Arbeit. Dennoch haben sie ein gutes Auskommen. Sie leben in einer Straße, deren Häuser das städtische Sozialamt angemietet hat. Bislang reichten Arbeitslosengeld, Sozialhilfe und Einkünfte aus (verschwiegenen) Gelegenheitsarbeiten der verschiedenen Mitglieder des Familienclans für ein akzeptables Auskommen. Dass alles in einen Topf geworfen wird, überwacht die Großmutter, die ihre Kinder, Schwiegertöchter, -söhne und Enkel fest im Griff hat. Das wahre Zuhause der Familie sind zwei Campingbusse, in denen sie die Wochenenden auf Flohmärkten verbringen. Sie sind bekannt fürs „Schrotteln", den An- und Verkauf von Altmetall und sonstigen Flohmarktgütern. Die schulische Ausbildung der Kinder und die damit verbundene Chance eines anderen Lebensweges nehmen sie nicht wahr. Dass Michael bei der Einschulungsuntersuchung weit überdurchschnittlich abgeschnitten hat, haben sie kaum zur Kenntnis genommen. Bewähren müssen sich die Kinder beim Flohmarktumsatz. Michaels Sprache ist trotz seines Alters noch von Ausspracheproblemen gekennzeichnet, die niemand in der Familie ernst nimmt, „da sie ihn ja kennen und verstehen".

Einen Einfluss auf die phonologische Entwicklung haben:

- Sprachübergreifende physiologische Prozesse (physiologische Entwicklung)
- Das phonologische System der Einzelsprache.

Solange Kinder bestimmte Laute noch nicht bilden können, nehmen sie Vereinfachungen vor: So versuchen sie, statt des Ziellauts bereits verfügbare, etwa benachbarte Laute zu bilden. Oft verwenden sie auch andere Laute als die erwarteten, obwohl sie diese im Prinzip bilden können. Auffälligkeiten zeigen sich im Bereich der Produktion der Laute, Einschränkungen des Verstehens sind nur schwer feststellbar.

Meilensteine

Der Verlauf der phonologischen Entwicklung ist durch eine Vielzahl normaler Entwicklungsbesonderheiten gekennzeichnet. Phonologische Prozesse wie Silbenstruktur-, Harmonisierungs- und Substitutionsprozesse sind normale Entwicklungserscheinungen. Während Erzieherinnen über die Ausspracheentwicklung in der präverbalen Phase allenfalls Angaben aus der Akte oder dem Elterngespräch finden werden, können sie phono-

Phonologische Prozesse	Beispiele	überwunden
Lautersetzungen		
Vorverlagerungen	[k] und [t]: Kamm → Tam, kommt → tommt Bei Sibilanten [χ, Σ]: ich → is, schön → sön	< 3;0 Jahre < 4;5 Jahre
Verschluss statt Reibelaut	Wippe → Bippe, Sand → Tant	< 3;0 Jahre
Ersetzung durch h	rot → hot	< 2;5 Jahre
Auslassung des ersten Lautes	Pfanne → Fanne, Zange → Sange	< 3;0 Jahre
Laut-/Silbenauslassungen		
Tilgung von Endkonsonanten	Dach → Da	< 2;5 Jahre
Tilgung initialer Konsonanten	Blatt → Batt, klein → lein	< 3;11 Jahre
Reduktion von Konsonantenverbindungen		
Auslassung unbetonter Silben	Banane → Na:nɛ; kaputt → putt	< 3;6 Jahre
Vereinfachung von Mehrsilbern	Schokolade → Lade	< 3;6 Jahre
Assimilationsprozesse (Harmonisierungen)		
Verdopplungen	Ball → Baba	
Anpassungen	Zunge → Kunge	< 4;0 Jahre
Stimmgebung	Kamm → Kam	< 2;5 Jahre

Tab. 3.5: Beispiele für phonologische Prozesse zur Vereinfachung der Lautbildung und ungefährer Zeitpunkt ihres Verschwindens

logische Prozesse im Kindergartenalter beobachten. Die Übersicht in Tab. 3.5 beansprucht keine Vollständigkeit.

Realisierungen wie „na:nɛ" anstelle von Banane (Silbenstrukturprozess *[Auslassung]),* „Pu:bel" anstelle von Pudel (Harmonisierungsprozess *[Labialassimilation])* oder „Da:bel" anstelle von Gabel (Substitutionsprozess *[Alveolarisierung])* sind (zunächst) keine pathologischen Besonderheiten der kindlichen Aussprache. Vielmehr handelt es sich um übergangsweise auftretende Prozesse in der Entwicklung. Die Kinder nutzen anstelle nicht beherrschter Laute systematisch andere (Ersetzungen, Assimilationsprozesse) oder lassen Laute bzw. Silben systematisch aus.

Kartoffel – Beispiel für das Verschwinden einer Vereinfachung zwischen dem 23. und 42. Monat: Toffɛ → Toffel → Ka:roffɛ → Ka:rtoffel

Über einen Zeitraum von zwei bis drei Jahren erfolgt die allmähliche Überwindung dieser Vereinfachungsprozesse, und die Produktion der zielsprachlichen Phoneme und Phonemverbindungen gelingt immer besser. Als kritisch gelten Verzögerungen von mehr als sechs Monaten. Am Ende der Kindergartenzeit beherrschen die meisten Kinder die Aussprache der Laute und können sie systematisch beim Verstehen und bei der Produktion von Äußerungen in ihrer bedeutungsunterscheidenden Funktion nutzen.

Bei einem gestörten phonologischen Erwerb sind solche phonologischen Vereinfachungsprozesse allerdings stärker ausgeprägt und über einen längeren Zeitraum beobachtbar, d. h. sie verschwinden nicht im Laufe der Kindergartenzeit. Dies bedeutet, dass die Erzieherin dem Kind in einer für seine Ausspracheentwicklung kritischen Phase begegnet. Sie sollte im Bereich der phonetisch-phonologischen Entwicklung auf Angaben der Eltern oder anderer Bezugspersonen im Hinblick auf Verzögerungen und andersartige Verläufe achten. Kennzeichen einer phonologischen Aussprachestörung sind:

- Gleichzeitiges Vorliegen vieler verschiedener Prozesse
- Langes Andauern (Persistieren) der im Grunde normalen Prozesse (Nichtüberwindung im Alter von fünf bis sechs Jahren)
- Übermäßig häufige Assimilationen
- Unbalancierte, asynchrone Entwicklung
- Lautpräferenzen („Einige Kinder neigen dazu, einen spezifischen Konsonanten besonders häufig einzusetzen, gleichsam zu bevorzugen" [Hacker & Wilgermein, 2001, S. 33]. Die Autoren nennen als Beispiel einen Jungen von 5;9 Jahren, der in über 50 % der Fälle initiale Doppelkonsonanten durch [v] ersetzte).

Haben ältere Kinder diese Vereinfachungen durch die genannten phonologischen Prozesse nicht überwunden, so ist dies stets ein Warnsignal.

Grenzsteine

Grenzsteine sind hier sowohl für phonetische als auch phonologische Aussprachestörungen zu setzen. Kann das Kind Laute wahrnehmen und bilden (phonetische Leistung)? Und: Kann das Kind Laute sprachsystemgemäß verstehen und verwenden (phonologische Leistung)?

Notwendig ist auch, dass Erzieherinnen darauf achten, ob bei Kindern geringfügige anatomische Beeinträchtigungen des Wahrnehmens (Lautdifferenzierungsschwäche) und/oder der an der Lautproduktion beteiligten physiologischen Entwicklungsvoraussetzungen vorliegen könnten. Auch die Sprachvorbilder und deren nachdrückliche Haltung in Bezug auf eine korrekte Aussprache sind von großer Bedeutung (Entwicklungsbedingungen).

Suzan (5;0 Jahre), Herkunftssprache Albanisch. Der Erzieherin sind Suzans Ausspracheprobleme aufgefallen. Suzan zählt zu den älteren Kindern und sollte solche Schwierigkeiten überwunden haben. Möglicherweise beeinflusst ihre Herkunftssprache Albanisch den Lauterwerb im Deutschen. Suzan hat Probleme mit dem [r]-Laut sowie den Affrikaten [ts]:

- Frosch → FOS
- Fahrrad → Fa:la:t

Weiter vereinfacht sie [ts] im Wortinnern, aber nicht im Anlaut:

- Katze → KasE
- Zange → TsanNE.

Diese Beispiele aus Kaltenbacher (2005) zeigen, wie schwierig die Bewertung des Spracherwerbsstandes im phonetisch-phonologischen Bereich ist. Die Hinzuziehung von Fachkräften ist unbedingt erforderlich.

Die diagnostische Aufgabe der Erzieherin ist es, darauf zu achten, ob ein Kind die beschriebenen Auffälligkeiten während der Kindergartenzeit überwindet oder ob diese andauern. Ist Letzteres der Fall, sollte eine Fachkraft hinzugezogen werden, die mit entsprechenden diagnostischen Verfahren den diesbezüglichen Spracherwerbsstand des Kindes abklären kann (→ Spontansprachprobe, Kap. 7.4.13, → AVAK, Kap. 7.4.9, → PLAKSS, Kap. 7.4.10).

3.3 Semantik und Lexikon

Die Entwicklung von *Wortbedeutungen* (→ **Semantik**) und des *Wortschatzes* (→ **Lexikon**) ist mit der allgemeinen kognitiven Entwicklung eng verflochten. Das Verständnis von Wörtern setzt Wissen voraus. Leider wird der Erwerb von Wortbedeutungen sowie des Wortschatzes bei der Diskussion der semantisch-lexikalischen Entwicklung und ihrer Störungen oft nicht deutlich genug von der konzeptuellen Entwicklung abgegrenzt und die Frage vermieden, ob eine Intelligenzminderung vorliegt.

Im Unterschied zur phonetischen und phonologischen Entwicklung sind Verlauf und Ergebnis im semantisch-lexikalischen Bereich völlig offen. Die Entwicklungsaufgabe ist nicht einzugrenzen. Es gibt keine Vorgaben, wie viele und welche Wörter Kinder beherrschen müssen. Deshalb sind Unterschiede in Umfang und Inhalt von Wortschatz und -bedeutung zwischen Kindern nicht gleichbedeutend mit Abweichungen vom normalen Entwicklungsverlauf. Unterschiedliche Lebenswelten führen zu unterschiedlichen Wortschätzen und -bedeutungen. Kinder gehen insbesondere in diesem Bereich des Spracherwerbs unterschiedliche Wege (→ Kap. 2).

Störungen auf der semantisch-lexikalischen Ebene treten vor allem als Wortschatzarmut und Schwierigkeiten beim Speichern und Abrufen von Wörtern zutage (→ Wortfindungsstörungen).

Meilen- und Grenzsteine sind deshalb vor allem in *quantitativer Hinsicht* zu setzen. Die *qualitative Entwicklung* – welche Bedeutung haben Worte und wie setzt sich der Wortschatz, das persönliche Lexikon, zusammen – verläuft von Kind zu Kind zu unterschiedlich. So verbindet ein Stadtkind mit einem Hund zunächst etwas anderes als sein Cousin vom Land. Es macht andere Erfahrungen und erwirbt andere Wörter als dieser. Die verschiedenen Lebenswelten beeinflussen Inhalt und Umfang des Wortschatzes und die Bedeutung der in ihm enthaltenen Wörter.

Die Repräsentation von Wörtern beinhaltet nicht nur Informationen über die Wortbedeutung (Semantik), sondern darüber hinaus auch über die Lautgestalt (Wortform), die Wortstruktur (Stamm + → Suffix), die wechselnden Formen, in der uns Wörter begegnen (→ Flexion, → Numerus, → Kasus), das grammatische Geschlecht (→ Genus), über die Wortart (z. B. Nomen, Verb), die Sprachschichten (z. B. Dialekt, Soziolekt) und – nach erfolgtem Schriftspracherwerb – auch über das Schriftbild. Die Gesamtheit dieser Informationen bezeichnen Sprachwissenschaftler als **lexikalischen Eintrag.** Die Aufzählung zeigt: Der Aufbau von Wortrepräsentationen ist eine anspruchsvolle Entwicklungsaufgabe.

Im Kindergartenalter sind die zuletzt genannten Aspekte teilweise weniger bedeutsam. Hinsichtlich der semantisch-lexikalischen Entwicklung ist im Kindergarten vor allem auf Auffälligkeiten hinsichtlich der Inhalte der Wortbedeutungen, des Umfangs des Wortschatzes sowie der Wortfindung zu achten.

3.3.1 Erwerb von Wortbedeutungen

Wortbedeutungen und die konzeptuell-begriffliche Entwicklung (Aufbau von Wissen) sind eng verbunden. Der Aufbau von Wissen folgt entweder, wie von Piaget in seinen Entwicklungsstadien beschrieben, allgemeinen Erwerbsfolgen, oder er ist stärker vom Wissen in einzelnen Bereichen bestimmt, d.h. von den jeweiligen Erfahrungsinhalten und Interessen abhängig. Heute wird nicht mehr davon ausgegangen, dass sich Kinder in sämtlichen Wissensbereichen jeweils auf dem gleichen Entwicklungsniveau befinden. Stattdessen wird die Auffassung vertreten, dass das Entwicklungsniveau bereichsspezifisch unterschiedlich ausgeprägt ist: So können bereits jüngere Kinder im Bereich ihrer Steckenpferde, wie beispielsweise Schachspielen oder der Klassifikation von Dinosauriern, auf einem, dem der Erwachsenen vergleichbaren Niveau operieren.

Die Entwicklung von Wortbedeutungen ist ein Prozess mit ergebnisoffenem Ausgang. Bedeutungen verändern sich mit wachsendem Wissen. Im Unterschied etwa zur Entwicklung im Bereich der Phonetik und Phonologie endet der Bedeutungserwerb nie. So hat man womöglich nach dem Lesen dieses Buches die Bedeutung einer Reihe neuer Wörter gelernt. Die umfassende Kenntnis aller Wortbedeutungen bleibt der Gesamtheit der Mitglieder einer Sprachgemeinschaft vorbehalten.

Beim Erwerb von Wortbedeutungen werden wiederum Verstehen und Produktion unterschieden, wobei Meilen- und Grenzsteine insbesondere im Bereich der Produktion Aufschluss über die Repräsentation von Wortbedeutungen und deren Inhalte geben.

Meilensteine

Phonetisch-phonologische Entwicklung und früher Wortschatzerwerb gehen ineinander über, sie sind nicht strikt voneinander zu trennen. So wird das Einwortstadium auch als drittes Stadium der Entwicklung der Lautäußerungen betrachtet. Der erste Meilenstein beim Wortschatzerwerb ist daher der Übergang von bloßen Lautäußerungen zu ersten erkennbaren Wörtern. Zwischen dem neunten und fünfzehnten Monat mündet die phonetisch-phonologische Entwicklung in die Produktion der ersten Wörter.

Der Wortschatzerwerb startet mit so genannten → Protowörtern. Kinder verwenden ab dem zehnten Lebensmonat Laute wie „du:du:“ für ihren Schnuller. Diese Verwendung ist stabil und situationsübergreifend. Damit erfüllen sie die Kennzeichen von Wörtern.

Die ersten Wörter, die lautlich auch denen der Erwachsenen entsprechen, verwenden Kinder mit ca. einem Jahr. Was sie mit „ma:ma:“ oder „pa:pa:“ meinen, stimmt jedoch mit dem, was die Erwachsenen verstehen, wohl kaum überein. Zunächst sind diese Ausdrücke nicht mehr als Namen, die die benannten Personen nicht näher spezifizieren. Dass der Papa ein Mann, biologisch betrachtet ihr Erzeuger ist, wissen die Kinder nicht. Bis Bedeutungsumfang und -inhalt der Wörter sich dem der Erwachsenen annähern, vergehen Jahre. Dies zeigt das Beispiel des Begriffs „Leben" bzw. „lebendig" (→ unten).

Was verstehen Kinder verschiedenen Alters unter „Leben, lebendig"?

Nach Piaget lassen sich vier unterschiedliche Stadien bezüglich der Entwicklung der Begriffe „Leben" bzw. „lebendig" unterscheiden. In einem ersten Stadium verbinden Kinder im Alter von vier bis sieben Jahren alle Dinge mit Leben, die Aktivitäten zeigen und irgendwie für den Menschen nützlich sind: die Sonne, weil sie scheint; das Fahrrad, aber nur wenn es fährt, wenn es steht, ist es nicht lebendig; die Uhr, weil sie tickt; der Wind, weil er bläst. Im Alter zwischen fünf und acht Jahren (zweites Stadium) wird dann zwischen allgemeiner Aktivität und Bewegung unterschieden, „Lebewesen" bewegen sich: das Wasser, weil es fließt; das Fahrrad, weil es rollt; die Wolken, weil sie fliegen. Erst mit acht bis elf Jahren (drittes Stadium) wird dann noch einmal nach der Bewegung der Dinge differenziert: Nur solche sind lebendig, die eine Eigenbewegung haben: der Wind, weil er bläst; die Wolke zählt nun nicht mehr zu den Lebewesen, weil sie vom Wind gestoßen wird. Erst mit elf bis zwölf Jahren (viertes Stadium) sind die Kinder in der Lage, Leben allein mit Menschen, Tieren und Pflanzen zu verbinden.

Die folgenden Äußerungen wurden bei Interviews von Studierenden der Grundschulpädagogik in den Jahren 1995 bis 1997 über „Leben" erfasst.

- Alexandra (4;7): „Ein Berg lebt, weil er fest ist", „Ein Stein, ja, wenn er auf die Straße fällt, ist die Straße kaputt", „Ein Auto, ja, weil es manchmal geht und manchmal eine Panne hat", „Telefon, ja lebt, weil es gut aufgebaut ist".
- Lisa (5;8): „Wind lebt, weil er so doll blasen kann", „Baum lebt, weil der Blätter hat und da manchmal Äpfel oder Kirschen oder sowas dran sind", „Blume lebt nicht, weil se nur dasteht, aber sie kann wachsen, aber sie lebt net", „Sonne lebt, weil sie oben am Himmel ist und muss leuchten, weil's damit's Tag is". Interviewerin: „Woran sieht man, dass etwas lebt?" „Weil's sich bewegt und läuft".
- Fabian (6;1): „Sonne, ja, weil sie Wärme gibt", „Wolken, ja, weil sie Regen machen", „Wind, ja, weil der alles wegweht", „Donner, ja, weil er Bumm macht", „Regen ja, weil dann Blumen und Bäume wachsen", „Blume, ja, weil die duftet", „Uhr, ja, weil die tickt", „Apfelbaum, ja, weil er Blüten gibt und Äpfel hergibt", „Pferd, ja, weil es läuft", „Hund, ja, weil er bellt".
- Sascha (6;3): „Die Sonne lebt, weil sie so schön scheint."
- Angelika (7;4): „Wind lebt, da er pustet", „Regen, da er fällt", „Sonne lebt nicht, denn sie bleibt immer am gleichen Fleck", „Wolken leben nicht, denn sie werden

nur gepustet", „Baum lebt nicht, denn er kann nicht weg", „die Uhr lebt nicht, die Zeiger sind aber lebendig", „Die Kerze lebt nicht, nur die Flamme lebt".

- Julia (8;5): Interviewerin: „Du hast gesagt, Wolken sind lebendig." „Ja, die können Wasser verschütten und Blitze erzeugen". Interviewerin: „Und die Sonne, man sagt ja, die ist ganz heiß. Glaubst du, die merkt, dass sie heiß ist?" „Nein, die brütet sich im Sommer einfach irgendwann mal aus". Interviewerin: „Und was meinst du, woran man jetzt eigentlich merkt, dass etwas lebendig ist?" „Wenn sich's bewegt oder wenn es Geräusche macht oder wenn einfach irgendetwas zu mir was sagt".
- Nicole (8;11): „Wind ist lebendig, weil er sich praktisch auch bewegt." Interviewerin: „Denkst du, dass der Wind es spürt, wenn er bläst?" „Ja". Interviewerin: „Was spürt er da?" „Oh Gott! Weil da alles durch die Gegend fliegt".
- Sebastian (9;4): Interviewerin: „Also, woran merkt man, ob etwas lebendig ist oder nicht?" „Zum Beispiel eine Uhr kann man bauen, eigentlich lebt ein Auto auch net, aber z. B. der Wind und der Donner und die Sonne lebt auch und der Mond, die kann man net bauen, die sind dann lebendig. Und die Pflanzen und die Tiere sind auch lebendig, weil sie – also weil innen drin Saft ist, das soll die Nahrung sein – also Blut".
- Nadine (9;6): „Die Kerze ist lebendig, weil Feuer da ist", „Der Sturm, weil er weggehen kann", „Gras, weil es im Wind auch raschelt", „Regen, weil er nass macht". Interviewerin: „Woran erkennt man genau, dass etwas lebendig ist? „Wenn etwas laufen kann, wenn's leuchtet, wenn's weiterzieht, wenn's raschelt und wächst".

Solche Beobachtungen sind im Kindergarten durch Fragen „Was ist lebendig?"; "Ist der/die/das [...] lebendig?"; Sind die [...] lebendig? Warum?" an die Kinder wiederholbar. Unterschiede zwischen Kindern gleichen Alters sind dabei sicher beobachtbar.

In vielen Fällen werden die Bedeutungen von Wörtern nie völlig geteilt. So ist es fraglich, ob Erwachsene stets das Verständnis von Wörtern wie Liebe, Freundschaft, Hass, Treue oder Verantwortung in allen Facetten teilen.

Grenzsteine

Wenn die Kinder Wörter äußern, verbinden sie damit oft andere Inhalte (Konzepte) als Erwachsene. Vor allem bei den ersten Wörtern lassen sich verschiedene Arten von Erweiterungen oder Einschränkungen des referenziellen Gebrauchs beobachten:

- **Überdehnung** *(Übergeneralisierung):* Mit „wau wau" werden nicht nur Hunde benannt, sondern auch Katzen und vielleicht noch andere Vierbeiner. Dies bedeutet nun nicht, dass das kleine Kind wenn es „wau wau" zu einer Katze sagt, es einen Hund nicht von einer Katze unterscheiden könnte.

- **Unterdehnungen** *(Überdiskriminierung):* Mit „wau wau" bezeichnet das Kind nur Nachbars Lumpi, andere Hunde werden mit anderen Lauten bezeichnet.
- **Mismatch:** Das Kind kann seine Absicht nicht angemessen ausdrücken. Es spricht von Bäumen, meint aber Blumen. Kinder verbinden Äußerungsintentionen (Funktionen) nicht immer mit der angemessenen zielsprachlichen Form.
- **Überlappungen**: „Schirm" wird für den geöffneten Schirm, große Blätter oder einen Drachen verwendet, jedoch nicht für den geschlossenen Schirm.
- **Bedeutungswandel**: Die Wortbedeutungen (die zugrunde liegenden Begriffe) verändern sich ständig, werden umfassender und differenzierter (→ oben, „Was verstehen Kinder verschiedenen Alters unter „Leben, lebendig"?).

Lassen die Untersuchungen über den Bedeutungserwerb bei unauffälligen Kindern viele Fragen offen, so sind die Befunde hinsichtlich etwaiger Besonderheiten bei spracherwerbsgestörten Kindern noch dürftiger. Der begrenzte Wissensstand wird von Crystal (1981) beschrieben und auch in dem von Grohnfeldt (1991) herausgegebenen dritten Band des Handbuches zur Sprachtherapie *Störungen der Semantik* dokumentiert. An dieser unbefriedigenden Situation hat sich wenig geändert, auch wenn es mittlerweile neuere Monografien zur Entwicklung von Wortbedeutungen und des Wortschatzes gibt (Dittmann & Schmidt, 2002; Meibauer & Rothweiler, 1999). Diese beschreiben teilweise auch den Bedeutungserwerb sprachbehinderter Kinder (Kauschke & Rothweiler, 2007).

Inwieweit etwa bei Spracherwerbsstörungen auch die Wortbedeutungsentwicklung beeinträchtigt ist, ist ungeklärt. Vorliegende Befunde zur Entwicklung spracherwerbsgestörter Kindern sind widersprüchlich. Einerseits sind bei spracherwerbsgestörten Kindern entwicklungsnormale Auffälligkeiten zu beobachten: „Erste Ergebnisse zeigen [...], daß spracherwerbsgestörte Kinder nicht in stärkerem Maße überdehnen als normalsprachige Kinder" (Szagun, 1996, S. 269). Andererseits werden auch spracherwerbsuntypische Besonderheiten berichtet, etwa Verzögerungen beim Erwerb semantischer Relationen, die eher auf eine generelle intellektuelle Schwäche und weniger auf sprachlich-semantische Auffälligkeiten hinweisen.

Da Entwicklungsauffälligkeiten im semantischen Bereich mit der allgemeinen geistigen Entwicklung verbunden sind, liegt es nahe anzunehmen, dass Kinder mit umfassenderen semantischen Störungen vermutlich auch eine allgemein kognitive Minderbegabung aufweisen. Schwierigkeiten beim Aufbau von Wort(-bedeutungs-)repräsentationen sind vermutlich kein für Spracherwerbsstörungen typisches Phänomen, sondern vielmehr ein Hinweis auf das Vorliegen einer allgemeinen kognitiven Minderbegabung.

Das Vorliegen einer Spezifischen Spracherwerbsstörung (SSES → Kap. 4) schließt eine kognitive Minderbegabung aus. Besteht ein Verdacht auf eine SSES bei gleichzeitig geringem aktiven Wortschatz und unzureichendem Sprachverständnis, sollte eine Überprüfung der intellektuellen Fähigkeiten des Kindes durch Fachkräfte veranlasst werden; gegebenenfalls ist eine Überweisung in einen Sonderkindergarten für Lernförderung angezeigt.

Festzuhalten bleibt: Störungen des Wortbedeutungserwerbs sind schwierig zu erfassen. Wortbedeutungen sind nicht unmittelbar beobachtbar. Ihr Inhalt und Umfang zeigt sich allenfalls indirekt in Besonderheiten beim Sprachverstehen der Kinder: Die Erzieherin muss darauf achten, ob das Verstehen des Kindes auch im Kindergartenalter noch auf einer *Schlüsselwortstrategie* beruht, ob die Kommunikation ohne tieferes Verständnis wie durch Ja- oder Nein-Antworten auf Fragen oder durch Floskeln („Weiß nicht!") aufrechterhalten wird (→ auch Mannhard & Scheib, 2005). Die Verwendung von *Passe-par-tout-Wörtern* („das da", „Dings") oder die *Wiederholung der Äußerungen von Gesprächspartnern* sind ebenfalls zu beobachtende Verhaltensweisen, die zunächst den Eindruck erwecken, das Kind verstehe die sprachlichen Äußerungen. Deutlicher zeigen sich solche Auffälligkeiten in Form von Wortfindungsstörungen und in der Verweigerung sprachlicher Kommunikation durch *Schweigen, Vermeiden* und *Ausweichen.* Sprachunauffällige Kinder verwenden im Unterschied zu sprachauffälligen Kindern dagegen konstruktive Strategien zur Wortschatzerweiterung (z. B. Nachfragen: „Wie heißt das?" oder „Und was ist das?").

Derartige Verhaltensweisen gelten als Indikatoren für Störungen im semantisch-konzeptuellen Bereich. Insbesondere sollte die Erzieherin deshalb darauf achten, ob sich die Inhalte, die Kinder mit Wörtern verbinden und ausdrücken, im Laufe ihrer Kindergartenzeit verändern, detaillierter, nuancenreicher werden.

3.3.2 Wortschatz

Einfacher gestaltet sich die Bestimmung des Umfangs des **quantitativen Wortschatzes** sowie der diesbezüglichen Störungen. Beim Wortschatzaufbau zeigen sich Probleme vor allem im Bereich des Umfangs und der Nutzung (Abruf) von Wörtern (→ Lexikon; Glück, 2005).

Der Aufbau des aktiven und passiven Wortschatzes ist eine zentrale Entwicklungsaufgabe des Kindes und – im Sinne lebenslangen Lernens vor dem Hintergrund einer sich ständig verändernden Welt – auch der Erwachsenen. Für den Wortschatzaufbau müssen intakte Entwicklungsvoraussetzungen gegeben sein. Grundlegende Lern- und Gedächtnisprozesse (Speicher- und Abrufprozesse) müssen zur Verfügung stehen. Diskutiert wird, inwieweit das Kind sprachspezifische Lernmechanismen mitbringt, die den Erwerb von Wörtern unterstützen. So wird bei der Verarbeitung von sprachlichen Informationen angenommen, dass bestimmte Beschränkungen (→ constraints) dafür sorgen, dass das Kind beim ersten Hören eines neuen Wortes dieses auf den ganzen Gegenstand und nicht auf seine Teile bezieht, also beispielsweise das Wort Baum auf den ganzen Baum und nicht auf seine Blätter oder Äste. Die Forschergruppe um Sabine Weinert in Bamberg widmet sich derzeit diesem Problem näher, sie will genauer erforschen, wie kleine Kinder Wörter erwerben und welche Beschränkungen dabei wirksam sind.[2]

Grundlagen für den Aufbau des Wortschatzes schaffen im Wesentlichen kognitive Voraussetzungen wie die Vorstellung von der → Objektpermanenz, die Entwicklung der Symbolfunktion und vor allem der Aufbau von Wissen. Während Entwicklungen im phonetisch-phonologischen Bereich – möglicherweise auch dem der Grammatik – nur minimaler Anregungen bedürfen, ist es insbesondere für die Entwicklung des Wortschatzes unerlässlich, dass die genannten Entwicklungsvoraussetzungen auf anregungsreiche Entwicklungsbedingungen treffen. Sowohl für die Entwicklung des Verstehens als auch der Produktion sollte die Erzieherin ein Höchstmaß an Anregungen bereithalten (z. B. Bilderbücher und intensive sprachliche Interaktionen). Dies eröffnet zugleich für die Arbeit im Kindergarten Chancen zur Förderung.

Wörter stehen im Zentrum des Spracherwerbs. Hier begeistern oder erschrecken uns die Leistungen der Kinder. Während die einen durch ihren überbordenden Wortschatz wie „kleine Intelligenzbestien" wirken, fallen andere ob ihrer Ausdrucksarmut auf. In diesem Sprachleistungsbereich, dessen Entwicklung eng mit den Erfahrungen, die ein Kind sammelt, verbunden ist, kann die Erzieherin durch entsprechende Maßnahmen am nachdrücklichsten wirksam werden.

Umfang und Inhalt des Wortschatzes sind für die Fortschritte im Bereich von Syntax und Morphologie von großer Bedeutung. Die lexikalische Entwicklung ist ein Motor der formal-sprachlichen Entwicklung. Somit ist sie auch für die Ausbildung von Spracherwerbsstörungen auf der morphologisch-syntaktischen Ebene entscheidend.

Meilensteine

Einen Meilenstein bildet das Erreichen der so genannten **50-Wort-Marke.** Ein produktives Lexikon dieses Umfangs ist offenbar die Voraussetzung für den weiteren unauffälligen Spracherwerb. Dies gilt insbesondere für die Mitte des zweiten Lebensjahrs einsetzende syntaktische Entwicklung. Erneut zeigt sich der enge Zusammenhang zwischen den verschiedenen Sprachbereichen: hier der Einfluss der lexikalischen auf die syntaktische Entwicklung, auf die ersten Kombinationen von Wörtern.

Auffallend ist, dass Kinder beim Spracherwerb offenbar unterschiedliche Wege gehen. An der 50-Wortgrenze können der referenzielle, der expressive sowie ein Mischtyp unterschieden werden. Diese Differenzierung wird v. a. aufgrund der Zusammensetzung des frühkindlichen Lexikons vorgenommen. So werden Kinder mit 50-Wort-Wortschätzen, die mehr als 50 % Nomen enthalten, dem referenziellen Er-

2 www.uni-bamberg.de/fakultaeten/ppp/faecher/psychologie/lehrstuhl_psychologie_i_entwicklung_und_lernen/leistungen/forschung/

werbstyp zugeordnet, mit weniger als 50 % Nomen dem expressiven Erwerbstyp und Kinder, deren Wortschätze Eigenschaften beider Typen aufweisen, dem referenziell-expressiven Mischtyp.

Meilensteine	Wahrnehmen/Verstehen	Produktion
10–12 Monate	20–60 Wörter	Protowörter
Um 12 Monate		Erstes Wort
Bis 18 Monate	ca. 250 Wörter	50–100 Wörter
24 bis 36 Monate		250–550 Wörter
3 Jahre		1 000 Wörter
6 Jahre	9 000–14 000 Wörter	3 000–5 000 Wörter
Erwachsene	50 000–250 000 Wörter	20 000–50 000 Wörter

Tab. 3.6: Meilensteine beim Wortschatzerwerb

Nachdem die Kinder das Benennen „entdeckt“ haben, wächst ihr Wortschatz rapide. Schnell werden nicht nur konkreten Dingen, auf die unmittelbar Bezug genommen werden kann, Laute zugeordnet, sondern auch inneren Konzepten wie z. B. Freundschaft oder Eigenschaften wie böse.

Zunächst sind jedoch vertraute Personen (Mama, Papa, Oma, Opa), Routineaktivitäten (winke-winke, hallo), Essen (Mimi, Saft), Körperteile (Mund, Nase), Kleidung (Pamper, Schuh), Tiere (wauwau, miau), Fahrzeuge und ihre Geräusche (Auto, brumbrum), Spielsachen (Ball, Puppe), Haushaltsgegenstände (Tasse, Kamm, tick-tack), Ortsbezeichnungen (da, guck), soziale Erwiderungen (ja, nein), erste beschreibende Adjektive (heiß, brr, kalt), Deiktika (da) sowie Possessivpronomen (dein, mein) Gegenstände des frühen Wortschatzes. Neben der Vertrautheit bestimmt die Komplexität der Wortbedeutungen den Entwicklungsverlauf. Semantisch einfache Wörter werden vor Wörtern mit komplexeren Bedeutungen erworben.

Von zentraler Bedeutung für den ungestörten Spracherwerb ist die quantitative Entwicklung des Wortschatzes. Die Erwerbsgeschwindigkeit ist atemberaubend: Im Alter von etwa einem Jahr (zwischen dem neunten und fünfzehnten Monat) produziert das Kind in der Regel die ersten Wörter, mit 18 Monaten durchschnittlich 50 bis 100 Wörter. Kiese-Himmel und Bockmann (2003) beobachteten bei 186 im Durchschnitt 20 Monate alten Kindern (Variation zwischen 16 bis 26 Monaten) einen aktiven Wortschatz von etwa 100 Wörtern. Der Wortschatzumfang variierte allerdings beträchtlich: Die Kinder produzierten zwischen null und 434 Wörtern. Bedeutsam ist, dass sich der aktive Wortschatz von Mädchen im Durchschnitt von dem der Jungen unterschied und dass Stadtkinder im Vergleich zu Kindern aus eher ländlichen bzw. kleinstädtischen Regionen ebenfalls über einen deutlich größeren Wortschatz verfügten.

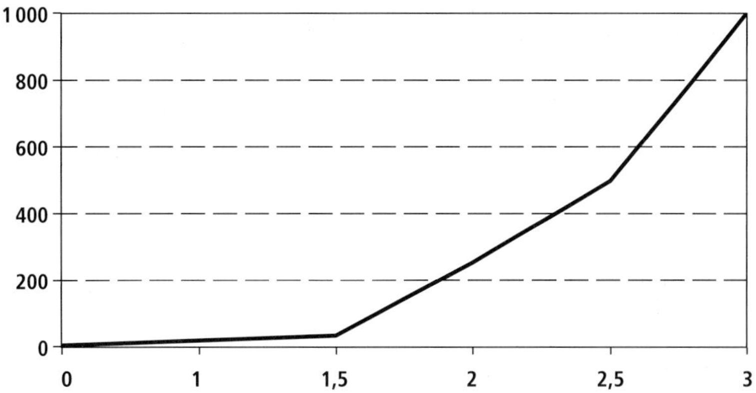

Abb. 3.1: Anstieg des aktiven Wortschatzes in den ersten drei Lebensjahren

Erwerbsroutinen wie → *fast-mapping,* die schnelle Verknüpfung von Lauten mit (unvollständigen) Konzepten, die Entwicklung physiologischer Voraussetzungen zur Lautbildung, sprachspezifische kognitive Lernvoraussetzungen (→ *constraints*) und vor allem fördernde Entwicklungsbedingungen führen dazu, dass zwischen dem 18. und dem 24. Monat ein enormer Anstieg des Wortschatzumfanges zu beobachten ist. Pro Tag lernt das Kind bis zu zehn neue Wörter nicht nur zu verstehen, sondern auch zu produzieren. Dieser erste steile Anstieg wird auch als Wortschatzspurt (Vokabelspurt) gekennzeichnet. Im Alter von ca. zweieinhalb bis drei Jahren verfügen Kinder über einen aktiven Wortschatz von 500 bis 1 000 Wörtern (→ Abb. 3.1). Danach wächst der Wortschatz kontinuierlich. Am Ende der Kindergartenzeit verfügen die Kinder produktiv bereits durchschnittlich über 4 000 bis 5 000 Wörter (Bates, Dale & Thal, 1995; Rothweiler & Kauschke, 2007). Beobachtet werden unterschiedliche Muster der Zuwachsgeschwindigkeit:

- Schnelles, sprunghaftes Ansteigen (Vokabelspurt)
- Graduelles, lineares Wachstum
- Mehrere kleine Sprünge (treppenförmiger Verlauf).

Grenzsteine

Ein erster Grenzstein beim Wortschatzerwerb steht im Alter von 18 Monaten: Hat das Kind in diesem Alter noch kein erstes Wort produziert, so ist die weitere Entwicklung aufmerksam zu beobachten.

Der zweite Grenzstein steht ein halbes Jahr später bei 24 Monaten am Entwicklungsweg: Von vielen wird das Nichterreichen der 50-Wort-Schwelle bis zum zweiten Lebensjahr als wichtigster Hinweis für die Gefahr der Ausbildung einer Spracherwerbsstörung gewertet. Kinder, die mit zwei Jahren noch keine 50 Wörter äußern, werden als → *late talker* bezeichnet und gelten als gefährdet. Wichtig ist, dass manche late talker später „aufblühen" (so genannte → *late bloomer*) und den Entwicklungsrückstand (→ Retardierung) aufholen.

Kinder als spracherwerbsgestört oder als Risikokinder einzustufen, wenn lediglich der aktive Wortschatz im Alter von 24 Monaten noch keine 50 Wörter umfasst, ist jedoch problematisch (vgl. FRAKIS → Kap. 7.4.18). Zwar ist die 50-Wort-Grenze ein wichtiger Grenzstein des Spracherwerbs, dennoch müssen weitere Befunde, wie beispielsweise Aussprachestörungen, vorliegen, um ein Kind als Risikokind klassifizieren zu können. Falls allerdings der Aufbau des Wortschatzes und der funktionale Gebrauch von Wörtern um ein bis zwei Jahre verspätet einsetzen, ist die Wahrscheinlichkeit einer zugrunde liegenden Spracherwerbsstörung sehr hoch.

Die Erzieherin muss auch darauf achten, welcher Art die Wörter sind, die das Kind äußert: Sind es nur einfache Wörter? Überwiegt der Anteil der Nomen? Werden die Wörter kontextangemessen verwendet? Hat das Kind häufig Wortfindungsschwierigkeiten? Verwendet es häufig → Passe-Partout-Wörter (wie „das da", „Dings") oder Phrasen wie „du weißt schon"? Alle diese Phänomene können auf einen mangelhaften Wortschatz oder auf semantisch-lexikalische Schwierigkeiten hinweisen.

Grenzsteine	Wahrnehmen/Verstehen	Produktion
24 Monate		• Nichterreichen der 50-Wort-Marke im Alter von 24 Monaten
36 Monate		• Produktiver Wortschatz im Alter von drei Jahren immer noch unter 100 Wörtern • Einseitige Komposition des Lexikons (etwa ausschließlich Nomen) • Wortfindungsstörungen

Tab. 3.7: Grenzsteine beim Wortschatzerwerb

3.4 Grammatik (Syntax und Morphologie)

Bei der Entwicklung grammatikalischer Fähigkeiten werden die Bereiche *Wortstellung* (**Syntax**) und *Wortformen* (**Morphologie**) unterschieden. Die Entwicklungsaufgabe des Kindes besteht darin, die syntaktischen und morphologischen Mittel der Zielsprache zu erlernen. Diese sind Voraussetzung für das kontextunabhängige Verstehen sprachlicher Äußerungen. Erst die Beachtung der grammatischen Regularitäten ermöglicht es, über Geschehnisse zu erzählen, die in der Vergangenheit oder an anderen Orten stattgefunden haben oder die zukünftig erwartet werden. Syntaktische und morphologische Formen sichern das Verständnis.

Intakte Entwicklungsvoraussetzungen, insbesondere (allgemein) kognitive Voraussetzungen zur Diskriminierung, Differenzierung, zur Regel- und Analogiebildung, müssen auch bei dieser Entwicklungsaufgabe vorliegen, damit sie bewältigt werden kann. Nach Locke (1997) muss das Kind bereits eine bestimmte Anzahl von Wörtern und sprachlichen Ausdrücken gespeichert haben, damit der Erwerb grammatischer Strukturen starten kann. Hier zeigt sich erneut die Verzahnung der einzelnen Sprachebenen, auf die wir bereits hingewiesen haben. Die einzelnen Teilbereiche müssen ineinandergreifen, damit der Spracherwerb problemlos ablaufen kann.

Förderliche Entwicklungsbedingungen sind ebenfalls von Vorteil. So ist nachgewiesen, dass intensive verbale Interaktionen, insbesondere jedoch Formen der → kindgerichteten Sprache, wie stützende und lehrende Sprache, den Erwerb der Grammatik unterstützen.

3.4.1 Syntax

Das Beherrschen der **Syntax** *(Wortstellung)* beinhaltet das Verstehen und die Produktion syntaktischer Strukturen. Wie üblich können die Kinder zunächst grundlegende Aspekte der Wortstellung verstehen, bevor sie Zwei- und Mehrwortäußerungen bilden können.

Im Unterschied zu den bisher beschriebenen Entwicklungsverläufen im Bereich der Phonologie, aber insbesondere der Wortbedeutung und des Wortschatzes, sind hier generellere, „typischere" Erwerbsreihenfolgen zu beobachten. So beginnen Kinder mit etwa zwei Jahren Wörter zu Zwei- und Dreiwortäußerungen zu kombinieren.

Vorläufer der Produktion von Sätzen sind Doppelungen von Wörtern („butt butt") und die Kombination verschiedener Wörter. In dieser Übergangsphase von Ein- zu Mehrwortäußerungen („vorsyntaktisch") gelten offenbar einzig kognitiv-semantische Prinzipien. Dementsprechend werden diese frühen Kombinationen als Versprachlichung semantischer Beziehungen interpretiert, die noch keinen grammatischen Prinzipien folgen:
- Besitz: „Hilde Ball"
- Vorhandensein: „da Puppe"
- Wegsein: „weg Puppe"
- Akteur – Handlung: „Bubi spielt".

Etwa ab dem zweiten Lebensjahr beginnt bei den meisten Kindern der Übergang von einer semantisch fundierten zu einer syntaktisch fundierten Kindergrammatik. Die Kombination von Wörtern bringt es mit sich, diese (formal) aufeinander abzustimmen (z. B. → Subjekt-Verb-Kongruenz). Die flexionslose Zeit endet. Die syntaktische Entwicklung und die Notwendigkeit zur Bildung von Wortformen sind wie die beiden Seiten einer Münze nicht trennbare Seiten der grammatischen Entwicklung. Beispiel ist die Subjekt-Verb-Kongruenz: Das Kind stimmt Verb-Endungen auf die Nominalphrase ab: „Ich spiele" und „Du spielst".

Eine gute Beschreibung der Entwicklung der Syntax liefert Harald Clahsen (1982). Er unterscheidet fünf Phasen der grammatischen Entwicklung (→ unten). In Phase IV/V (etwa im Alter von fünf Jahren) ist der grundlegende Bestand morphologisch-syntaktischer Prinzipien der Muttersprache erworben (→ Flexion, → Kasus, → Numerus, auch Kap. 7.4.13).

Seine Phaseneinteilung ist auch für die Erzieherin brauchbar: Mit vier bis fünf Jahren beherrschen die Kinder die elementaren Satzmuster ihrer Muttersprache. Der Syntaxerwerb ist aber zu diesem Zeitpunkt noch längst nicht abgeschlossen. Viele komplexere Hauptsatz-Nebensatz-Strukturen können nur verstanden und produziert werden, wenn auch bestimmte kognitive Voraussetzungen vorliegen. Für das Erlernen von Nebensatzstrukturen beispielsweise gilt, dass die Erwerbsreihenfolge sowohl durch ihre kognitive wie auch ihre sprachliche Komplexität bestimmt wird. Versteht das Kind, dass Ereignisse aufeinander folgen können, bildet es → Temporalsätze, danach → Kausalsätze und dann → Finalsätze.

Meilensteine

Verlauf der grammatischen Entwicklung (Clahsen, 1982)

- **Phase I:** Es treten erste Wortkombinationen, meistens einfache Wortwiederholungen (Reduplikationen) als Vorläufer zur Syntax (ca. 1;6 Jahre) auf (z. B. „Balli Balli", „butt butt butt")
- **Phase II:** Mit ca. 2;0 Jahren wird das so genannte syntaktische Prinzip erworben, d. h. zwei, drei verschiedene Wörter werden miteinander kombiniert („Mama Hose", „Hause gehen").
- **Phase III:** Die nächste Phase (2;6 Jahre) lässt eine Orientierung an den syntaktisch-morphologischen Eigenschaften der Zielsprache erkennen. So erscheinen verbale Elemente meist in Positionen, die sie auch in der Zielsprache Deutsch innehaben, d. h. in Zweit- oder Endstellung („Ich nemm Bär", „Auto habe"). Erste Korrespondenzen zwischen Subjekt und Verb sind beobachtbar („Wir gehen" statt „Wir geht" (vgl. Clahsen, 1982; Mills, 1985).
- **Phase IV:** Die Beachtung einzelsprachlicher syntaktischer Besonderheiten ist mit etwa drei Jahren beobachtbar: „Ich baue eine Turm" (Verbzweitstellung).
- **Phase V:** Schließlich sind ab 3;6 Jahren komplexe, d. h. aus Teilsätzen bestehende zusammengesetzte Sätze beobachtbar: „Ich weg und du musst mich finden".

Erneut zeigt sich, dass der Eintritt in den Kindergarten mit einem für den Spracherwerb kritischen Zeitpunkt zusammentrifft (→ Tab. 3.8).

Meilensteine	Wahrnehmen/Verstehen	Produktion
Bis 12 Monate		Erstes Wort
12–18 Monate	Schlüsselwörter	Ein-Wortstadium bzw. erste Vorläufer zur Syntax
18–24 Monate	Verstehen syntaktischer Beziehungen basierend auf Wortordnungen	Zwei- bzw. Dreiwortstadium: zunächst Verbendstellung
18–36 Monate		Danach finite Verben in Zweitstellung (Ende des zweiten Lebensjahres)
36 Monate ff.		Schließlich Endstellung des finiten Verbs im Nebensatz; komplexere Satzgefüge, Konditionalsätze, kleine Geschichten mit Nutzung von Pronomen
48 Monate	Verstehen von Aktiv – Passiv Verstehen von Reflexivpronomen, von koreferenziellen Beziehungen: „Die Tochter setzt sich einen Hut auf." „Die Mutter setzt ihr einen Hut auf."	Auftreten erster Passivsätze
Grundschulalter		Bis zum Ende der Kindergartenzeit verfügt das Kind über die Grundlagen der Syntax

Tab. 3.8: Meilensteine beim Grammatikerwerb

Grenzsteine

„Sprachgestörte Kinder gebrauchen (...) die gleichen semantischen Relationen wie normale Kinder, allerdings tun sie dies in einem späteren Alter" (Szagun, 1996, S. 268). D. h., dass sie semantische Beziehungen bilden, die denen der (jüngeren) normalsprachigen Kinder entsprechen. Diese verzögerte Entwicklung setzt sich auch im Bereich grammatischer Strukturen fort. Der Erwerb des „syntaktischen Prinzips" erfolgt zu einem wesentlich späteren Zeitpunkt als im unauffälligen Spracherwerb. Sprachauffällige Kinder schließen die einzelnen Etappen nach Clahsen jedoch nicht völlig ab.

Bei Kindern mit Spracherwerbsstörungen überdauern entwicklungsnormale Fehler, d. h. Fehler, die auch unauffällige Kinder beim Grammatikerwerb machen. So finden sich auch mit vier, fünf, sechs Jahren noch

- Wortstellungsfehler, beispielsweise wird das flektierte Verb noch lange ans Ende des Satzes und nicht an die zweite Stelle gesetzt, wie „Ich auch will"
- Kongruenzfehler, beispielsweise „die Kinder rennt", d. h. der Numerus des Nomens – Mehrzahl – stimmt nicht mit der Verbform (Einzahl) überein
- Falscher Artikelgebrauch, wie z. B. „eine Hund"
- Flexionsfehler (Verbflexion „gegangt"; Kasus/Numerus: „zwei Kind"). Insbesondere der Erwerb komplexer Satzstrukturen bleibt unvollständig.

Hinzu kommen – das ist entscheidend – qualitative Abweichungen: „Da umzieht der Mann" ist eine Äußerung, die von sprachunauffälligen Kindern vermutlich nicht produziert wird.

Während beim Verstehen so genannte Verstehensstrategien wie die Schlüsselwort-, die Reihenfolge- oder die Weltwissensstrategie, beim Produzieren Probleme bei der Transformation von Sätzen von Aussage- zu Fragesätzen entwicklungsnormal sind, markieren Auslassungen von Subjekten, Funktionswörtern (Artikel, Präpositionen) und Verbteilen (→ Auxiliare, → Modalverb, → Kopulae, → Vollverben) das Vorliegen einer Spracherwerbsstörung.

Grenzsteine	Produktion
Auslassungen	*„Ich Schule bin"* (Präposition)
Endstellung des finiten Verbs in Aussagesätzen	*„Ich größer bin"*
Keine Kongruenz zwischen Adjektiv und Nomen in einer Phrase oder zwischen Nominal- und Verbalphrase	*„Der kleinem Ball"* *„Da war wir drin"*

Tab. 3.9: Grenzsteine beim Grammatikerwerb

Eine Besonderheit im Türkischen ist, dass räumliche Verhältnisse nicht durch eigene Wörter (Präpositionen wie in, auf, unter, hinter, vor) ausgedrückt werden, sondern durch Suffixe. Das heißt, die Präpositionen sind keine eigenen Wörter, die vor einem Nomen stehen, sondern sie sind Anhängsel, wie im Deutschen beispielsweise die meisten Pluralformen. So ist die Beobachtung, dass Önur und Peter (→ Kap. 1.8) in ihrer Spontansprache Präpositionen auslassen, unterschiedlich zu bewerten.

Auffällig sind auch die Schwierigkeiten der beiden mit dem korrekten grammatischen Geschlecht (Genus). Während Önurs Probleme für viele Zweitsprachlerner „normal" sind, hat Peter hier offenbar ein „echtes" Problem, denn der Erwerb des Genus bereitet Erstsprachlernern üblicherweise keine Probleme.

Die Fehler Önurs sind daher anders zu bewerten als die von Peter. Statt sie als Hinweis auf das Vorliegen einer Spezifischen Spracherwerbsstörung (SSES) zu deuten, sollte zunächst einmal die Möglichkeit einer unzureichenden Sprachanregung in Betracht gezogen werden.

3.4.2 Morphologie

Die Meisterung der Entwicklungsaufgabe **Morphologieerwerb** umfasst das Verstehen und die Produktion von → Morphemen. **Morpheme** sind die kleinsten Bedeutung tragenden Einheiten der Sprache. Sie werden nach ihrer Stellung im Satz in freie (wie „Schrank") und gebundene Morpheme (/-n/ als Endung zur Kennzeichnung des Plural: „Nonne*n*"), nach ihrer Funktion in lexikalische und grammatische

Morpheme unterschieden. Die diesbezüglichen Aufgabenanforderungen variieren zwischen den Einzelsprachen beträchtlich (z. B. das Numerussystem). Dies ist bei mehrsprachigen Kindern zu berücksichtigen. Eine wachsende *mittlere Äußerungslänge* (→ MLU) und eine zunehmende Komplexität des Verbalteils von Sätzen (Kany, Fromm, Schöler & Stahl, 1990) kennzeichnen das Fortschreiten des Erwerbs syntaktisch-morphologischer Formen. Der Erwerb der Flexionsformen beginnt mit etwa zwei Jahren und ist bei normalem Verlauf mit Ende der Kindergartenzeit abgeschlossen. Allerdings liegen hierzu keine Normen vor. Insbesondere Übergeneralisierungen wie „gingte“, „denkte“ u. ä. halten sich hartnäckig. Inwieweit der Erwerb des Genitivs bei Schuleintritt als abgeschlossen gelten kann, ist ebenfalls nicht abschließend geklärt.

Der Erwerb des Genussystems stellt für monolingual deutschsprachige Kinder kein Problem dar. Wenn die Wörter gelernt werden, scheint gleichzeitig auch das Geschlecht mitgelernt zu werden, denn sonst könnte man sich nicht erklären, wieso die Kinder bei der doch sehr zufälligen Geschlechtszuweisung (maskulin, feminin oder sächlich) bei Nomen kaum Fehler machen. Im Gegensatz dazu haben Zweitsprachlerner des Deutschen wegen der mangelnden Regelhaftigkeit gerade mit der Genuszuweisung erhebliche Probleme. Das grammatische Geschlecht eines Wortes wird vermutlich vor allem durch Auswendiglernen erworben.

Ähnliches gilt für die Numerusbildung bei Nomen (Singular-Plural-Formen) im Deutschen. Auch hier ist die Zahl der unregelmäßigen Pluralformen so groß, dass man davon ausgeht, dass auch hier das Auswendiglernen der Formen eine bedeutende Rolle spielt. Darüber hinaus liegen dem Numerussystem auch Regularitäten zugrunde: So werden beispielsweise alle deutschen Wörter, die auf einen Vokal enden, der nicht [e] ist, durch Anfügen des Suffix /-s/ oder alle Wörter mit der Endung /-ling/ mit /-e/ pluralisiert. Beim Erwerb des Genussystems werden daher auch zwei Lernformen angenommen: Zusätzlich zum Auswendiglernen wird eine Regelbildung vermutet, wobei die Regeln selbstverständlich nicht bewusst sind. Regularitäten werden vermutlich durch Gemeinsamkeiten in der Lautstruktur erkannt. Auch das Numerussystem erwerben die Kinder im Allgemeinen relativ rasch. Mit wenigen Ausnahmen ist der Erwerb bis zum Schuleintritt abgeschlossen. Beim Numeruserwerb ist eine Besonderheit zu beobachten, die beim Genuserwerb nicht vorliegt: Kinder machen Pluralfehler bei Wörtern, die sie zu einem früheren Zeitpunkt schon einmal korrekt gebildet haben. Zu erklären ist dies mit dem Übergang vom Auswendiglernen zum „Regellernen“, also einem veränderten Erwerbsprozess (→ nächste Seite).

Übergeneralisierung als Zeichen für einen fortgeschrittenen Erwerbsprozess

Das Auftreten von übergeneralisierten Formen wie der Pluralform „Buchs" ist ein Hinweis auf eine neue Kompetenz des Kindes. Der Spracherwerb erfolgt auf der Grundlage kognitiver Entwicklungsfortschritte bewusster (→ Kap. 2). Die Bildung des Plurals „Buchs" zu einem zweiten Zeitpunkt entlarvt sozusagen die ersten korrekten Produktionen „Bücher" als auswendig gelernte Formen. Kinder „entdecken" nun, dass der Plural durch das Anfügen eines /-s/ gebildet wird. Nun bilden sie eine Zeitlang selbst bei Wörtern, die nicht mit /-s/ pluralisiert werden, Formen wie: „Buchs" statt dem früher korrekten „Bücher" (→ Abb. 3.2).

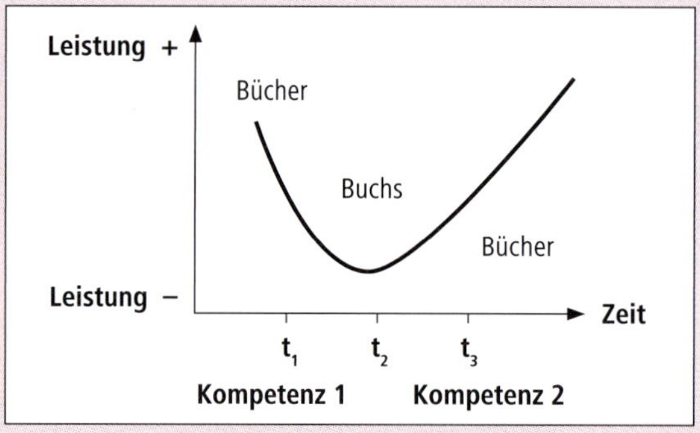

Abb. 3.2: Veränderung der Kompetenz beim Bilden von Pluralformen

Zu einem späteren, dritten Zeitpunkt werden aufgrund von Regeldifferenzierungen oder Analogiebildungen dann wieder die korrekten Formen „Bücher" gebildet. Dieses Beispiel zeigt im Übrigen sehr schön, dass man aufgrund von zwei gleich erscheinenden Phänomenen – in diesem Fall die Pluralbildung „Bücher" – nicht unbedingt auf gleiche zugrunde liegende → Repräsentationen schließen kann. Identisch erscheinende sprachliche Äußerungen, die von einem Kind zu unterschiedlichen Zeitpunkten (wie im Beispiel) produziert werden, können demnach auf unterschiedlichen Repräsentationen und Prozessen beruhen.

Sprachliche Formen wie „Buchs" oder „gehte" und „gelauft", die im Kindergarten häufiger beobachtet werden können, sind also kein Ausdruck für eine fehlerhafte Entwicklung, sondern zeigen in aller Regel an, dass das Kind neue Formen im Erwerbsprozess erprobt und eine neue Stufe erreicht hat. Seine Entwicklung ist fortgeschritten.

Im Vergleich zu Genus und Numerus ist der Erwerb des Kasussystems bei Artikeln, Nomen und Adjektiven erheblich schwieriger und langwieriger. Erste Kasusformen können bereits mit zwei Jahren auftauchen, bis zum Ende der Kindergartenzeit lassen sich aber immer noch Kasus-Fehler beobachten.

Der Erwerb von Kasusformen folgt einer → Entwicklungssequenz: Zunächst werden Nominativformen, dann Akkusativ-, dann Dativ- und erst zum Schluss Genitivformen erworben. „Fehler" tauchen daher immer dann auf, wenn das Kind den in der Entwicklung nachfolgenden Kasus noch nicht beherrscht, aber diesen ausdrücken will oder bei Elizitationsverfahren (→ Kap. 6.4) dazu aufgefordert wird. Das Kind ersetzt dann beispielsweise Dativ- durch Akkusativformen: „Ich hab *den* Hund den Knochen gegeben".

Beim Erwerb der Verbflexion sind ebenfalls längere Zeit übergeneralisierte Formen zu beobachten wie „liegte", „laufte", „gespringt", „gerennt".

Meilensteine

Meilensteine	Produktion
24.–60. Monat	• Nominativ/Akkusativ vor Dativ/Genitiv • Verbflexion: Übergeneralisierungen dauern lange an, z. B.: „gingte", „laufte". Sie sind entwicklungsnormal • Numerus: Übergeneralisierung wie Buch → Buchs sind entwicklungsnormal

Tab. 3.10: Meilensteine Morphologie

Grenzsteine

In → Elizitationsverfahren fällt auf, dass sprachbehinderte Kinder Schwächen bei Regel- und Generalisierungsprozessen zeigen.

Grenzsteine	Produktion
> 60 Monate	Fortdauer von Fehlern über das fünfte/sechste Lebensjahr hinaus: • Kasusfehler • Genusfehler • Numerusfehler: „Ganz viele Hund!" • Verbflexionsfehler halten sich hartnäckig • Probleme bei der Verwendung des unbestimmten und bestimmten Artikels

Tab. 3.11: Grenzsteine Morphologie

Kinder mit einer Spezifischen Sprachentwicklungsstörung bilden den Plural bedeutsam weniger als sprachunauffällige Kinder. Die vorherrschende Strategie bei der Aufgabe, von einem vorgegebenen Wort den Plural zu bilden, besteht darin, die vorgegebene Singularform zu wiederholen. Erwartungsgemäß werden häufiger bekannte als unbekannte Nomen mit Pluralformen markiert. Man kann davon ausgehen, dass bei diesen Kindern der Prozess der Analogie- oder der Regelbildung beeinträchtigt ist. Sie machen ebenfalls häufigere Genus-Fehler, und die Kongruenz zwischen Satzteilen wie Substantiv und Verb („Die Hunde läuft“) oder Adjektiv und Nomen („der großer Baum“) gelingt oft nicht.

Mit Blick auf die Kinder mit unterschiedlichem Migrationshintergrund und verschiedenen Herkunftssprachen sollte bedacht werden, dass die (Lern-)Anforderungen im Bereich der Morphologie je nach Sprache variieren. So ist etwa das Erlernen von Pluralformen – wenigstens aus Erwachsenensicht – im Englischen vermutlich relativ einfach, im Deutschen stellt es höhere Anforderungen, und in australischen Sprachen ist es aufgrund größerer kognitiver Komplexität noch schwieriger (→ unten, „Pluralerwerb in verschiedenen Sprachen“).

Pluralerwerb in verschiedenen Sprachen

Viel schwieriger ist der Pluralerwerb in Sprachen, bei denen wie im Deutschen oder Englischen nicht nur zwei Mengen (1 und > 1), sondern drei und vier Mengen unterschieden werden. Die kognitive Komplexität variiert: Im Kroatischen werden z. B. drei Mengen sprachlich unterschiedlich markiert: 1, 2 und > 2. In australischen Sprachen werden sogar vier Mengen unterschieden. Hinzu kommt, dass die Pluralformen unterschiedlich regularisiert sind. Während das Englische vor dem Hintergrund einer begrenzten Zahl von Ausnahmen (z. B. ox – oxen, mouse – mice) nur drei Pluralbildungsregeln kennt, sind im Deutschen viele Formen auswendig zu lernen.

Obwohl je nach Sprache der Erwerb bestimmter Formen unterschiedlich lange dauern kann, sind die Lernanforderungen an das einzelne Kind psychologisch betrachtet möglicherweise nicht allzu verschieden. Der Erwerb formal hochkomplexer Merkmale von Sprachen verläuft offenbar problemlos, solange der beiläufige Erwerb unbeeinträchtigt ist, das Kind sich darüber sozusagen keine Gedanken machen muss. Höhere Anforderungen in Abhängigkeit von einzelsprachlichen Besonderheiten ergeben sich erst beim bewussten Lernen. Hier ist möglicherweise eine Ursache der Probleme vieler Zweitsprachlerner zu finden: Für viele Kinder mit Migrationshintergrund ist es beim Zweitspracherwerb u. U. generell oder möglicherweise in bestimmten sprachlichen Teilbereichen für einen beiläufigen Erwerb zu spät. Sie müssen die Zweitsprache bewusster erwerben.

3.5 Pragmatik (Sprechhandeln)

Viele interkulturelle Pädagogen betrachten den Bereich der **Pragmatik,** *das Sprechhandeln,* als zentral. Die so genannten kommunikativen Fertigkeiten gelten deshalb als Maßstab für die Sprachbeherrschung. Dabei werden jedoch zum einen die Feinheiten sprachlicher Kommunikation übersehen, die auf formal-sprachlichen Eigenschaften beruhen und nur von wenigen beherrscht werden. Zum anderen wird verkannt, dass Sprache nicht nur ein Mittel zur Kommunikation ist, sondern auch anderen, für die schulische und berufliche Entwicklung zentralen Funktionen wie der Repräsentation von Wissen dient. Nicht zuletzt wird dabei die immer größere Bedeutung der schriftlichen Kommunikation übersehen, die ohne die Beherrschung von → Syntax und → Morphologie nicht gelingen kann. Ein erfolgreicher Ausbildungsabschluss ohne entsprechende schriftsprachliche Kenntnisse ist kaum vorstellbar.

Die Verwendung von Sprache, um zu handeln, Ziele zu erreichen usw., hängt vom Umfang des Wortschatzes aber auch von formal-sprachlichen Fähigkeiten ab. Diese sind insbesondere bei schriftsprachlichen Kommunikationsformen und der Fixierung von Wissen gefordert.

Sprechhandeln oder besser Lauthandeln beginnt bereits in der vorsprachlichen Phase (→ Kap. 3.2). In dieser lassen sich bereits fünf Lautformen identifizieren, mit denen Babys kommunizieren. **Kontaktlaute** werden beim Aufwachen geäußert, wenn keine Bezugsperson in der Nähe ist; mit **Unmutslauten** signalisiert das Baby Unbehagen, **Schlaflaute** versichern die Mutter über das Wohlbefinden des Babys. **Trink-** und **Wohligkeitslaute** ergänzen das Repertoire und signalisieren Bedürfnisbefriedigung. **Schreien** drückt unmittelbar Bedürfnisse des Kindes aus (Bensel, 2001). Diese Lautäußerungen sind deutlich von dem mit ca. sechs Monaten einsetzenden Lallen und Babbeln abzugrenzen.

Die Entwicklungsaufgabe Erwerb von Sprechhandlungsfähigkeiten ist vielfältig. Im Bereich des Verstehens geht es nicht zuletzt auch um das Verständnis für die uneigentliche Nutzung von Sprache (indirekte versus direkte Sprechhandlungen, Ironie, Metapherngebrauch, Witze). Hinzu kommt das Verständnis von sozialen Normen wie Anredekonventionen, die normbedingte (situative) Anpassungen (z. B. Höflichkeit) erfordern. Im Bereich der Produktion geht es darum, unterschiedliche Sprechhandlungen (wie Aussagen, Bitten, Auffordern, Versprechen, Fragen) zu erlernen. Eine weitere Aufgabe ist es, Gespräche führen zu können. Dazu gehört, ein Gespräch initiieren, organisieren und aufrechterhalten zu können. Routinen z. B. zur Festlegung des Sprecherwechsels oder der Klärung von Rollen (Interviewer – Befragter) sind erforderlich. Die Entwicklungsvoraussetzungen sind hier vor allem sozial-kognitiver Natur und werden im Wesentlichen erst im Grundschulalter erworben. Sowohl Verstehens- als auch Produktionsfertigkeiten im pragmatischen Bereich setzen sozial-kognitives Wissen etwa über Konventionen, über das Gegenüber (→ theory of mind) voraus.

Wie generell – im pragmatischen Bereich jedoch ausgeprägter als in den Spracherwerbsbereichen → Phonetik und → Phonologie sowie → Syntax und → Morphologie – sind hier die Entwicklungsbedingungen von entscheidender Bedeutung. Ein hohes Maß an sprachlicher Anregung, Gespräche und Argumentationen im häuslichen Umfeld wie auch im Kindergarten, fördern die Entwicklung der Sprechhandlungsfähigkeiten und -fertigkeiten.

Mit Blick auf Spracherwerbsstörungen sind die Befunde in diesem Bereich uneinheitlich. So scheinen spracherwerbsgestörte Kinder über eine Reihe von Sprechakten zu verfügen und setzen diese offenbar wie sprachnormale Kinder in adäquater Weise ein. Zeigen sich Schwächen im Bereich der pragmatischen Fertigkeiten, so sind diese zunächst in der unzureichenden Verfügbarkeit semantisch-lexikalischer und korrekter formal-sprachlicher Mittel begründet. Über das Verstehen uneigentlicher Sprache, Witz, Metapher oder Ironie sind gegenwärtig keine Untersuchungen bekannt, die von Defiziten spracherwerbsgestörter Kinder in diesen Bereichen berichten.

Meilensteine

Meilensteine	Wahrnehmen/Verstehen	Produktion
8.–10. Monat		Vorsprachliche intentionale Kommunikation mittels Blick und Gesten
Ab 16.–22. Monat	Beantworten von Fragen	Einholen von Informationen
Ab 24. Monat		Gesprächslänge nimmt zu: Produktion von zwanzig zusammenhängenden Äußerungen
Ab 36. Monat		Anpassung an den Redepartner Konventionen (etwa der Anrede) werden berücksichtigt Einfache Erzählungen
Ab sechs Jahre		Ereignisse/komplexere Geschichten werden wiedergegeben

Tab. 3.12: Meilensteine beim Pragmatikerwerb

Grenzsteine

Grenzsteine lassen sich in diesem Bereich nicht aufstellen. Auffällig ist jedoch, wenn Kinder im Alter von drei Jahren noch keine Fragen formulieren. Zeigen sich Probleme in pragmatischen Bereichen, so sind sie meist Hinweis auf weitergehende Schwierigkeiten, die aber nicht als sprachspezifisch zu kennzeichnen sind. Bei pragmatischen Auffälligkeiten sind in aller Regel kognitive oder sozial-emotionale Auffälligkeiten grundlegend.

3.6 Metasprachliche Kompetenzen

Wissen über Sprache, etwa über sprachliche Einheiten (Was ist ein Wort, eine Silbe, ein Laut?), die Relation von Ausdruck und Inhalt (Arbitrarität, Konvention) und formale Eigenschaften (Welches Wort ist länger? Zug oder Krokodil?) wird als **metasprachliches Wissen,** als *Wissen über Sprache* bezeichnet. Im Unterschied zu den bislang behandelten Sprachbereichen, in denen der Aufbau von Fähigkeiten und Fertigkeiten sozusagen eine für alle verbindliche Entwicklungsaufgabe darstellt, gilt für den Bereich metasprachlichen Wissens, dass der Aufbau von Wissen über Sprache nicht von allen erwartet wird. Ob und wie viel metasprachliches Wissen ein Kind erwirbt, variiert beträchtlich. Dabei ist das Wissen über sprachliche Einheiten und die Lautstruktur der Sprache eine wesentliche → Vorläuferfertigkeit für die in unserer Gesellschaft von allen erwartete Beherrschung der Schriftsprache. Insbesondere gilt dies für die → phonologische Bewusstheit, einem Teilbereich des Wissens über Sprache.

Übereinstimmend wird metasprachliches Wissen als Teil des allgemeinen Wissens betrachtet. Eine entscheidende Entwicklungsvoraussetzung für dessen Aufbau ist ein intakter und altersgemäßer kognitiver Entwicklungsstand. Die Bedeutung primärsprachlicher Fertigkeiten für den Aufbau metasprachlichen Wissens wird dagegen unterschiedlich gesehen: Manche Forscher gehen davon aus, dass Wissen über Sprache auch unabhängig von sprachlichem Können aufgebaut werden kann. Trifft dies zu, könnten auch spracherwerbsgestörte Kinder ein Wissen über Sprache aufbauen, das dem Sprachwissen der unauffälligen Kinder vergleichbar ist. Die Entwicklung und das Vorhandensein von Sprachwissen eröffnet einen Weg zur → Kompensation primärsprachlicher Schwächen.

Unabhängig von derartigen Überlegungen hat die Qualität der Entwicklungsbedingungen einen entscheidenden Einfluss auf den Auf- und Ausbau von Wissen über Sprache. Ausreichende Sprachanregungen bereits im Elternhaus (wie Lekturegewohnheiten, Vorhandensein von Büchern, Zeitschriften, Vorlesen, Witze erzählen) und der Schriftspracherwerb in der Schule tragen zum Erwerb metasprachlichen Wissens in besonderer Weise bei. Solche Kompetenzen sind bei zweisprachig aufwachsenden Kindern oft wesentlich früher als bei monolingual aufwachsenden Kindern zu beobachten. Dass für diese Kinder jedes Ding nicht nur einen, sondern zwei Namen hat, ist für sie selbstverständlich. Unterschiede in der Versprachlichung ähnlicher Sachverhalte („I am reading“, „Ich lese“), Mischungen beider Sprachen („I am ball spieling“), die die Kinder selbst bemerken und korrigieren, lenken das Augenmerk frühzeitig auf formale Eigenschaften der Sprache.

Die Erzieherin in Einrichtungen mit Kindern unterschiedlicher Herkunft kann zum Aufbau von Wissen über Sprache viel beitragen, indem sie die Sprachreflexion in ihrer Gruppe mit Kindern unterschiedlicher Herkunftssprachen entsprechend anregt. Dass Italiener „mangiare“, Deutsche „essen“ sagen oder dass Türken keine Präpositionen kennen, könnte sie an geeigneter Stelle in die alltägliche Auseinandersetzung im Kindergarten einfließen lassen.

Meilensteine

Erste Selbstkorrekturen werden bereits mit 27 Monaten berichtet. Umstritten ist, ob diese bereits Ausdruck von Wissen sind, bewusst und absichtsvoll stattfinden. Wären bewusste Reflexion und Absicht bestimmend für metasprachliches Wissen, dann würde der Aufbau metasprachlichen Wissens erst mit dem Auftreten von konkret-operationalem Denken im Sinne Piagets einsetzen, also erst im Alter von fünf bis sechs Jahren. Die Selbstkorrekturen würden dann als automatische Reparaturen gewertet und wären insofern Vorläuferfertigkeiten für metasprachliches Wissen.

Grenzsteine

Wie beim Erwerb pragmatischen Wissens wird auch beim Erwerb metasprachlichen Wissens von manchen Forschern angenommen, dass dieser im Wesentlichen vom allgemeinen kognitiven Leistungsstand abhängt und nicht von bereichsspezifischen, etwa primärsprachlichen Fähigkeiten und Fertigkeiten. Zu den Entwicklungsbesonderheiten spracherwerbsgestörter Kinder liegen nur spärliche Angaben vor. Nach eigenen Untersuchungen zur Spezifischen Sprachentwicklungsstörung scheint der Erwerb metasprachlichen Wissens lediglich um etwa ein Jahr gegenüber sprachunauffälligen Kindern verzögert zu sein. Grenzsteine sind in diesem Bereich schwer zu setzen.

Die Erzieherin sollte das Kind dahingehend beobachten, ob und wie es über Sprache nachdenkt, auf die Fehler anderer achtet, diese gegebenenfalls korrigiert und kommentiert, etwa dass Önur eine andere Sprache spricht als Peter. Die Kinder sollten zu derartigen Aktivitäten angeregt werden.

3.7 Die Vorbereitung für das Lesen- und Schreibenlernen in der Schule

Aufgabe der Elementarerziehung ist es, zu gewährleisten, dass die Kinder bis zum Schuleintritt in unterschiedlichen Entwicklungsbereichen ein ihrem Alter angemessenes Entwicklungsniveau erreichen. Da es bereits im Vorschulalter Hinweise auf die erfolgreiche bzw. eingeschränkte Bewältigung der Entwicklungsaufgabe Schriftspracherwerb gibt (→ BISC, Kap. 7.3.1, → HASE, Kap. 7.3.3), ist es nicht zuletzt unerlässlich, auch auf die in den ersten Schuljahren zu bewältigende Entwicklungsaufgabe des Schriftspracherwerbs einzugehen. Die Arbeit der Erzieherin ist daher auch hier von entscheidender Bedeutung. Falls erforderlich müssen von ihr entsprechende Fördermaßnahmen initiiert werden, um die Kinder auf die Erfordernisse der Schule vorzubereiten.

Im Bereich der sprachlichen Entwicklung und insbesondere der Vorbereitung auf den Schriftspracherwerb in der Schule zählt hierzu die Erfassung und gegebenenfalls nachhaltige Förderung der so genannten → Vorläuferfertigkeiten. Die zurzeit wohl bekannteste, am meisten diskutierte, aber auch geförderte Vorläuferfertigkeit ist die → phonologische Bewusstheit. Spielerisch wird diese Vorläuferfertigkeit beispielsweise durch Reimen oder durch sprachrhythmische Spiele wie Silbenklatschen oder durch das Hören von Lautunterschieden in Wörtern wie „Haus" – „Maus" geschult und geübt (→ Würzburger Trainingsprogramme, Kap. 8.2.5).

Empirische Studien zeigen, dass spracherwerbsgestörte und Kinder mit schlechten Deutschkenntnissen, die bereits im Kindergartenalter aufgefallen sind, in der Schule zu einem hohen Anteil ebenfalls Probleme mit dem Lesen- und Schreibenlernen haben. Eine Aufgabe der Elementarerziehung ist es, dass Risikokinder frühzeitig identifiziert werden. Frühzeitige Förder- oder Therapiemaßnahmen erleichtern vielen dieser Kinder den Einstieg in den Schriftspracherwerb.

Die unzulängliche Beherrschung der Schriftsprache ist offenbar eine späte Begleiterscheinung von spezifischen Sprachentwicklungsstörungen (SSES). „Zwar erlernen fast alle Kinder mit SSES die Grammatik ihrer Muttersprache irgendwann zumindest so weit, dass sie in dieser Hinsicht relativ unauffällig werden; für viele von ihnen ist aber damit das Problem nicht beseitigt. Bis ins Jugend- und Erwachsenenalter hinein lassen sich bei ihnen residuale Sprachdefizite und ein meist beschränktes sprachliches kommunikatives Repertoire beobachten. Schöler et al. (1998) konnten zeigen, dass sich mit Hilfe gezielter Elizitationsaufgaben (z. B. Flektieren von Kunstwörtern, Satzimitationen, Einfügen von Flexionen in Texte) bemerkenswerte Defizite sprachlichen Wissens und Könnens bei Kindern und Jugendlichen feststellen lassen, selbst wenn ihre Spontansprache keine dramatischen Auffälligkeiten mehr aufweist. Dagegen stechen nun häufig ihre teils extremen Schwierigkeiten beim Lesen und Schreiben hervor, die vor allem aus linguistischen Schwächen resultieren (...), etwa beim Speichern und Abruf von Wörtern und Silben, bei der phonemischen Segmentierung, bei der Elaboration, Vernetzung und Aktivierung von Wortschatzbereichen, bei der grammatischen Unterscheidung und Antizipation usw. (...). Ihr Textverständnis ist dadurch erheblich eingeschränkt" (Dannenbauer, 1999, S. 124).

Nicht überraschend ist, dass dies auch für Kinder mit mangelhaften Deutschkenntnissen gilt.

3.8 Tabellarische Zusammenfassung der Meilen- und Grenzsteine

Sprachbereich	Meilensteine	Grenzsteine
Prosodie (→ Kap. 3.1)	Prä-, postnatale Fertigkeiten	Defizite im Bereich der Prosodie-verarbeitung/-nutzung
Phonetik und Phonologie (→ Kap. 3.2)	Erwerb Ende des Vorschulalters abgeschlossen	Verzögerter Erwerb der Lautbildung Andauern phonologischer Prozesse
Semantik (→ Kap. 3.3)	Übergeneralisierungen, u. ä.	Symptome wie Wortfindungsschwierigkeiten (Paraphrasien, …)
Wortschatz und Lexikon (→ Kap. 3.3)	Protowörter 50 Wörter	Überwindung der 50er Wortschwelle Quantität, Qualität und Organisation des Lexikons
Morphologie (→ Kap. 3.4)	Wachsende Äußerungslänge (MLU), wachsende Komplexität des Verbalteils Beherrschung des Flexionssystems	Andauern von Infinitivformen, Kasus-Probleme, mangelhafte Kongruenz
Syntax (→ Kap. 3.4)	Syntaktisches Prinzip Verbzweitstellung Kongruenz	Andauern der Verbendstellung
Pragmatik (→ Kap. 3.5)		Einschränkungen aufgrund fehlender formal-sprachlicher Mittel, Ausbleiben von Fragen
Metalinguistisches Wissen (→ Kap. 3.6)	Erste Selbstkorrekturen mit 27 Monaten	Eventuell Verzögerung
Lesen und Schreiben (→ Kap. 3.7)	Prinzipien der Schriftsprache Vorläuferfertigkeiten im engen und weiten Sinn	Unzulänglich ausgebildete Vorläuferfertigkeiten

Tab. 3.13: Zusammenfassung der Meilen- und Grenzsteine

Auffälliger Spracherwerb

4

Sprachauffälligkeiten haben viele Gesichter und Namen. Zu unterscheiden sind wenigstens fünf Auffälligkeiten:

- Sprachstörungen aufgrund primärer Beeinträchtigungen
- Stimm- und Redeflussstörungen (Sprechstörungen)
- Kommunikationsstörungen
- Spracherwerbsstörungen (expressive und rezeptive Formen)
- Unzureichenden Sprachkenntnisse.

Für die Arbeit der Erzieherin im Elementarbereich ist es wichtig, diese Auffälligkeiten unterscheiden und voneinander abgrenzen zu können. Für ihre Entscheidung, wann sie selbst unterstützend tätig werden sollte und wann sie auffällige Kinder an Fachkräfte delegieren muss, soll die folgende Darstellung notwendige Kenntnisse zur Hand geben.

4.1 Sprachstörungen bei Primärbeeinträchtigungen

Kinder mit Sprachauffälligkeiten infolge grundlegender körperlicher, geistiger und psychischer Störungen bzw. Behinderungen zählen zur Gruppe von **Spracherwerbsstörungen aufgrund von Primärbeeinträchtigungen.**

Eindeutig identifizierbar sind Kinder mit Retardierungen aufgrund einer geistigen Behinderung, etwa aufgrund genetischer Defekte (→ Down-Syndrom, → Williams-Beuren-Syndrom) oder neurologischer Schädigungen (Hirnverletzungen, Epilepsie). So ist der Verlauf des Spracherwerbs bei Kindern mit Down-Syndrom extrem verzögert, wobei isolierte Teilleistungen gut entwickelt sein können. Auch ein Unfall oder eine Krankheit nach der Geburt können zu einer Primärbeeinträchtigung führen (→ kindliche Aphasien). Diese Kinder besuchen Sonderkindergärten oder integrative Einrichtungen.

Viele Kinder mit Primärbeeinträchtigungen sind jedoch schwieriger identifizierbar. Der Spracherwerb dieser Kinder wird beispielsweise durch Hirnschädigungen während der Geburt, durch Hörschädigungen etwa aufgrund häufiger Paukenergüsse (oft fälschlich als Mittelohrentzündungen bezeichnet), durch Stoffwechselerkrankungen oder (schwere) sozio-affektive Störungen (→ Autismus, → Mutismus) beeinträchtigt. Darüber hinaus gibt es Kinder, bei denen generelle Entwicklungsrisiken vorliegen, z. B. bei den so genannten „Frühchen“ (Geburt vor Vollendung der 37. SSW).

Über den Anteil der Kinder mit Spracherwerbsstörungen infolge primärer Beeinträchtigungen sind keine Zahlen bekannt, wohl aber über die Zahl der Kinder mit Primärbeeinträchtigungen (ca. 3 %).

Störungsbeginn beim Spracherwerb und Zeitpunkt des Vorliegens bzw. Auftretens der Primärbeeinträchtigung fallen zusammen. Kindern dieser Gruppe begegnet die Erzieherin vermutlich vor allem im ersten Kindergartenjahr. Zu diesem Zeitpunkt ist das Vorliegen einer grundlegenden Störung häufig noch nicht endgültig abgeklärt, weshalb die Kinder zunächst einen Regelkindergarten besuchen. Die Erzieherin sollte darauf achten, ob bei sprech- und sprachauffälligen Kindern möglicherweise solche Primärbeeinträchtigungen vorliegen. Bei entsprechenden Hinweisen muss sie auf eine sorgfältige (ärztliche und psychologische) Untersuchung drängen. Bestätigt sich der Verdacht, können diese Kinder möglicherweise in entsprechenden Sonderkindergärten besser gefördert und auf den Schulbesuch vorbereitet werden. Dies ist aber im Einzelfall jeweils abzuklären.

4.2 Stimm- und Redeflussstörungen

4.2.1 Stimmstörungen

Stimmstörungen **(Dysphonien)** beruhen in der Regel auf Erkrankungen organischer, funktioneller, hormoneller Systeme und/oder haben psychische Ursachen. *Organisch bedingte Stimmstörungen* können genetische Ursachen haben oder nach Operationen des Stimm- und Sprechtraktes entstehen. *Funktionelle Stimmstörungen* bezeichnen Störungen der Sprechstimme (funktionelle Dysphonie) und/oder Störungen der Singstimme (Dysodie). *Hormonelle Stimmstörungen* treten bei krankhaften Veränderungen des Hormonhaushaltes auf und können Stimmhöhe, Klangfarbe, Dynamik und Stimmumfang beeinträchtigen. *Psychogene Stimmstörungen* können bei starker psychischer Belastung oder Stress auftreten.

Ein Hauptsymptom kindlicher Stimmstörungen ist **Heiserkeit.** Es wird angenommen, dass beim Sprechen die Feinabstimmung des Zusammenspiels der Stimmlippen nicht gelingt. Dadurch kommt es neben Heiserkeit auch zu Sprechanstrengung, Räusperzwang, Hüsteln und zu Atemstörungen, zu einem Fremdkörpergefühl im Hals, zu Ermüdbarkeit und Fehlempfindungen am Hals und Kehlkopf; es kann sogar zu einem Verlust der Kontrolle der Sprechstimmlage und zu Schluckbeschwerden führen.

Beeinträchtigt ist vor allem die sprachliche Kommunikationsfähigkeit. Reaktionen der Umwelt, die etwa Ansteckungsgefahr vermutet, führen jedoch häufig zur ungerechtfertigen Ablehnung des Kindes, was bei diesem wiederum zur Ausbildung von Sprechängsten führen kann. Kinder mit Stimmstörungen können meist im Regelkindergarten verbleiben.

Beim Vorliegen von Stimmstörungen sollte die Erzieherin Fachkräfte, in der Regel Fachärzte für HNO-Heilkunde, Phoniater und Logopädinnen, hinzuziehen, die eine stimmhygienische Beratung bzw. Stimmtherapie durchführen können.

Stimmstörungen sind unter Kindern weit häufiger, als gemeinhin angenommen. Einen aktuellen Überblick gibt Keilmann (2007). Je nach Definition, in Abhängigkeit vom Erhebungsort (Stadt oder Land) werden Zahlen zwischen 6 % bis 23 % berichtet. Studien, die exakte Angaben zum Störungsbeginn und -verlauf enthalten, liegen nach unserem Kenntnisstand nicht vor. Die Prävention durch Beratung von Eltern, Erziehern und Lehrern gewinnt an Bedeutung.

4.2.2 Redeflussstörungen

Im Vergleich zu Stimmstörungen sind **Störungen des Redeflusses** in der Bevölkerung bekannter. Hierzu zählen *Stottern* und *Poltern.* Solche Redeflussstörungen haben vielfältige neurolinguistische, neurologische oder psychische Ursachen.

Nach den aus Baden-Württemberg vorliegenden Zahlen werden bei etwa 0,4 % aller Kinder Redeflussstörungen wie Stottern und Poltern in der Einschulungsuntersuchung festgestellt (Landesgesundheitsamt Baden-Württemberg, 2000, Tab. 46). Im Jahre 2000 waren es von insgesamt 95 353 Kindern genau 292 Jungen (0,6 %) und 79 Mädchen (0,2 %), die in Baden-Württemberg als Stotterer oder Polterer diagnostiziert wurden. Jungen haben häufiger Redeflussstörungen als Mädchen. Von insgesamt 371 Kindern mit Redeflussstörungen waren zum Zeitpunkt der Einschulungsuntersuchung 238 Kinder in Behandlung, d. h. etwa zwei Drittel. Dass ein Drittel förderungsbedürftiger Kinder nicht behandelt wird, ist sicherlich unbefriedigend. Alarmierend ist, dass von diesen Kindern bei der nahezu zeitgleich durchgeführten kinderärztlichen Untersuchung U9, bei der u. a. der Spracherwerbsstand ein wesentlicher Untersuchungsgegenstand ist, nur 16 als Stotterer oder Polterer diagnostiziert worden waren.

Stottern

Die Zahl der Kinder, bei denen sich Stottern ausbildet und verfestigt, ist relativ gering (weniger als 1 %).

Erzieherinnen im Kindergarten haben es immer wieder mit Kindern zu tun, die unflüssig sprechen und die als „Stotterer“ gelten könnten. So einfach ist die Diagnose aber nicht zu stellen, gibt es bei Kindern im Alter zwischen 3 und 6 Jahren neben dem **manifesten Stottern** auch noch das so genannte **„Entwicklungsstottern“.** Dabei handelt es sich meist um ein Übergangsphänomen. Somit ist es auch Aufgabe der Erzieherinnen, entwicklungsnormale Sprechunflüssigkeiten von (beginnendem) Stottern zu unterscheiden.

Um Symptome eines normalen Übergangsphänomens handelt es sich, wenn das Kind

- Normalen Blickkontakt sucht und aufrechterhalten kann
- Laute nicht länger als eine Sekunde verlängert (→ Prolongationen)
- Ganze Wörter oder Satzteile wiederholt.

Anzeichen für **beginnendes Stottern** sind dagegen:

- Begleitsymptome wie Mitbewegungen
- Beginnendes Störungsbewusstsein
- Ausgeprägte Wiederholungen von Wortteilen (*„ko-ko-ko-kommst Du“*)
- Wiederholen des → Schwa-Lauts (*„BeBeBeBanane“*)
- Länger als eine Sekunde dauernde Dehnungen (*„Mmmmmmma“*).

Entscheidender als Momentaufnahmen sind längerfristige Beobachtungen. Zeigen sich die Symptome länger als sechs Monate, ist es unbedingt erforderlich, das Kind bei einer Fachkraft vorzustellen.

Poltern

Beim **Poltern** ist die Sprechgeschwindigkeit erhöht. Teile von Wörtern werden ausgelassen oder umgestellt, aus zwitschern wird „schwitzern“. Das Sprechen ist unregelmäßig und unrhythmisch, die → Syntax meist fehlerhaft. Ein polterndes Kind ist oft nur schwer verständlich, spricht überhastet, Silben werden verschluckt und die Aussprache ist verwaschen. Im Vergleich zum Stottern kommen beim Poltern keine Lautwiederholungen und keine Verzögerungen im Redefluss vor. Auch ist ein Störungsbewusstsein nicht erkennbar.

Die Zahl der Kinder, bei denen sich Poltern verfestigt, ist weit geringer als beim Stottern. Poltern ist eine sehr seltene Redeflussstörung. Die Häufigkeit von Poltern und Stottern wird deshalb häufig zusammengefasst (→ oben).

Weitere Redeflussstörungen

Störungen der Rede können darüber hinaus auch durch Missbildungen und Beeinträchtigungen des Sprechapparates (→ Lippen-Kiefer-Gaumenspalte, kurz LKG) oder Fehlentwicklungen bzw. Verletzungen des Zentralnervensystems ausgelöst sein (→ Dysarthrien).

Beim Vorliegen typischer Kennzeichen entwicklungsbedingter Sprechunflüssigkeiten bietet es sich an, zunächst einmal abzuwarten, bevor die Erzieherin das Kind zur weiteren Diagnose oder Behandlung an eine Fachkraft delegiert. Wir empfehlen aber, dass recht bald eine Differenzialdiagnose durch eine Fachkraft vorgenommen wird.

4.3 Kommunikationsstörungen: Mutismus

Gelegentlich begegnet die Erzieherin Kindern, die schweigen. Gerade beim Eintritt in den Kindergarten oder die Schule ist mutistisches Verhalten beobachtbar. Die Eltern berichten, ihr Kind spreche zu Hause, in der Kindergartengruppe hingegen bleibt es stumm. Zu warnen ist vor der vorschnellen Diagnose Mutismus. Zu einschneidend sind die mit dem Eintritt in den Kindergarten oder die Schule verbundenen Veränderungen, die ein Kind u. U. zum Schweigen bewegen. Sollte das Schweigen aber länger als ein halbes Jahr anhalten, liegt möglicherweise doch eine mutistische Störung vor.

Als Kennzeichen des **Mutismus** gilt, dass der Spracherwerbsstand altersgemäß ist, wenngleich dies nicht immer einfach festzustellen ist. Betroffen ist nicht der Redefluss, sondern die Bereitschaft zu sprechen.

Mutismus tritt sehr selten auf. Man geht davon aus, dass bis zu sieben Kinder von 1 000 von einer solchen Störung betroffen sind. Gegenwärtig wird diskutiert, ob Kinder mit Migrationshintergrund überproportional von mutistischen Störungsformen betroffen sind.

Francesco (3;3 Jahre) ist wie sein Vater in Deutschland geboren. Sein Großvater väterlicherseits zählt zur ersten Gastarbeitergeneration in Deutschland, bei der die Männer erst einmal unter sich blieben und ihre Frauen erst nachholten, wenn ihre Aufenthaltserlaubnis verlängert wurde. Wie der Großvater arbeitet auch Francescos Vater bei einer großen Autofirma am Band. Domenico, ein Bruder von Francescos Vater, ist der Stolz der Familie, da er erfolgreich das Gymnasium absolvierte und einen qualifizierten Beruf in der Versicherungsbranche ausübt. Dieser Onkel liefert die Vorgabe für die Ansprüche an Francesco.

Francesco hat noch eine ältere Schwester von acht Jahren. Da die Mutter nach ihrer Einschulung zu arbeiten anfing, wuchs die kleine Schwester mehr oder weniger bei ihrer Großmutter mütterlicherseits auf, die nach dem Tode des Großvaters zu der Familie nach Deutschland gekommen war. Bereits im Kindergarten hatten sich bei Francescos Schwester Entwicklungsauffälligkeiten gezeigt. Um den Schwierigkeiten mit den Schulbehörden aus dem Wege zu gehen, schickt die Familie das Kind seither immer wieder nach Italien. Francescos Sprachentwicklungsstand ist schwer einzuschätzen. So hat er, nachdem er mit 3;1 Jahren in den Kindergarten gekommen ist, erst einmal zwei Monate geschwiegen. Mittlerweile verständigt er sich flüsternd mit der Erzieherin und zwei anderen Kindern.

Bei Kindern wie Francesco ist es unerlässlich, die Eltern zu einem Gespräch zu bitten, um zu klären, wie gut die Kenntnisse und das Sprachverhalten des betroffenen Kindes in seiner Herkunftssprache sind. Sollte es zu Hause, in der Bekannt- und Verwandtschaft, aber auch beim Einkauf im Supermercato Italiano mit allen reden, dann liegt es nahe, dass es aufgrund mangelnder Sprachkenntnisse im Deutschen nicht vor der ganzen Gruppe reden will, sondern lieber mit einzelnen Personen. Eine Förderung von Francescos Sprachkenntnissen im Deutschen ist unabdingbar und vor dem Hintergrund seines Alters chancenreich.

Erhärtet sich der Verdacht auf das Vorliegen einer mutistischen Störung – etwa wenn *Francesco* auch im Italienischen situations- und/oder personbezogen schweigt – dann wird die Erzieherin versuchen, die Eltern davon zu überzeugen, ihn einer Fachkraft vorzustellen.

4.4 Spracherwerbsstörungen und mangelnde Sprachbeherrschung

Auffälligkeiten beim Spracherwerb in den unterschiedenen Sprachbereichen (→ Einleitung, Kap. 3) sind insbesondere im Kindergartenalter zu beobachten. Es gilt, normale von anormalen Spracherwerbssauffälligkeiten zu unterscheiden. Letztere können durch frühe Förderung abgebaut bzw. gemindert werden.

Von den bislang beschriebenen Sprach-, Sprech- und Kommunikationsauffälligkeiten abzugrenzen sind die im Folgenden betrachteten **Spracherwerbsstörungen** sowie die **unzureichende oder mangelnde Sprachbeherrschung.** Kinder mit mangelnder Sprachbeherrschung finden sich überproportional unter den Kinder mit Migrationshintergrund, seltener unter muttersprachlich deutschen Kindern. Bei Letzteren handelt es sich vor allem um Kinder aus bildungsfernen Milieus. In beiden Gruppen finden sich jedoch auch Kinder mit Spracherwerbsstörungen. Vor dem

Hintergrund der gegenwärtigen Diskussion der Probleme im Bereich der Elementarerziehung, die auch auf migrationsbedingte Veränderungen in der Zusammensetzung der Kindergarten- und Grundschulgruppen zurückzuführen sind, stellt die Identifikation von spracherwerbsgestörten Kindern und Kindern mit mangelnden Sprachkenntnissen aufgrund ihres Migrationshintergrundes die Schlüsselaufgabe für die kommenden Jahrzehnte dar.

Die Schwierigkeit, zwischen spracherwerbsgestörten Kindern und Kindern mit mangelnden Sprachkenntnissen zu unterscheiden, ist vor allem darauf zurückzuführen, dass sich die beiden Gruppen in ihren Auffälligkeiten teilweise ähneln, die Ursachen der Störungen jedoch in aller Regel andere sind. Dies festzuhalten ist im Hinblick auf Fördermaßnahmen wesentlich, da andere Ursachen meist auch andere Fördermaßnahmen erfordern.

Wie ausgeführt, sind Erzieherinnen gerade im Hinblick auf die mangelnde Sprachbeherrschung von Kindern mit Migrationshintergrund zunehmend gefordert. Es wird erwartet, dass sie fördernd tätig werden (→ Remediation). Bei diagnostizierten Spracherwerbsstörungen können sie dagegen in aller Regel nur flankierende Maßnahmen (→ Flankierung) ergreifen, die notwendigen therapeutischen Maßnahmen finden außerhalb des Kindergartens statt.

Eine weitere wichtige Aufgabe sind schließlich präventive Maßnahmen zur Verhinderung von Lese-Rechtschreib-Schwierigkeiten (LRS).

4.4.1 Spracherwerbsstörungen

Spracherwerbsstörungen sind meist umfassendere, verschiedene Teilsymptomatiken beinhaltende Störungen. In der Vergangenheit wurden sie oft nach dem Leitsymptom, der am stärksten betroffenen Sprachebene, entweder als *Aussprache-* oder *Artikulationsstörung* (→ Phonetische Störungen, → Phonologische Störungen), als *Störung der Grammatik* (→ [kindlicher] Dysgrammatismus) oder als *semantisch-lexikalische Störung* bezeichnet.

In der *Internationalen Klassifikation psychischer Störungen der Weltgesundheitsorganisation (WHO)* werden diese Sprachentwicklungsstörungen als „Umschriebene Entwicklungsstörungen des Sprechens und der Sprache“ (ICD-10, Kap. V: F80) bezeichnet und in folgende Gruppen unterteilt:

- Artikulationsstörungen
- Expressive und/oder rezeptive Sprachstörungen (bei gemeinsamem Auftreten oft als Spezifische Spracherwerbsstörung (SSES) bezeichnet).

Zur ersten Gruppe zählen die Kinder, bei denen ausschließlich **Artikulationsauffälligkeiten** *(Dyslalien)* beobachtet werden – andere Ebenen der Sprache scheinen nicht betroffen. Eine Ursache für solche isolierten Dyslalien ist derzeit nicht bekannt. Auch die Unterscheidung der beiden anderen Gruppen ist nach unserer Auffassung schwierig, da **rezeptive Sprachstörungen**, d. h. *Störungen des Verstehensprozesses,* immer auch mit **expressiven Sprachstörungen**, also Ausdrucksstörungen einhergehen. Umgekehrt sind uns auch keine rein expressiven Störungen bekannt. Wir gehen davon aus, dass bei der Diagnose von expressiven Störungen auch immer Lern- und Repräsentationsprobleme (→ Repräsentation) auf verschiedenen sprachlichen Ebenen vorliegen.

Aussprache-, Artikulationsstörungen

Unter den Oberbegriff **Aussprache**- bzw. **Artikulationsstörungen** fallen → phonetische und → phonologische Störungen.

Phonetische Störungen

Der Verlauf der Ausspracheentwicklung wird zum einen dadurch bestimmt, dass sich in den ersten Lebensjahren die zur Bildung bestimmter Laute notwendigen anatomischen Voraussetzungen erst entwickeln (→ Kap. 3.2.1). Zum anderen ist die Bildung der einzelnen Laute unterschiedlich schwierig. So kommt es, dass Kinder erst allmählich lernen, alle Laute (→ Phone) ihrer Muttersprache zu artikulieren. Phonetische Störungen liegen dann vor, wenn es Kindern nicht oder nur mit Verzögerungen gelingt, sämtliche Laute ihrer Muttersprache zu bilden.

Einfach zu bilden sind z. B. der Vokal [a:] und der Konsonant [m]. Beim [a:] wird der Mund weit geöffnet, beim [m] wird er geschlossen und geöffnet. In vielen Sprachen sind diese Laute deshalb als erste – etwa in den Lallmonologen der Kinder – zu beobachten und werden daher als Benennung der ersten Bezugspersonen der Kinder, nämlich der Mutter [ma:ma:] gedeutet. Bis zum Ende der Kindergartenzeit können Kinder in der Regel alle Laute ihrer Muttersprache bilden.

Bei der Äußerung von Wörtern, die nicht beherrschte Laute enthalten, gehen Kinder offenbar systematisch vor, um wenigstens Näherungen dieser Wörter zu produzieren. Sie vereinfachen ihre Aussprache: So lassen sie Laute oder ganze Silben einfach aus („Bo:t" statt „Bro:t", „Ne:mann" statt „Sne:mann" oder „Toffɛl" statt "Kartoffɛl"), sie bilden Laute anders, gleichen sie bereits beherrschten Lauten an, dies ist vor allem bei den [s]- und Zischlauten zu beobachten (→ Assimilation), oder sie ersetzen Laute einfach durch andere. Beispielsweise wird [k] häufig durch [t] oder [g] durch [d] ersetzt.

Zu unterscheiden ist, ob diese „Lautfehlbildungen" entwicklungsbedingt sind oder auf Anomalien der anatomischen Lautbildungsvoraussetzungen oder unzulängliche Bildungsprozesse zurückzuführen sind. Letztere wurden in der Vergangenheit mit griechischen Buchstaben benannt: Bei [s]-Lautfehlbildungen spricht man von **Sigmatismus,** bei [r]-Lautfehlbildungen von **Rhotazismus,** bei [g]-Lautfehlbildungen von **Gammazismus** usf. Wird beispielsweise der [s]-Laut zwischen den Zähnen erzeugt, spricht man von einem *Sigmatismus interdentalis,* leitet die Zunge den Luftstrom beim Bilden eines [s]-Lautes zur Seite, heißt diese Artikulationsauffälligkeit *Sigmatismus lateralis.*

In Abhängigkeit von der Zahl solcher Lautfehlbildungen spricht man von einer *partiellen Dyslalie* (ein Laut oder eine Lautgruppe ist betroffen), einer *multiplen Dyslalie* (mehrere Laute und Lautgruppen sind betroffen) und einer *universellen Dyslalie* (die Mehrzahl der Laute ist betroffen). Eine weitere diagnostische Unterscheidung wird nach dem Ort der Fehlbildung vorgenommen.

Artikulationsauffälligkeiten sind bei nahezu allen Kindern zu beobachten. Entwicklungsbedingte Aussprachefehler sind bis zum vierten Lebensjahr oft nur schwer von einer Artikulationsstörung abzugrenzen. Diagnostisch ist es daher schwierig, entwicklungsbedingte Lautersetzungen und -auslassungen von physiologisch, motorisch und bildungsbedingten Störungen zu unterscheiden.

Kann ein Kind einen oder mehrere Laute oder Lautverbindungen nicht korrekt bilden, lässt es Laute aus oder ersetzt sie durch andere („tomm" statt komm), spricht man von **Dyslalien** (im Deutschen früher auch von *Stammeln*). Kindern mit solchen Auffälligkeiten begegnet die Erzieherin im Kindergartenalltag sicherlich häufiger. Sind bis zum vierten Lebensjahr keine Auffälligkeiten im Bereich der Aussprache beobachtbar, kann man davon ausgehen, dass Lautbildungsübungen im Kindergarten oder zu Hause mit den Eltern bereits als Hilfe ausreichen. Bei einem Verdacht auf eine Spezifische Spracherwerbsstörung, die in nahezu allen Fällen auch mit Artikulationsstörungen einhergeht, ist ein Zuwarten allerdings unangebracht.

Beim Andauern von Lautbildungsauffälligkeiten über den vierten Geburtstag hinaus ist eine logopädische Beratung angezeigt. In diesem Fall sollte die Erzieherin die Eltern auf eine solche Möglichkeit hinweisen.

Phonetische (artikulatorische, dyslalische) Auffälligkeiten können unterschiedliche Ursachen haben: Hörstörungen, Paukenergüsse, Mittelohrvereiterungen, mangelhaftes oder fehlendes Unterscheidungsvermögen für ähnlich klingende Laute bei intaktem Gehör, zu schwache oder schlecht koordinierte Mundmuskulatur sowie Lippen-Kiefer-Gaumenspalten oder Zahnanomalien. Auch Stillgewohnheiten, Lutschgewohnheiten, Schnullergebrauch u. ä. sind von Bedeutung.

Phonetische Auffälligkeiten sind meist gut therapierbar. Insbesondere können die [s]-Lautersetzungen oder -auslassungen durch relativ wenige logopädische oder sprachheilpädagogische Therapiestunden erfolgreich behandelt werden.

Phonologische Störungen

Lange Zeit wurden Lautfehlbildungen und falscher Einsatz von Lauten nicht deutlich voneinander unterschieden. Kindliche Aussprachestörungen wurden nahezu ausschließlich als *phonetische Störungen* betrachtet. Erst in den letzten Jahrzehnten wurden Aussprachestörungen auch als Probleme der Wahrnehmung und Produktion von Phonemen betrachtet *(phonologische Störungen).*

Phonologische Störungen sind grundlegender als phonetische Auffälligkeiten, denn hier fehlt den Kindern offenbar das Wissen über die sprachsystemische Funktion von Lauten, oder es ist nur teilweise vorhanden. Sind Aussprachefehler zu beobachten, liegt es nicht an der Fähigkeit zur Lautbildung, sondern daran, dass die Laute falsch eingesetzt werden.

Festzuhalten bleibt, dass der beobachtete Aussprachefehler in einem Fall auf fehlende Voraussetzungen und Fertigkeiten zur Lautbildung (phonetische Störung), im anderen Fall auf fehlendes Wissen über die korrekte Verwendung von Lauten (phonologische Störung) zurückzuführen ist. Gerade bei jüngeren Kindern ist eine → Differenzialdiagnostik schwierig.

Spezifische Spracherwerbsstörungen (SSES)

Aussprachestörungen sind oft ein Symptom neben anderen Sprachauffälligkeiten, z. B. in Verbindung mit expressiven und rezeptiven Spracherwerbsstörungen (nach ICD-Kategorisierung, → oben). Die Kinder fallen dann nicht nur durch Ersetzungen oder Auslassungen von Lauten, sondern vor allem auch durch Wortstellungs- und Flexionsfehler auf.

Lisa (3;8 Jahre) kam mit drei Jahren in den Kindergarten. Beobachtbar war zu diesem Zeitpunkt eine Reihe von Artikulationsauffälligkeiten. Viele Laute waren noch unverständlich, viele Silben ließ sie aus, andere Laute und Lautgruppen ersetzte sie konstant. Auffällig waren aber auch die Wortstellung und das Auslassen von obligatorischen Satzteilen, also solchen, die man nicht auslassen darf, weil sie zum Verstehen eines Satzes erforderlich sind. Über ihr Haustier, einen Kanarienvogel, erzählt sie folgende Geschichte: „Wir eine Vodel auch habe. ... Mei Hester in Zimmer dommt. ‚Hilfe, ein Vodel in Zimmer' heit und mein Hester ansieht."

Diese Aussagen sind ohne den Kontext vermutlich unverständlich. Die „Übersetzung" dieser Textpassage lautet: „Wir haben auch einen Vogel. [Der Vogel ist aus dem Käfig heraus und fliegt im Zimmer herum.] Meine Schwester kommt ins Zimmer. ‚Hilfe, ein Vogel ist im Zimmer', schreit sie, und der Vogel sieht meine Schwester an." Dieses Beispiel zeigt, dass Lisa nicht nur Laute auslässt oder falsch bildet, sie lässt auch obligatorische Elemente aus: „heit" bedeutet ‚schreit', das obligatorische Personalpronomen ‚sie' wird ausgelassen. Die Wortstellung ist ebenfalls fehlerhaft: „mein Hester ansieht", „mei Hester in Zimmer dommt".

In Kombination mit den grammatischen Auffälligkeiten weisen die Lautbildungsauffälligkeiten darauf hin, dass hier nicht nur die phonetische Ebene und phonologische Prozesse beeinträchtigt sind, sondern die Wahrscheinlichkeit groß ist, dass bei Lisa eine Spracherwerbsstörung vorliegt. Eine Delegation an eine logopädische Beratungsstelle ist unbedingt erforderlich.

Als Bezeichnung für Sprachstörungen, bei denen keine Primärbeeinträchtigungen bekannt sind, hat sich zunehmend der Begriff **Spezifische Spracherwerbsstörung** *(SSES)* durchgesetzt. Eine solche Störung wird dann diagnostiziert, wenn eine Diskrepanz zwischen sprachlichen und nichtsprachlichen Entwicklungsbereichen, insbesondere den kognitiven Fähigkeiten, vorliegt. Betroffene Kinder fallen (zunächst) ausschließlich im sprachlichen Bereich auf. Später beobachtete Auffälligkeiten in den Bereichen sozial-emotionale Entwicklung, Persönlichkeitsentwicklung und Verhalten sind oft bereits Folgeerscheinungen der Spracherwerbsstörung.

Hinsichtlich der kognitiven Leistungsfähigkeit sind aufgrund neuerer Untersuchungen Differenzierungen nötig: So liegt die allgemeine Intelligenzleistung zunächst im Durchschnittsbereich, nähert sich im weiteren Verlauf der Entwicklung jedoch zunehmend dem unteren Rand des als durchschnittlich bezeichneten Bereichs der Intelligenzleistungen. Es zeigen sich Einschränkungen spezifischer kognitiver Teilleistungen, etwa der auditiven Informationsverarbeitung, zu der die → auditive Merkspanne und die → Artikulationsrate gehören. Eingeschränkte Entwicklungsvoraussetzungen, z. B. erblich bedingte, sind bei vielen dieser SSES-Kinder eine Ursache. Sie fallen oft auch dadurch auf, dass sie prosodische und rhythmische Informationen nicht wie die anderen Kinder nutzen können.

Vielfach werden in der Presse erschreckende Zahlen über die Häufigkeit von Spracherwerbsstörungen genannt. Hier sollte man sich stets fragen, ob hierbei tatsächlich von Spracherwerbsstörungen die Rede ist oder ob Kinder mit mangelnder Sprachbeherrschung gemeint sind. Während die Zahlen hinsichtlich mangelnder Sprachbeherrschung ein erschreckendes Ausmaß angenommen haben – nicht zuletzt, weil in vielen Kommunen Kinder mit Migrationshintergrund bereits die Hälfte der Geburtsjahrgänge stellen – liegt die Zahl spracherwerbsgestörter Kinder international vergleichbar bei weniger als 7 %.

Von Spracherwerbsstörungen sind Jungen deutlich häufiger betroffen als Mädchen; man geht davon aus, dass auf drei oder vier Jungen etwa ein Mädchen kommt.

Für die Erzieherin gilt: Der Störungsbeginn ist nicht eindeutig zu bestimmen. Gewiss ist, dass die Störung bereits lange vor Kindergarteneintritt manifest wird.

Hat die Erzieherin aufgrund ihrer Beobachtungen, Erfahrungen und Kenntnisse den Verdacht, dass eine Spracherwerbsstörung vorliegen könnte, sollte sie den Eltern unbedingt empfehlen, mit ihrem Kind eine logopädische oder sprachheiltherapeutische Fachkraft oder eine Erziehungsbe-

> ratungsstelle aufsuchen, um die sprachlichen Auffälligkeiten differenzialdiagnostisch abklären zu lassen und bei Bedarf geeignete Förder- oder Therapiemaßnahmen einleiten zu können. Ist jedoch von mangelnder Sprachbeherrschung auszugehen, sind Fördermaßnahmen im Elternhaus und im Kindergarten geeignet und ausreichend.

Beobachtbar werden Spracherwerbsstörungen selbstverständlich erst beim Ausbleiben sprachlicher Äußerungen oder beim Auftreten von Fehlern. Die Ursachen datieren in vielen Fällen aber bereits vor oder kurz nach der Geburt. Immer häufiger werden vererbte Faktoren für die spätere Ausbildung von Spracherwerbsstörungen angenommen. Die Schwierigkeit besteht jedoch darin, dass diese Faktoren nicht sofort zu erkennen sind. Ob und wann man Auffälligkeiten beobachten und Hinweise auf einen gestörten Erwerb erfassen kann, hängt v. a. von der Sensitivität und der Kenntnis der das Kind betreuenden Personen ab – im frühen Alter meist den Eltern. Zurzeit versucht man bereits im ersten Lebensjahr diagnostisch fündig zu werden: So werden die ersten Schreie und Lautäußerungen von Kindern auf Auffälligkeiten hin untersucht. Ob diese Anstrengungen erfolgreich sein werden, ist trotz des Optimismus einiger Autoren fraglich. Darüber hinaus steht der apparative Aufwand zumindest derzeit noch in keinem Verhältnis dazu, auch tatsächlich Risikokinder für spätere Spracherwerbsstörungen identifiziert zu haben.

Eine Spracherwerbsstörung erweist sich in aller Regel als eine mehrere Sprachebenen umfassende Störung. Unstrittig ist, dass ohne phonologische Differenzierung keine → Morphologie, ohne lexikalisches Lernen und damit die Zuordnung von Wörtern zu Wortklassen keine → Syntax denkbar ist.

Auffälligkeiten auf anderen Sprachebenen und Verlagerungen der Störung, etwa vom semantischen auf den grammatischen oder – im Schulalter – auf den Bereich der Schriftsprache, sind ebenfalls beobachtbar.

4.4.2 Mangelnde bzw. unzureichende Sprachbeherrschung

Die Veränderungen in der Bevölkerungszusammensetzung durch Migration und ein unterschiedliches generatives Verhalten der verschiedenen Bevölkerungsgruppen haben dazu geführt, dass der Anteil von Kindern mit Migrationshintergrund insbesondere in den Städten deutlich zugenommen hat. Die Aufgabe von Erzieherinnen ist nicht nur durch neue Akzentsetzungen in den Bildungs- und Orientierungsplänen der einzelnen Bundesländer, sondern v. a. durch entsprechende Veränderungen der Zusammensetzung ihrer Kindergartengruppen vielfältiger und schwieriger geworden. So müssen sie heute berücksichtigen, dass beobachtete Auffälligkeiten nicht nur Ausdruck einer Spracherwerbsstörung sein können, sondern dass sie insbesondere bei Kindern mit Migrationshintergrund auch auf unzulängliche Entwicklungsbedingungen zurückzuführen sind.

Kinder mit mangelnder oder unzureichender Sprachbeherrschung sind in den letzten Jahren – nicht zuletzt unter dem Eindruck der Ergebnisse der PISA-Studien – ins Zentrum der Diskussion von Diagnose und Förderung im Elementarbereich geraten. Ohne ausreichende Sprachkenntnisse sind Schulerfolg und damit verbunden auch die berufliche Qualifizierung gefährdet bzw. beeinträchtigt. Am häufigsten betroffen sind Kinder mit Migrationshintergrund. Aber auch einsprachige deutsche Kinder, die unter anregungsarmen Entwicklungsbedingungen aufwachsen, zeigen vergleichbare Defizite der Sprachbeherrschung. Der soziale Status erweist sich unabhängig von der nationalen Herkunft nach wie vor als bedeutsamster Risikofaktor.

Über die Zahl der Kinder mit mangelnder Sprachbeherrschung liegen keine klaren Angaben vor, die Zahlen schwanken zwischen 15 % und 50 % und mehr. Gesichert scheint, dass zwischen ihnen und Kindern mit Spracherwerbsstörungen nicht deutlich unterschieden wird. Nur so sind die in der Presse berichteten Zahlen von bis zu 25 % und mehr Spracherwerbsstörungen verständlich. Festzuhalten ist, dass in vielen Kommunen Kinder mit Migrationshintergrund bereits die Mehrzahl der Kinder eines Kindergarten- bzw. Schuljahrgangs stellen, sie bilden vermutlich die größte Gruppe der als „spracherwerbsgestört“ identifizierten Kinder.

Dass der bedeutsamste Risikofaktor aber nicht die Migrationssituation, sondern der Sozialstatus ist, zeigt ein Vergleich von Michael und Önur.

Michael (5;7 Jahre) ist seiner Erzieherin aufgrund seines eingeschränkten Wortschatzes, seiner morphologischen und syntaktischen Fehler aufgefallen. Auf ihre Anregung hin wurde der Junge gründlich untersucht. Dieser Aufforderung kamen die Eltern bereitwillig nach. Weder die medizinische noch die psychologische Untersuchung ergaben Hinweise auf Faktoren, die zur Entstehung einer Spracherwerbsstörung beitragen. Im Gegenteil, Michael hat in der Intelligenzüberprüfung überdurchschnittlich abgeschnitten. Auffällig ist, dass zwei seiner Geschwister, die Eltern und Großeltern bereits die Schule für Lernförderung besuchen bzw. besuchten. Beide Elternteile sind arbeitslos. An der Entwicklung ihrer Kinder ist ihnen offenbar gelegen, sie selbst scheinen jedoch hilflos, wenn es um ihren Beitrag zur Förderung der Kinder geht. So wachsen die Kinder in einem anregungsarmen Milieu auf. Die sprachliche Kommunikation beschränkt sich auf ein Mindestmaß, Sprache als Mittel der Repräsentation (z. B. Geschichten erzählen) wird nicht gepflegt, Zeitungen, gar Bücher sind in der Familie nicht vorhanden. Allgegenwärtig dagegen sind Fernseher, Videorekorder bzw. DVD-Player und Spielkonsolen. Michael hat trotz seines Alters Probleme mit dem Erwerb des Kasussystems. So verwendet er nach wie vor den Akkusativ in Dativkontexten: „Das verrat ich die Oma“. Seine Aussprache ist trotz seines Alters immer noch von vielen Ausssprachefehlern geprägt und für Außenstehende schwer verständlich.

Önur (5;6 Jahre) und Michael sind die besten Freunde in der Gruppe. Ihre Lebenssituation ist – lässt man den Migrationshintergrund von Önur außer Acht – vergleichbar. Auch Önur erhält zu Hause nur wenige Anregungen zum Erwerb des Deutschen. Auch hier ergaben eingehende Untersuchungen keine Befunde. Die Sprachauffälligkeiten von Önur sind offenbar Ausdruck der durch die Migrationssituation verschärften unzulänglichen Entwicklungsbedingungen. Dass sein Vater auf dem Besuch des Kindergartens beharrt hat, zahlt sich mittlerweile offenbar aus. Önur hat sich im Unterschied zu Michael positiv entwickelt. Auffällig sind bei Önur, im Unterschied zu Michael, Genusfehler: „Die Mann sagt“ und Auslassungen: „Der raus Straße geht“.

Obwohl Önur und Michael, was die Sprachanregungen betrifft, unter ähnlichen Entwicklungsbedingungen aufwachsen, stagniert Michaels Entwicklung, die Önurs ist in Gang gekommen. Während Michael als deutschsprachiges Kind und aufgrund der Haltung seiner Familie offenbar keinen Anlass sieht, seine Sprache zu verbessern, weiß Önur, dass von ihm erwartet wird, an seinen Deutschkenntnissen zu arbeiten. Auch ist es ihm peinlich, „anders“ zu sprechen als die meisten seiner Kindergartengefährten.

Eine, wenn nicht die wichtigste diagnostische Aufgabe für Erzieherinnen wird künftig darin bestehen, Kinder mit Spracherwerbsstörungen aufgrund unzureichender Entwicklungsvoraussetzungen von Kindern mit mangelnder Sprachbeherrschung aufgrund unzulänglicher Entwicklungsbedingungen zu unterscheiden. Spracherwerbsgestörte Kinder und Kinder mit mangelnder oder unzureichender Sprachbeherrschung zeigen nämlich auch ähnliche Auffälligkeiten. Diese Differenzierung ist keineswegs einfach, zumal die beteiligten wissenschaftlichen Disziplinen (in aller Regel Psychologie, Medizin, Linguistik) für diese Aufgabe zurzeit noch recht wenig Hilfestellung bieten.

Diagnostik: Grundlagen und Erfordernisse

5

Diagnostik bzw. die **Kenntnis diagnostischer Verfahren** ist die Grundlage frühpädagogischen Handelns. „Um diesen Zweck erfüllen zu können, müssen Verfahren sowohl messtheoretischen Qualitätskriterien genügen als auch für frühpädagogische Zwecke taugen“ (vgl. Fried, 2004, S. 10 f.). Damit gewinnt die Diagnostik im Aufgabenfeld von Erzieherinnen eine zentrale Bedeutung.

Was bedeutet das für die Erzieherin? Wann muss sie diagnostisch tätig werden, wann welche Verfahren einsetzen? Was sind Standards und Qualitätskriterien, denen diagnostische Verfahren genügen sollen? Welche Befunde kann die Erzieherin gewinnen? Diese Fragen werden in den folgenden Ausführungen beantwortet.

5.1 Allgemeine Überlegungen

Der Erfolg pädagogischen Handelns „hängt (u. a.) davon ab, dass man die individuellen Lernvoraussetzungen möglichst genau kennt (Diagnose) und einschätzen kann, welche der verfügbaren pädagogischen Behandlungsalternativen unter den gegebenen Randbedingungen die beste ist (Prognose). Der erwartete Lernerfolg bedarf der Überprüfung (Veränderungsmessung). Ihr Ergebnis entspricht der Lernvoraussetzung für die nächste pädagogische Maßnahme“ (Langfeldt & Tent, 1999, S. 13).

Langfeldt und Tent unterstreichen die Bedeutung diagnostischer Verfahren für den Erfolg pädagogischen Handelns, für die Erfolgskontrolle und die weitere Interventionsplanung. Für Erzieherinnen bedeutet dies, dass der genau diagnostizierte Entwicklungsstand des Kindes Ausgangspunkt für ihr frühpädagogisches Handeln, etwa in Gestalt von Fördermaßnahmen ist. Idealerweise haben sie Kenntnis von den erfolgversprechendsten Fördermaßnahmen bei bestimmten Defiziten (→

Kap. 8). Nach der Durchführung einer Fördermaßnahme ist deren Erfolg sorgfältig zu bewerten (→ Evaluation). Hierzu bedarf es einer erneuten Sprachstandstandsbestimmung – in der Regel durch Beobachtung, Befragung oder Tests. Eine solche Bewertung ergibt u. U., dass es erforderlich ist, zu einer anderen Fördermaßnahme zu greifen, um das gewünschte Entwicklungs- bzw. Lernziel zu erreichen.

Beim gegenwärtigen Kenntnisstand im Bereich frühpädagogischer Sprachförderung müssen sich Erzieherinnen jedoch darauf beschränken – und diese Aufgabe ist anspruchsvoll genug – den Entwicklungsstand des Kindes sorgfältig zu erheben und zu dokumentieren. Dies erfolgt in einer Form, die es gestattet, die Befunde beim Wechsel des Kindes in einen anderen Kindergarten nachzuvollziehen.

5.2 Was heißt Diagnostizieren im Kindergarten?

Diagnostizieren beginnt mit einer Fragestellung. Diagnostizieren heißt zunächst einmal Vergleichen, wenn möglich auch Erklären *(Ursachenbestimmung)* und zu guter Letzt Vorhersagen *(Prognose)*. Eine umfassende **Diagnose** hat somit drei Funktionen: eine beschreibende (deskriptive), eine erklärende (explikative) und eine vorhersagende (prognostische) Funktion. Voraussetzung hierfür ist die Erhebung präziser Daten.

Je nach Fragestellung sollte die Diagnose ergründen, in welchen Leistungsmerkmalen sich das Kind von anderen Kindern unterscheidet *(interindividuelle Differenzen)*, warum es zu einem bestimmten Verhalten kam (Ursachen) und welche Folgen sich für seine gegenwärtigen und zukünftigen Leistungen ergeben. Diagnostische Vergleiche sind auf jeder dieser drei Funktionsebenen möglich:

- Auf der **beschreibenden Ebene** ist die Frage zu beantworten, wie die Leistung des Kindes auf einer Normskala einzuordnen ist.
- Auf der **Erklärungsebene** geht es um folgende Fragen: Auf welche vorhandenen bzw. nicht vorhandenen Fähigkeiten verweisen die erfassten Leistungen? Wie ist es zu diesen Leistungen gekommen?
- Auf der **Ebene der Prognose** geht es darum, welche Vorhersagen sich aus den gewonnenen Befunden für den weiteren Entwicklungsverlauf ableiten lassen.

Diagnostizieren im Kindergarten heißt, Kinder in einer für ihre Entwicklung bedeutsamen Phase zu beobachten und unter Umständen näher zu untersuchen. Dies ist nicht einfach, weil sie die für die Durchführung vieler standardisierter Tests notwendigen Voraussetzungen, wie Instruktionsverständnis, Konzentration und Ausdauer, noch nicht ausreichend ausbilden konnten. Notwendig ist deshalb eine auf den kindlichen Entwicklungsstand abgestimmte Auswahl diagnostischer Verfahren, die im Einzelfall von Befragungen der Bezugspersonen, Beobachtungen bis hin zur Verwendung standardisierter Tests reicht.

Diagnostizieren im Bereich der Frühpädagogik ist eine umfassende und anspruchsvolle Aufgabe. Die Erzieherin ist gefordert, den kognitiven, sprachlichen, sozialen, motivationalen und emotionalen, kurz den allgemeinen Stand der Entwicklung der Kinder festzuhalten.

Wir beschränken uns hier auf die Diagnose des Spracherwerbsstandes auffällig erscheinender Kinder. Dies ist notwendig, um – wo erforderlich – die → Delegation eines Kindes an einen Fachdienst vorzuschlagen oder geeignete Fördermaßnahmen auszuwählen (→ Kap. 8) und selbst durchzuführen.

Die Auswahl der Verfahren richtet sich nach der jeweiligen Fragestellung und den zu diagnostizierenden Entwicklungsbereichen. Die Beantwortung der Frage, ob ein Kind altersangemessen spricht, erfordert andere Vorgehensweisen als die Evaluation einer Fördermaßnahme.

Mögen die diagnostischen Vorgehensweisen je nach Fragestellung variieren, ein Aspekt bleibt unverändert: Diagnostik ist immer normorientiert!

5.2.1 Zur Mehrdeutigkeit der Begriffe Norm und Normalität

Was hat die diagnostische Arbeit mit → Normen zu tun? Diagnostizieren heißt vergleichen, und Vergleiche benötigen Bezugsmaßstäbe – nämlich Normen. Aussagen wie „Das ist normal!“ oder „Das kann doch nicht normal sein!“ hat jeder schon einmal geäußert oder gehört. Was aber ist „normal“ oder „anormal?“

Gruppen und Gesellschaften organisieren und regeln das Miteinander sowie das Zusammenleben ihrer Mitglieder durch eine Vielzahl von Normen: So sind die Vorgaben der Straßenverkehrsordnung oder des Bürgerlichen Gesetzbuches ebenso Normen wie die DIN-Normen (Deutsche Industrie-Normen), die u. a. die entsprechenden Größen für Papier festlegen. Das Urmeter, das im Pariser Louvre aufbewahrt wird, ist die Grundeinheit für unser System der Längenmaße. Die Zehn Gebote wie auch die Spielregeln beim „Mensch-ärgere-dich-nicht“ liefern bestimmte Normen, wie man sich in bestimmten Situationen verhalten soll. Gesetze, Vorschriften, Maßstäbe bzw. Regeln werden von gesellschaftlichen Institutionen vorgegeben. Unsere Beispiele sind Vertreter verschiedener Arten von Normen, die unterschiedlich klassifiziert werden. So werden beispielsweise unterschieden:

- Regeln, z. B. Spielregeln
- Vorschriften, z. B. Gesetze oder militärische Regeln
- Technische Normen, z. B. DIN-Normen
- Sitten und Gebräuche.

Jede Gemeinschaft setzt sich **funktionalistische Normen**, beispielsweise die oben genannten Regeln, Vorschriften und technischen Normen: Wie sollen sich Verkehrsteilnehmer verhalten, oder welche Größe soll ein Blatt Papier für einen bestimmten Zweck haben? „Normal“ ist hier, wenn sich Verkehrsteilnehmer an die

Straßenverkehrsordnung halten oder DIN-A4 Blätter der vorgeschriebenen Größe entsprechen.

Die zweite Gruppe, die **idealistischen Normen** wie Sitten und Gebräuche, sind vor allem für die Regulierung des menschlichen Handelns wichtig. Sie nehmen Einfluss auf das Alltagsverhalten. Beispielsweise prägen Schönheitsideale das Verhalten bis hin zu Essstörungen, insbesondere bei jungen Frauen und Mädchen, und es führen bestimmte Vorstellungen über das Verhalten der Geschlechter dazu, dass Jungen nicht weinen.

Eine weitere, bislang nicht erwähnte Gruppe bilden die **statistischen Normen**. Diese leiten sich aus der Häufigkeit von Eigenschaften, Merkmalen, Verhaltensweisen, Leistungen u. ä. her. Als „normal" gelten die, die am häufigsten vorkommen. Zwischen normalen und anormalen Phänomenen bestehen demnach nur quantitative und keine qualitativen Unterschiede. Statistische Normen liefern neutrale Beschreibungen, Bestandsaufnahmen ohne Bewertung. Wendet man beispielsweise eine statistische Norm auf den Gesundheitszustand der deutschen Bevölkerung an, tritt das Problem einer solchen Norm zu Tage: Da mittlerweile fast jeder Zweite eine Allergie aufweist, wäre es nach der statistischen Norm normal, eine Allergie zu haben. Das statistisch Normale gibt also oft Zustände wieder, die nicht wünschenswert sind. Dass, wie in unserem Falle, bis zu 25 % der Kinder eines Jahrgangs möglicherweise unzureichende Sprachkenntnisse haben, ist zwar im statistischen Sinne normal, aber nicht wünschenswert. Obwohl statistische Normen unserem Alltagsverständnis nicht völlig genügen, sind sie von hoher praktischer Bedeutung. Auf der Grundlage von Normen können drei Vergleiche vorgenommen werden: ein *sozialer*, ein *kriterialer* (sachlicher) und ein *individueller* Vergleich.

Soziale Bezugsnorm

Vergleiche mit der **sozialen Bezugsnorm** setzen Leistungen bzw. Merkmale von Kindern mit einer definierten Bezugsgruppe (etwa ihrer Alters- oder Geschlechtergruppe bzw. Klassenstufe) in Beziehung. Will eine Erzieherin etwa wissen, ob der Spracherwerbsstand eines Kindes im Satzbau seinem Alter entspricht, muss sie seine Leistungen mit denen seiner Altersgruppe vergleichen. „Sozial" meint also, dass eine soziale Einheit, eine Bezugsgruppe als Vergleichsmaßstab zugrunde gelegt wird.

Kann die Erzieherin auf ein normiertes Verfahren zurückgreifen, hat sie den Vorteil, dass sie die Vergleichsgruppe sozusagen gratis erhält. In ihrer Kindergartengruppe sind nämlich zu wenige Kinder vergleichbaren Alters, um die Leistungen eines Kindes richtig einschätzen zu können. Der normierte Test bietet ihr jedoch eine entsprechende Vergleichsgruppe.

Statistische Normen sind Wandlungen unterworfen

Vergleiche mit einer Bezugsgruppe gelten immer nur für den Zeitpunkt der Normierung (→ Eichung, Kap. 6.4.1) und die jeweils ausgewählte Gruppe. Gesellschaftlicher Wandel, etwa der Familienstruktur (Eingenerationenfamilien versus Mehrgenerationenfamilien, Einkind- versus Mehrkinderfamilien), des Schulsystems und unserer Lebenswelt ganz allgemein beeinflussen das Leistungsniveau von Kindern, auch im sprachlichen Bereich (z. B. verändertes Bildungs- oder Medienangebot). Was heute als durchschnittliche („normale“) Leistung gilt, zählt möglicherweise bereits wenige Jahre später zum unteren Leistungsdrittel.

Standardisierte Verfahren wie Intelligenz- oder Spracherwerbstests tragen diesen Veränderungen durch Anpassungen der Normen Rechnung. Sie werden in angemessenen Zeitabständen neu normiert. Bei der Anwendung normierter Verfahren sollte man deshalb darauf achten, stets die aktuellste Version heranzuziehen. Für die Prüfung des Spracherwerbsstandes sind diese Überlegungen im Unterschied etwa zur Erfassung des intellektuellen Leistungsvermögens (Intelligenz) im Allgemeinen weniger folgenreich. Sprache und sprachliche Leistungen sind gegenüber gesellschaftlichem Wandel resistenter als etwa Wissen, das in die Bestimmung der Intelligenz eingeht. Dies gilt jedoch nicht gleichermaßen für die unterschiedenen Sprachebenen (→ auch Kap. 6.1): → Phonetik und → Phonologie, → Syntax und → Morphologie wandeln sich langsamer als der → Wortschatz und das → Lexikon.

Sachliche oder kriteriale Bezugsnorm

Der Spracherwerb beruht in Teilbereichen oft auf klaren Vorgaben. Die Zielzustände für Grammatik und → Morphologie werden in Erwachsenengrammatiken beschrieben. Insofern haben derartige „Schulgrammatiken“ eine präskriptiv-normative, eine vorschreibende Funktion. So stellt etwa das Kasussystem des Deutschen eindeutige Erwerbsanforderungen. Jeweils vier Fälle (Nominativ, Genitiv, Dativ, Akkusativ) bzw. deren Kennzeichnungen im Singular und Plural müssen erworben werden. Die Aufgabe wird dadurch erschwert, dass diese zusätzlich je nach grammatischem Geschlecht (männlich, weiblich, sächlich) variieren.

Bei der Sprachstandsbestimmung liefert der Vergleich mit einer **sachlichen Bezugsnorm** Informationen darüber, welche der vorgegebenen sprachlichen Merkmale wann und zu welchem Grad beherrscht werden. Eine sachliche Bezugsnorm liegt zugrunde, wenn wir ein Kind danach beurteilen, in welchem Ausmaß es über die Formen des Kasussystems verfügt. Beherrscht es den Genitiv, den Dativ usw., beherrscht es die Fälle im Singular und im Plural? Gilt dies für alle grammatischen Geschlechter?

Viele, die sachliche Bezugsnormen verwenden, etwa Sprachtherapeuten, lassen häufig das Alter der Kinder außer Acht und notieren nur, ob die Kinder eine Form beherrschen und wann ihre Bemühungen von Erfolg gekrönt werden. Wenn der Sprachheilpädagoge Friedrich Michael Dannenbauer von Zwölfjährigen berichtet, die das Kasussystem nicht beherrschen, dann ist dies für das Kind, ihn und seine Arbeit bedeutsam, für die Einschätzung des Ausmaßes des Spracherwerbsrückstandes gegenüber altersgleichen Kindern jedoch ohne Belang. Das dramatische Ausmaß von Entwicklungsrückständen, die u. U. eine die Spontansprachdiagnosen ergänzende Überprüfung der intellektuellen Leistungsfähigkeit nahelegen, wird bei diesen Vergleichen oft verkannt. Informationen darüber liefern nur die sozialen Bezugsnormen (→ oben).

Um sachliche Bezugsnormen einsetzen zu können, müssen die Kriterien für die Zuordnung kindlicher Äußerungen (die Klassifikations- und Vergleichsfunktion der Diagnose) bekannt sein. In aller Regel werden diese aus Beschreibungen des „normalen" Erwerbsprozesses gewonnen, aus dem hervorgeht, wann Kinder etwa syntaktische oder morphologische Formen im Deutschen korrekt bilden. Ein auf derartigen Beobachtungen basierendes Entwicklungsmodell liefert den Maßstab (die kriteriale Bezugsnorm) für die Einordnung der Beobachtungen. Danach wäre beispielsweise zu erwarten, dass Kinder zunächst Nominativ- und Akkusativformen bilden, bevor sie den schwierigeren Dativ und Genitiv korrekt produzieren können (→ Kap. 3).

Allgemein formuliert stellen kriteriale Bezugsnormen Lernziele dar, die in ungelenkten Entwicklungskontexten wie dem (Erst-)Spracherwerb aufgrund der Ergebnisse von Verlaufsbeobachtungen, in vor- und schulischen Kontexten durch den Bildungs- oder Orientierungsplan vorgegeben sind. So mag ein viereinhalbjähriges Kind bereits komplexe Sätze beherrschen, sein Leistungsstand entspricht dem seiner Altersgenossen (vgl. Clahsen, 1982). Aufgrund seiner Ausspracheprobleme ist es jedoch nur schwer verständlich. Im Bereich mathematischer Fertigkeiten wird etwa der Grad der Beherrschung des Kleinen Einmaleins durch Noten → operationalisiert. Das Leistungskriterium eines Zweitklässlers wäre dann erreicht, wenn seine Leistung als mindestens „ausreichend" bewertet wird.

Individuelle Bezugsnorm

Individuelle Bezugsnormen bilden die Grundlage für den Vergleich der Leistungen eines Kindes mit seinem Leistungspotenzial sowie für den Vergleich seines aktuellen mit seinem früheren Leistungsstand *(intraindividueller Vergleich)*. Im ersten Fall lautet die Fragestellung: „Zu welchen Leistungen ist das Kind grundsätzlich fähig? Entspricht die gezeigte Leistung seinen Möglichkeiten, oder könnte das Kind bessere Leistungen erzielen?" Im zweiten Falle wird gefragt: „Hat sich die Leistung des Kindes in einem bestimmten Zeitraum verbessert? Stagniert die Leistung?"

Im ersten Fall wird das **Leistungspotenzial** eines Kindes ermittelt, d.h. die gegebenen Leistungsvoraussetzungen. Diese sind anlagebedingt, aber z.B. auch durch Alkohol-, Nikotin- oder Medikamenteneinflüsse während der Schwangerschaft oder Sauerstoffmangel während der Geburt bzw. durch erworbene Beeinträchtigungen nach der Geburt vorgegeben. Ziel ist es herauszufinden, ob der aktuelle Entwicklungsstand eines Kindes dem Niveau seiner Möglichkeiten entspricht, ob es darüber oder darunter liegt. Von großer Bedeutung sind hier die Entwicklungsbedingungen (→ Kap. 1).

Im zweiten Fall geht es um **Veränderungen.** Dabei werden die aktuellen Leistungen mit früheren Leistungen verglichen. Da ist z.B. das Kind, das aufgrund von Aussprachefehlern nur schwer zu verstehen war, als es in den Kindergarten kam. Die Empfehlung, eine Logopädin aufzusuchen, wurde von seinen Eltern beherzigt und führte dazu, dass sich seine Aussprache nach und nach verbessert hat. Es ist also wichtig, die Entwicklung eines Kindes über einen längeren Zeitraum zu verfolgen. So werden – meist positive – individuelle Leistungsveränderungen festgestellt. Dies gilt auch dann, wenn die gezeigten Leistungen im sozialen Vergleich nach wie vor nicht altersgemäß ausfallen. → Individuelle Veränderungen sind wichtig, auch ohne altersgemäßen Stand!

Zur Wahl der Bezugsgruppe für eine Normierung

Die Bildung der Bezugsgruppe (→ *Eichstichprobe*) ist bei der Normierung von Verfahren zur Sprachstandsbestimmung, die sowohl Erst- und Zweitsprachlerner berücksichtigen wollen, schwierig. Ist es bei der Bestimmung der Intelligenz noch möglich, sprachliche Anteile auszuscheiden (→ kulturfaire Verfahren), so kann die Bestimmung des Erwerbsstandes im Deutschen nicht durch die Ermittlung der Fähigkeiten in der Herkunftssprache bzw. des Vergleichs der Zweitsprachlerner untereinander erfolgen. Sie müssen sich – etwa in der Schule – am Spracherwerbsstand einsprachiger Kinder messen. Hier sind bei der Diskussion um die Bestimmung einer angemessenen Bezugsgruppe für Kinder mit Migrationshintergrund v.a. im Bereich der Linguistik und Pädagogik schwerwiegende Denkfehler bei der Konstruktion diagnostischer Verfahren zu beobachten. So wird ernsthaft erwogen bzw. in Normierungen von Verfahren sogar umgesetzt, für alle Kinder unterschiedlicher Erstsprachen jeweils eine unterschiedliche Norm für den Spracherwerbsstand im Deutschen als Vergleichsmaßstab zu erstellen (z.B. bei SISMIK, Kap 7.4.14). Zur Normierung werden danach nur die Kinder herangezogen, die Deutsch als Zweitsprache lernen. Teilweise wird sogar diskutiert, ob man für jede Sprachgemeinschaft eigene Normen erstellen müsste. Die Einschätzung eines Kindes hinsichtlich seiner Deutschkenntnisse bzw. seines Sprachentwicklungsstandes in der deutschen Sprache wird dabei durch den Vergleich mit Kindern ermittelt, die wie sie die deutsche Sprache mehr oder weniger gut oder gar nicht beherrschen. Haben beispielsweise diese Kinder nur geringe Deutschkenntnisse, die des untersuchten Kindes sind dagegen etwas besser, so hat ein solcher Vergleich folgende Konsequenz: Das Kind liegt mit seinen Leistungen im Bereich der obersten 10 % dieser Kinder, eine Förderung in der deutschen Sprache ist nicht erforderlich. Derartige (gut gemeinte) Maßstäbe schaden diesen Kindern. Um zu gewährleisten, dass sie am Bildungssystem teilhaben können, muss der Spracherwerbsstand in der Verkehrs- und Unterrichtssprache erhoben werden. Festzulegen ist, welches Sprachstandsniveau verspricht, dass sie mit hoher Wahrscheinlichkeit die Bildungsangebote ihres Aufenthaltslandes angemessen wahrnehmen können. Der Förderbedarf stützt sich nicht auf den Vergleich mit Kindern vergleichbarer Entwicklungsbedingungen, sondern auf den Vergleich der Leistungen mit den in der Verkehrssprache zu passierenden Meilensteinen.

5.2.2 Messungen liegen verschiedene Maßskalen zugrunde

Mit Messen ist im Alltagsverständnis die Zuweisung von Zahlen verbunden. Wir messen die Temperatur, die Geschwindigkeit oder die Körpergröße durch das Ablesen von Messwerten auf dem Fieberthermometer, dem Tachometer oder dem Zollstock. Die Zuweisung zu Wertausprägungen oder zu einer Klasse („hat Fieber" oder „hat normale Temperatur"; „ist normalgewichtig" oder „ist adipös") erfolgt hierbei auf einer anderen Skala.

Für die Arbeit im Kindergarten ist es nicht erforderlich, die messtheoretischen Grundlagen der verschiedenen Skalen zur Messung von Merkmalen zu kennen. Da die im diagnostischen Prozess vorgenommenen Messungen aber stets auf den unterschiedenen Skalen erfolgen und die Befunde in Abhängigkeit von der zugrunde liegenden Maßskala unterschiedlich zu interpretieren sind, werden die vier unterschiedenen Maßskalen im folgenden Text kurz beschrieben.

Nominalskala

Zuordnungen zu einer Kategorie oder Klasse wie dem Geschlecht werden auf einer so genannten **Nominalskala** vorgenommen. Mit diesem Messvorgang wird eine Unterscheidung aufgrund von Merkmalen vorgenommen. Kinder werden z. B. als „Mädchen" und „Jungen" klassifiziert (Ausprägungen des Geschlechts) oder danach: „spricht Deutsch als Muttersprache" und „spricht Türkisch als Muttersprache" (Ausprägungen des sprachlichen Hintergrundes). Diese Skala erlaubt es nicht, Aussagen über den Grad der Unterschiedlichkeit zu treffen. Die folgende Aussage ist unsinnig: „Junge A ist mehr Junge als Junge B".

Derartige Merkmalsausprägungen können auch nicht in einer Rangreihe geordnet werden: Die Aussage, die erste Merkmalsausprägung des Geschlechts sei „Junge“, die zweite „Mädchen“ oder umgekehrt, ist unsinnig.

Rang- oder Ordinalskala

Wenn eine Erzieherin die Körpergröße der Kinder ihrer Gruppe messen will und kein Maßband zur Verfügung hat, kann sie sich damit behelfen, die Kinder der Größe nach zu ordnen. Dazu genügt es, sie nebeneinanderzustellen. Peter, dem größten Kind, gibt sie die Ordnungszahl 1, Önur dem zweitgrößten die Ordnungszahl 2 usf. Vivian, das kleinste Kind, erhält die Ordnungszahl 10, die der Anzahl der Kinder in der Gruppe entspricht. Mit der Zuweisung der Rangzahlen von 1 bis 10 hat sie eine Rangskala erstellt. Sie kann jedem Kind, das neu in die Gruppe kommt, wiederum eine Rangzahl zuweisen und es somit in Beziehung zu den anderen Kindern hinsichtlich seiner Körpergröße auf dieser Skala einordnen.

Rangskalen enthalten begrenzte Informationen und erlauben nur ganz bestimmte Aussagen. Zwar kann die Erzieherin die Kinder einer Gruppe hinsichtlich der Körpergröße nun miteinander vergleichen, sie kann aber nicht angeben, ob die Kinder im Durchschnitt größer sind als die Kinder der zweiten Gruppe im Kindergarten. Darüber hinaus sind keine Aussagen über das Ausmaß der Größenunterschiede zwischen den einzelnen Kindern möglich. Der Größenunterschied zwischen dem größten und zweitgrößten Kind könnte beispielsweise erheblich größer sein als der Abstand zwischen dem zweit- und dem drittgrößten Kind. Aus den Ordnungs- oder Rangzahlen können also keine Abstände abgelesen werden, die Skala ermöglicht nur Aussagen wie „Kind 1 ist größer als Kind 5“. Das Ausmaß der Differenz zwischen Kind 1 und Kind 5 (fünf, zehn oder zwölf Zentimeter) ist nicht zu bestimmen.

Wir haben die Rangskala etwas ausführlicher beschrieben, weil sie bei nahezu allen Tests vorhanden ist. Mit einer Messung wird der hier beschriebene Vergleichsprozess durchgeführt: Man untersucht die Leistung eines Kindes und ordnet es aufgrund seiner Leistung auf der vorgegebenen → (Prozent-)Rangskala ein. Diese wurde aufgrund der Leistungen einer repräsentativen Gruppe – beispielsweise altersgleicher Kinder – für den eingesetzten Test ermittelt. Die Erzieherin kann nun sagen, auf welchem Leistungsplatz (Rangplatz) sich das von ihr untersuchte Kind, bezogen auf seine Altersgruppe, befindet: Wie viele Kinder sind gleich gut oder schlechter, wie viele sind besser?

Intervallskala

Bestimmt die Erzieherin die Körpergröße der Kinder aus ihrer Gruppe mit einem Maßband, nimmt sie Messungen auf einer **Intervallskala** vor. Damit können die Einschränkungen der Rangskala – dass sie keine genauen Aussagen über die Ausprägungen des Merkmals Körpergröße erhält – überwunden werden. Das auf einer Intervallskala basierende Maßband erlaubt es, die Größe eines Kindes exakt zu bestimmen und direkt mit der Körpergröße der anderen Kinder zu vergleichen. Man kann nun nicht nur sagen: „Kind 1 ist größer als Kind 2“, sondern auch: „Kind 1 ist 2 cm größer als Kind 2“. Die Abstände auf dieser Intervallskala sind immer gleich: Der Abstand zwischen 120 cm und 122 cm ist genauso groß wie zwischen 126 cm und 128 cm. Um Merkmale auf einer solchen metrischen Skala abzubilden und zu messen, müssen demnach die Abstände zwischen den Skalenstufen gleich sein.

Nur dann, wenn man mit einer solchen Skala misst, kann man auch den Mittelwert *(arithmetisches Mittel)* bestimmen. Will die Erzieherin die Durchschnittsgröße ihrer Kinder ermitteln, dann kann sie diese einfach berechnen, indem sie die Körpergrößen aller Kinder zusammenzählt und durch die Gruppengröße (Anzahl ihrer Kinder) teilt. Falls sie dies jedes Jahr tun würde, könnte sie beispielsweise sehen, wie sich die Größe der Kinder einer Gruppe von Jahr zu Jahr verändert hat oder ob im Vergleich unterschiedlicher Gruppen, die Fünfjährigen von Jahr zu Jahr im Durchschnitt immer größer werden.

Verhältnisskala

Das Metermaß ist daher auch ein Beispiel für eine **Verhältnisskala.** Damit können Größen ins Verhältnis gesetzt werden. Man kann sinnvollerweise sagen: „Junge A ist mit seinen 1,90 m doppelt so groß wie Mädchen B mit ihren 95 cm“. Ein Beispiel für eine Verhältnisskala im Rahmen der Sprachstandsbestimmung sind Häufigkeiten. Zählt die Erzieherin beispielsweise die Zahl der Wörter, die ein Kind in einer halben Stunde äußert, kann sie diese Worthäufigkeit mit der bei anderen Kindern erhobenen vergleichen. Da der Abstand zwischen Häufigkeiten gleich ist und sie sich auch ins Verhältnis setzen lassen, kann die Erzieherin z. B. sagen: „Vivian hat mit 40 Wörtern doppelt so viele Wörter geäußert wie Alexsandar mit 20 Wörtern“.

5.2.3 Gütekriterien für Messungen

Die **Güte von Messungen** ist nicht immer gegeben. Was ist, wenn man sich bei der Diagnose irrt, weil die Messungen zu ungenau oder falsch waren? Vom Einkaufen wissen wir, dass Messungen fehlerbehaftet sind. Beim Metzger haben wir uns 400 Gramm Rinderhack auswiegen lassen. Unsere Küchenwaage zeigt 380 Gramm an. Liegt es an unserer Waage oder an der des Metzgers? Hat sich das Gewicht bis zum Nachwiegen – etwa durch Verdunstung von Flüssigkeit – verändert?

Messfehler sind allgegenwärtig und auf unterschiedliche Faktoren zurückzuführen:

- Das Messinstrument ist fehlerhaft. Beispielsweise ist das Metermaß kürzer als genormt, der Beobachtungsbogen zur Erfassung des Spracherwerbsstands misst keine sprachlichen, sondern kommunikative Fertigkeiten.

- Die Person, die misst, setzt das Messinstrument falsch ein, interpretiert die Ergebnisse des Messvorganges nicht angemessen oder täuscht ganz einfach. Der Einsatz eines ausschließlich für die Bestimmung des Spracherwerbsstandes einsprachig deutscher Kinder bei Kindern mit Migrationshintergrund, die noch kein Deutsch sprechen, ist ein Beispiel für den falschen Einsatz eines Messinstruments. Ein vergleichbarer Anwendungsfehler ist der Einsatz eines sprach- und kulturabhängigen Intelligenztests zur Ermittlung des kognitiven Leistungsstandes bei einem Kind mit Migrationshintergrund, das zwar bereits einige Deutschkenntnisse erworben hat, aber erst seit drei Jahren in Deutschland lebt. Wird das – wie zu erwarten – niedrige Ergebnis als Hinweis auf eine Intelligenzminderung betrachtet, liegt zusätzlich noch ein schwerwiegender Interpretationsfehler vor.
- Die fehlerhafte Gestaltung der Untersuchungssituation beeinträchtigt ebenfalls die Güte der Messung: Oft sind wir damit konfrontiert, dass ein Elternteil oder auch die begleitende Großmutter darauf bestehen, bei der Untersuchung anwesend zu sein. Sie schalten sich in den Untersuchungsablauf ein, indem sie beispielsweise das Kind ermuntern: „Das weißt du doch sonst!" In Unkenntnis der Aufgabenschwierigkeit verunsichern sie das Kind und bauen einen unangemessenen Leistungsdruck auf. Ein solches Verhalten beeinträchtigt in aller Regel das Leistungsverhalten des Kindes außerordentlich.
- Das Leistungsverhalten des untersuchten Kindes war zum Zeitpunk der Testung aufgrund fehlender Mitarbeit, Motivation, Aufmerksamkeit und Konzentration eingeschränkt. Aus den wenigen oder fehlerhaften Antworten hier auf das Leistungsvermögen des Kindes im untersuchten Bereich zu schließen, soll als letztes Beispiel für eine fehlerhafte Messung dienen. Die Untersuchung hätte nicht stattfinden dürfen.

Gütekriterien für die Qualität eines diagnostischen Verfahrens (Messinstruments) sind *Objektivität*, *Reliabilität* (Zuverlässigkeit) und *Validität* (Gültigkeit).

Objektivität

Eine Erzieherin findet in den Unterlagen eines neu angekommenen Kindes einen Protokollbogen des Sprachentwicklungstests für drei- bis fünfjährige Kinder (SETK 3–5 → Kap. 7.2.5) aus dem Kindergarten vor, den das Kind vor dem Umzug der Familie besucht hat. Sie geht ihn durch und kommt zu einem anderen Ergebnis als die Kollegin aus dem früheren Kindergarten, die das Kind seit Längerem kannte.

Unter **Objektivität** einer Messung versteht man den Grad, in dem die Messergebnisse unabhängig von der Person sind, die die Untersuchung vorgenommen hat. Dies gilt für die Durchführung, Auswertung und Interpretation der Ergebnisse eines Verfahrens. Ein Verfahren ist also dann objektiv, wenn zwei Erzieherinnen es in gleicher Weise durchführen, zu genau dem gleichen Ergebnis kommen und dieses auch in gleicher Weise interpretieren. Bei der Zeitmessung mit einer Uhr ist diese

Objektivität gegeben, wie steht es aber mit diesem Gütekriterium bei den im Kindergarten üblichen Beobachtungsverfahren?

Reliabilität

Messungen sind fehlerbehaftet. Wir wissen das von unseren Arztbesuchen, bei denen die Arzthelferin in der Praxis andere Blutdruckwerte misst als wir zu Hause. Inwieweit Messungen fehlerbehaftet sind, hängt auch von dem Gemessenen ab: Die Bestimmung des Blutdrucks ist messfehleranfälliger als die des Blutzuckers, und die Messung psychischer Merkmale und Leistungen ungleich schwieriger und irrtumsanfälliger als die Messung physiologischer Maße.

Die Zuverlässigkeit und Exaktheit **(Reliabilität)** einer Messung/Testung ist somit ein weiteres Gütekriterium. Messungen sind dann zuverlässig, wenn die ermittelten Werte unabhängig vom Zeitpunkt der Messung sind (Genauigkeit).

Inwieweit können Verfahren zur Sprachstandsbestimmung diesem Gütekriterium genügen? Wird eine Beobachtung oder ein Test immer zu dem gleichen Ergebnis führen, wenn man mehrmals beobachtet oder mehrmals testet? Sicherlich nicht, wenn man berücksichtigt, dass die Ausprägungen des Untersuchungsgegenstandes (etwa die grammatischen, lexikalischen Kenntnisse) sich – abgesehen von Messfehlern – auch entwicklungsbedingt verändern.

Validität

Unter Gültigkeit *(Validität)* einer Messung/Testung versteht man den Grad, mit dem ein Messinstrument das misst, was es messen soll. Ein Test, der vorgibt, durch die Messung des Kopfumfanges mathematische Fertigkeiten zu erfassen, ist Unsinn. Messungen sind dann valide, wenn sie das zu messende Merkmal repräsentieren. **Validität** ist sicherlich das wesentliche Gütekriterium. Objektivität und Zuverlässigkeit sind unerlässlich, aber nachgeordnet. Was hätte man von einer Uhr, die nicht die Zeit, sondern in objektiver und zuverlässiger Weise Aspekte der Geschwindigkeit misst?

Bei vielen Messinstrumenten, mit denen wir etwa Bereiche der Sprachfähigkeit überprüfen wollen, liegen die Dinge nicht einfach auf der Hand. Misst ein so genannter „Sprachtest" tatsächlich Sprachfähigkeiten oder die verbale Intelligenz? Repräsentieren die Aufgaben des Sprachtests die wichtigsten Sprachfertigkeiten oder werden eher marginale Bereiche erfasst? Berücksichtigen die Aufgaben zur Pluralbildung sämtliche Formen der Pluralbildung? Ermöglichen die Testaufgaben tatsächlich angemessene Vorhersagen über den künftigen Verlauf des Spracherwerbs? Bilden die Testaufgaben das Spracherwerbsmodell (→ Konstrukt) ab, an dem sich die Testkonstruktion orientiert hat?

Die drei genannten Kriterien – Objektivität, Reliabilität, Validität – sind für Testkonstrukteure zentrale Gütekriterien. Als Anwender achten wir in der Praxis auf weitere (Güte-)Kriterien wie **Nützlichkeit** und **Ökonomie.** So sind Verfahren vorzuziehen, mit denen wir ein- und dieselbe Leistung schneller (ökonomischer) als mit anderen Verfahren erfassen können. Aufwändigen Einzeluntersuchungen aller Kinder ist zunächst ein Screening (→ Kap. 6.4.2) vorzuschalten.

Bei der Vorstellung der verschiedenen diagnostischen Verfahren werden wir angeben, inwieweit die einzelnen Verfahren den genannten Gütekriterien genügen.

5.3 Diagnostik ist ein Prozess

Diagnosen sind nicht durch die einmalige Anwendung bzw. Durchführung bestimmter diagnostischer Verfahren zu gewinnen. Befragungen, Beobachtungen oder Testungen liefern immer nur Momentaufnahmen für den betreffenden Zeitpunkt. So können die gewonnenen Daten möglicherweise nur für eine spezifische Situation, für eine bestimmte Person oder einen bestimmten Zeitpunkt gültig sein.

Diagnostik ist daher als ein Prozess zu gestalten, in dem Annahmen geprüft und gegebenenfalls verworfen werden. Dieser Prozess ist als Problemlösungsprozess zu charakterisieren. Die Erzieherin sollte sich stets vergegenwärtigen, dass sie die Kinder auf dem Weg ihrer Entwicklung begleitet, dass Zwischenergebnisse zwar Prognosen, aber keine Festlegung auf bestimmte Ergebnisse gestatten. Diagnostik bedeutet also hier kontinuierliche Untersuchungen.

Gerade in der frühdiagnostischen Tätigkeit ist dieser prozessuale Aspekt besonders bedeutsam. So fallen der Erzieherin die Sprechunflüssigkeiten eines Kindes auf. Sie ist sich darüber im Klaren, dass sie aufgrund einer beobachteten Situation nicht sofort die Diagnose „Stottern" stellen darf. Vielmehr muss sie den Sprechablauf des betreffenden Kindes in weiteren Situationen beobachten. Die entscheidende Frage ist jedoch, ob es sich um entwicklungsbedingte Sprechunflüssigkeiten handelt oder ob bereits Anzeichen manifesten Stotterns vorliegen (→ Kap. 4).

Das Beispiel zeigt, dass Entwicklungsdiagnostik generell, insbesondere jedoch im Kindergartenalter, die Kenntnis des normalen Entwicklungsverlaufs, der Meilen- und Grenzsteine, voraussetzt. Ansonsten sind Sprachstandsbestimmungen nicht möglich. Im Vorschulalter, einer Zeit dramatischer Entwicklungsveränderungen, insbesondere im Bereich des Spracherwerbs, sind die zu beobachtenden Entwicklungsphänomene nicht unmittelbar als normal oder auffällig bestimmbar. So glauben viele, Redeflussstörungen erkennen zu können, aber nur wenige wissen, was entwicklungsnormal und was anormal ist. Die Beantwortung der Frage nach dem Vorliegen einer Spracherwerbsstörung ist noch schwieriger.

Ein gutes Beispiel für die mangelhafte Wahrnehmung von Sprachauffälligkeiten auf allen Ebenen (Redefluss, Phonologie, Wortschatz und Grammatik) sind die Untersuchungen der Kinderärzte zur U9: Nur wenige Kinder mit Sprachauffälligkeiten werden dort erkannt. Gerade für die Diagnostik in diesem zentralen Entwicklungsbereich mangelt es nicht nur an entsprechenden Methoden, sondern auch an den Kompetenzen vieler Kinderärzte.

„Das wird noch! Das wächst sich aus", eine von Kinderärzten nach wie vor überstrapazierte Aussage, der mit großer Skepsis zu begegnen ist. Etwa die Hälfte der Kinder mit zu spätem Sprechbeginn und zu geringem Wortschatz läuft Gefahr, Sprach- und später in der Schule Schriftspracherwerbsschwierigkeiten auszubilden. Nur für einen Teil der Kinder gilt, dass sie die zeitliche Verzögerung des Spracherwerbs tatsächlich ohne weiteres Zutun selbstständig aufholen (→ late bloomer).* Um welche Kinder es sich dabei handelt, wissen wir erst im Nachhinein. Für diejenigen, auf die dies nicht zutrifft, ist der Zeitpunkt der Frühförderung verpasst.

Insbesondere die (früh-)pädagogische Förderung ist durch den Wechsel diagnostischer Tätigkeiten und pädagogischer Maßnahmen gekennzeichnet. Wir unterscheiden bewusst zwischen Diagnose und Förderung. Die Rede von der so genannten Förderdiagnostik suggeriert, dass man gleichzeitig diagnostizieren und fördern könnte. Das „Helfenwollen" tritt, wie Hofmann (2003) verdeutlicht, an die Stelle einer rationalen Diskussion und Reflexion der diagnostischen Tätigkeit und der ihr zugrunde liegenden Kriterien und Normen: „Mit dem Auftrag zu helfen, suggeriert der Begriff des ‚Förderdiagnostischen' jedoch, dass es eine moralisch unbedenkliche – gewissermaßen bereinigte, ‚gute Diagnostik' geben könnte" (ebd., S. 108). Ohne Kenntnis der Gegebenheiten (Diagnostik) ist eine Intervention jedoch substanzlos und ungerichtet. Selbstverständlich ist Diagnostik kein Selbstzweck. Insbesondere für die Erzieherin legitimiert sie sich dadurch, dass sie die zur Förderung wichtigen Informationen liefert. „Diagnostik kann feststellen, was ist – und auch nur in Grenzen, warum das so ist, wie es ist. Pädagogisch sind unabhängig davon Ziele vorgegeben oder auszuwählen" und nach einer Diagnose „kann man einen Förderplan entwickeln, was wann und wie zu tun ist. Die Diagnostik leistet dies nicht. Sie ist aber imstande, nach der Intervention festzustellen, welche Ziele erreicht worden sind" (Klauer, 2005, S. 191).

5.4 Fragen zur Sprachstandsbestimmung

Zeitpunkt der Sprachstandsbestimmung

Bis vor kurzem wurden erste Sprachstandsbestimmungen meist zum Ende der Kindergartenzeit vorgenommen.[3] Sie sind von entscheidender Bedeutung für die Einschätzung der Schulfähigkeit der Kinder und bilden die Grundlage für Entschei-

3 Die Programme aus Baden-Württemberg „Der Schuleingang auf neuen Wegen" und aus Nordrhein-Westfalen „Delfin 4" ändern dies. Jetzt sollen bereits die Vierjährigen bzw. die Vier- bis Fünfjährigen hinsichtlich ihres Spracherwerbsstandes untersucht werden.

* Kinder, die Verzögerung des Spracherwerbs selbstständig aufholen.

dungen über Platzierungen, z. B. Grundschule versus Förderschule. Hinsichtlich des Spracherwerbsstandes wird festgehalten, ob die Kinder am Ende der Kindergartenzeit die sprachlichen Voraussetzungen zur erfolgreichen Teilhabe am Unterricht erworben haben oder ob sie aufgrund von Spracherwerbsstörungen, mangelhafter Sprachbeherrschung zurückgestellt, Förderkindergärten oder -klassen zugewiesen werden oder in eine Sprachheilschule einzuschulen sind.

Wir halten diesen Zeitpunkt für verspätet und plädieren für eine Sprachstandsbestimmung bereits zum Zeitpunkt des Eintritts in den Kindergarten sowie während des Aufenthaltes im Kindergarten (vgl. Bildungs- bzw. Orientierungspläne). Unseres Erachtens ist es verfehlt, das Erreichen des vierten Lebensjahres als Zeitpunkt für erste Diagnosen und Interventionen zu wählen. So sind etwa im Bereich des verzögerten Wortschatzerwerbs Interventionsmaßnahmen vor diesem Zeitpunkt möglich – insbesondere ist dann Unterstützung angesagt, wenn sich keine Anzeichen dafür finden, dass die Entwicklungsrückstände zwischen 24 und 30 Monaten aufgeholt werden und mit 36 Monaten keine Fortschritte zu beobachten sind. Kritisch ist das dritte Lebensjahr, der Zeitpunkt des Eintritts in den Kindergarten. Die Ermittlung der Kenntnisse in Deutsch als Erst- bzw. Zweitsprache sowie die Identifikation von Kindern mit Spracherwerbsstörungen gehört danach künftig zu den Aufgaben einer Erzieherin.

Sprachstandsbestimmung bei Kindern mit Migrationshintergrund

Während für einsprachig deutsche Kinder eine Reihe von Verfahren zur Ermittlung des Sprachstandes vorliegt (→ Kap. 7), gestaltet sich die Beantwortung dieser diagnostischen Frage bei Kindern mit Migrationshintergrund oder mehrsprachigen Kindern schwieriger. Zunächst gibt es auch unter diesen Kindern welche mit einer spezifischen Sprachentwicklungsstörung, die unabhängig vom Grad der Zweitsprachbeherrschung einer Förderschule zuzuweisen sind. Andere Kinder mit Migrationshintergrund beherrschen die Zweitsprache zwar noch unzulänglich, sind möglicherweise dennoch soweit, dass sie die Schule besuchen können.

Wie kann die Erzieherin mit dieser Situation umgehen? Wir plädieren bei der Gruppe der Kinder mit Migrationshintergrund für eine Sprachstandsbestimmung der *Verkehrssprache.* Die von einigen vertretene Forderung, den Sprachstand in beiden Sprachen zu erfassen, scheint uns gegenwärtig nicht einlösbar. Häufig stehen muttersprachliche Verfahren zur Sprachstandsbestimmung nicht zur Verfügung, sind unzugänglich oder aufgrund fehlender Kenntnisse der Muttersprache nicht durchführbar. Sprachstandsbestimmung in der Herkunftssprache ist Aufgabe der Eltern, die entsprechende Einschätzungen vornehmen sollten, oder von muttersprachlichen Erzieherinnen, Psychologen, Lehrerinnen. Aber selbst wenn in der Muttersprache gute Sprachkenntnisse festgestellt werden, sichern diese den untersuchten Kindern nicht den Schulerfolg in einer fremdsprachigen Umgebung. Entscheidend hierfür ist die Beherrschung der Unterrichtssprache, d. h. der Verkehrssprache. Deshalb muss gerade bei Kindern mit Migrationshintergrund die Diagnose des Sprachstandes in der Verkehrssprache im Mittelpunkt stehen. Die Aufgabe von Erzieherinnen scheint nun eindeutiger bestimmt.

Das Besondere dieser spezifischen diagnostischen Situation ist, dass es nicht nur darum gehen kann, zu bestimmen, an welcher Stelle sich ein Kind mit Migrationshintergrund auf dem Wege zum Erwerb der deutschen Sprache befindet. So ist der fast 6-jährige Önur mit türkischem Migrationshintergrund nicht erst dann schulfähig, wenn er auf einem Kontinuum des Spracherwerbs einen Spracherwerbsstand erreicht hat, der dem eines Kindes mit Deutsch als Erstsprache vergleichbar ist. Wir ahnen, dass er hoffnungslos überaltert wäre. Es geht also nicht nur darum, das Ausmaß der Zweitsprachbeherrschung zu bestimmen, wir müssen darüber hinaus festlegen, welchen Grad der Zweitsprachbeherrschung das Kind erreicht haben muss, um schulfähig zu sein. Das bedeutet, dass es die Angebote des Bildungssystems nutzen kann und gleichzeitig seine Zweitsprachkenntnisse verbessert. Für Letzteres gibt es bislang keine Anhaltspunkte. Es bleibt zunächst die Bestimmung des Spracherwerbsstandes.

Wir schlagen diesbezüglich die Orientierung an einer von Cummins (1979) getroffenen Unterscheidung vor, ohne dessen theoretischen Ansatz zum Zweitspracherwerb zu übernehmen. Cummins unterscheidet ein BICS- und ein CALP-Niveau. Die Abkürzung **BICS** für *basic interpersonal communicative skills* meint die Fähigkeit, sich mit einem begrenzten Wortschatz und begrenzten sprachlichen Routinen unter Zuhilfenahme von Gesten und mimischem Verhalten im Alltag zu verständigen. Das Sprachverstehen stützt sich im Wesentlichen auf Schlüsselwörter sowie die Gesten und Mimik des Gegenübers. Die Abkürzung **CALP** für *cognitive-academic language proficiency* meint die Fähigkeit, grundlegende Merkmale von → Morphologie und → Syntax beachten zu können, die sich im Bemühen um → Konjugation, → Deklination oder → Tempusmarkierung äußert. Wichtig ist auch, dass die Kinder Wissen über Sprache aufbauen.

Leider sind viele der Screenings, die in unterschiedlichen Bundesländern eingesetzt werden (wie in Bayern: *Kenntnisse in Deutsch als Zweitsprache* oder in Niedersachsen: *Fit in Deutsch*) diesbezüglich unzulänglich. Teilweise sind sie bewusst so gehalten, dass wenig mehr als BICS-Fähigkeiten, d.h. basale kommunikative Fertigkeiten erfasst werden. Kommunikation und Sprachbeherrschung sind jedoch zweierlei, auch → Kap. 1. Die erfolgreiche Teilhabe an den Angeboten der monolingualen Schule beruht v.a. auf der Ausbildung von Fähigkeiten auf dem CALP-Niveau. Deshalb sollten Verfahren für Kinder mit Migrationshintergrund auch das CALP-Niveau berücksichtigen. Dies leisten zwar keine speziellen Tests, aber einige Untertests einiger gängiger Verfahren, insbesondere solche, die mit Kunstwörtern arbeiten (→ Kap. 7). Da diese auch normbasierte Aussagen gestatten, möchten wir anregen, sie informell einzusetzen. Kriterien für den Erwerb von CALP sind:

- Ist eine Auseinandersetzung des Kindes mit morphologischen Merkmalen erkennbar (feststellbar etwa durch Plural-Singular-Bildung, Adjektivableitungen, Kasusformen usw.) oder genügt es ihm, kommunikativen Erfolg zu haben?
- Ist eine Auseinandersetzung des Kindes mit syntaktischen Merkmalen der Zielsprache zu erkennen (feststellbar etwa daran, dass sozusagen an der Wortstellung gearbeitet, nicht aber über die ganze Zeit eine starre Ordnung beibehalten wird, dass Auslassungen zurückgehen, dass Präpositionen immer häufiger richtig eingesetzt werden)?
- Entwickelt das Kind Wissen über Sprache? Kommentieren etwa Kinder mit Migrationshintergrund, dass ein Gegenstand in ihrer Muttersprache anders heißt? Dass ein bestimmter Sachverhalt in anderer Form versprachlicht wird?

Die Sprachstandsbestimmung im Kindergartenalter ist multimethodal. Sie bedarf der Befragung, Beobachtung – hier kommt es auf das genaue Hinhören auf die sprachlichen Äußerungen und Kommentare des Kindes an – sowie der Anwendung informeller und standardisierter Tests.

6 Frühpädagogische Sprachdiagnostik im Kindergarten

Diagnostische Aufgaben sind, insbesondere nach den neuen Bildungs- und Orientierungsplänen für den Elementarbereich, in zunehmendem Maß Bestandteil der Tätigkeit von Erzieherinnen. Damit einher geht die Notwendigkeit, zum einen bereits in der Praxis stehende Erzieherinnen in Fortbildungen für ihre diagnostischen Aufgaben zu qualifizieren, zum anderen in der Ausbildung künftiger Erzieherinnen entsprechende diagnostische Kompetenzen zu vermitteln. Hierzu zählt nicht zuletzt das Wissen über die Vielfalt diagnostischer Methoden und Verfahren sowie Kenntnisse über die Anforderungen (Standards) an professionelle Diagnostik.

Werden Erzieherinnen künftig umfassender in Diagnostik geschult, dann werden sie auch zu Methoden greifen, deren Einsatz bislang Fachleuten, insbesondere Diplompsychologen, (Patho-)Linguistinnen, Sprachheilpädagogen und Logopädinnen vorbehalten war. Erzieherinnen werden sich nicht mehr allein auf die Methode der Beobachtung beschränken, sondern auch Befragungs- und Elizitationsverfahren einschließen.

Die Frage „Wer darf testen?“ ist im Hinblick auf die sich ändernden Ansprüche an Erzieherinnen neu zu beantworten. Das Kindeswohl darf nicht von standespolitischen Interessen bestimmt werden, sondern muss sich am fachlich Wünschenswerten und Praktikablen orientieren. Dies bedeutet u. a., dass „Testen“ nicht länger ausschließlich Psychologen, Logopädinnen, Sprachheilpädagogen, (Patho-)Linguistinnen oder Medizinern vorbehalten sein darf. Vielmehr müssen insbesondere Erzieherinnen im diagnostischen Methodenspektrum gezielt geschult werden. Die an Logopädinnen und Sprachtherapeuten gerichtete Forderung Rothers gilt uneingeschränkt auch für Erzieherinnen: „LogopädInnen und SprachtherapeutInnen haben unbestritten die Aufgabe, ihre Diagnose nach allen Mitteln der Kunst zu erheben. Und dazu gehören selbstverständlich auch standardisierte Tests. Mein Problem ist es eher, dass noch nicht flächendeckend mit verfügbaren, sorgfältig konstruierten Instrumenten gearbeitet wird, sondern immer noch Feld-, Wald- und Wiesen'tests' Anwendung finden, die entweder keine gültigen Aussagen zulassen oder gar zu erheblichen Fehlinterpretationen verleiten" (Rother, 2004, S. 258). Wir werden daher in diesem Kapitel die Grundlagen der zur Diagnostik des Spracherwerbsstandes verfügbaren diagnostischen Methoden umfassender beschreiben, als im Rahmen der Ausbildung von Erzieherinnen üblich.

Unserer Auffassung nach schafft nicht die ganzheitliche, sondern allein die punktgenaue, gezielte und planvolle Diagnostik die Möglichkeit, störungsorientiert zu fördern. Mit dem Etikett „ganzheitlich" geht häufig die Ablehnung einer gezielten Diagnostik und systematischen Förderung einher. Selbstverständlich dürfen bestimmte Eigenschaften und Leistungsmerkmale eines Kindes nicht isoliert gesehen und bewertet werden, sondern stets im Zusammenhang mit anderen Eigenschaften und Merkmalen und der Gesamtpersönlichkeit des Kindes. Für die Interpretation und Bewertung einzelner Beobachtungen sind immer mehrere Perspektiven und Dimensionen einzubeziehen. Es ist allerdings illusorisch, zu glauben, „ganzheitlich", d. h. simultan und en bloc, alle Merkmale und Eigenschaften eines Kindes erfassen und fördern zu können. Der Nimbus des ganzheitlichen, des „alles auf einmal", entlarvt sich als Allmachtsphantasie oder hilft dabei, Unkenntnis in Detailfragen zu verhüllen.

Wie überzogen der ganzheitliche Anspruch ist, zeigt sich bereits, wenn man sich die enorme Komplexität der Entwicklungsaufgabe Spracherwerb (→ Kap. 2) bewusst macht. Es ist schlicht nicht möglich, alle Leistungen in den verschiedenen Bereichen des Spracherwerbs zu erfassen, zu beurteilen und zu fördern. Auch hier gilt: Weniger ist mehr. Die Fülle möglicher Betrachtungsebenen der sprachlichen Leistungsfähigkeit zwingt zur Auswahl, nicht zuletzt auch deshalb, weil die diagnostischen Möglichkeiten eingeschränkt sind und die gegebene Zeit für die Erledigung sämtlicher Aufgaben selten ausreichen wird.

Jede diagnostische Maßnahme geht von einer Fragestellung aus. Dies bedeutet, dass das Beobachtungsfeld auf die zunächst als relevant betrachteten Leistungsmerkmale eingeschränkt wird. Das gilt auch für die anschließenden Fördermaßnahmen. Dieses Vorgehen stellt für Erzieherinnen eine enorme Entlastung dar. Mit dem Anspruch, alle Probleme zu lösen, kann man nur scheitern. Kleine Erfolge erhalten auf einmal einen anderen Stellenwert.

Die entscheidende Frage in Bezug auf die sprachliche Entwicklung im Kindergarten ist: „Bei welchen Kindern weicht die Sprachentwicklung temporär oder dauerhaft – d. h. im Ergebnis strukturell – ab?" Sie zu beantworten ist keineswegs einfach: „Die Kompliziertheit der Erscheinungen von Sprachstörungen besteht darin, dass äußerlich ähnliche Sprachstörungen unterschiedliche Strukturen und Entstehungsmechanismen haben können" (Shukowa, Mastjukowa & Filitschewa, 1978, S. 23).

So können die beobachteten Auffälligkeiten beim Sprachverstehen oder Sprechen auf grundlegende Störungen oder auf eine Verlangsamung des Entwicklungstempos zurückzuführen sein. In beiden Fällen ähnelt sich das sprachliche Verhalten. Selbst beim Vorliegen von Spracherwerbsstörungen können diese nicht alleine durch Beobachtung von entwicklungsnormalen Auffälligkeiten differenziert werden. Dies gilt auch für die Abgrenzung zur mangelhaften Sprachbeherrschung.

Aus diesen Gründen bedarf es eines zielgerichteten diagnostischen Vorgehens. In der Regel sind es jeweils die Fragen nach dem Untersuchungsgegenstand, nach dem Ziel und der Methode, mit denen man sich zu Beginn einer diagnostischen Tätigkeit beschäftigen muss:

- **Inhalt:** *Was* soll diagnostiziert werden?
- **Ziel:** *Wozu* soll diagnostiziert werden?
- **Methode:** *Wie* soll diagnostiziert werden?

Die Betrachtung dieser Fragen steht im Mittelpunkt des nächsten Abschnittes.

6.1 Drei diagnostische Fragen

Was wird diagnostiziert?

Zunächst stellt sich die Frage nach den Inhalten: Welche beobachtbaren sprachlichen Fertigkeiten des Kindes sollen überprüft werden, welche nichtsprachlichen Leistungen liefern Hinweise auf sprachliche Fähigkeiten?

Im Rahmen der Sprachstandsbestimmung sind dies die Leistungen auf den unterschiedenen **sprachlichen Ebenen**

- Prosodie (→ Kap. 3.1)
- Phonetik und Phonologie (→ Kap. 3.2)
- Semantik und Lexikon (Wortschatz und Wortbedeutung, → Kap. 3.3)
- Grammatik (Syntax und Morphologie, → Kap. 3.4)
- Pragmatik (Sprechhandeln, → Kap. 3.5).

Bei mehrsprachigen Kindern stellt sich auch die Frage nach der Sprachdominanz: „In welcher Sprache kann das Kind am besten sprachlich kommunizieren?“ sowie die Frage nach der so genannten *Belichtungszeit* in den einzelnen Sprachen: „Wie lange hatte das Kind Kontakt mit Deutsch und mit der bzw. den anderen Sprachen“?

Zusätzlich kann auch die Beachtung nonverbaler Bereiche der Kommunikationsfähigkeit wie Gestik oder Mimik wichtig sein und eine differenzierende Rolle spielen.

Eine angemessene Bewertung des Spracherwerbsstandes ist allerdings kaum möglich, würde man die Diagnostik nur auf die unterschiedenen sprachlichen Ebenen beschränken. So ist die Beachtung anderer Leistungsbereiche, insbesondere der kognitiven Leistungsfähigkeit, notwendig, um beurteilen zu können, ob der Spracherwerb altersangemessen oder gestört verläuft.

Wozu wird diagnostiziert?

Ziel der frühpädagogischen Diagnostik ist es, Grundlagen für die Förderung von Kindern zu schaffen, die in ihrer Entwicklung beeinträchtigt sind. Diagnostische Fragestellungen liefern auch Fragen der Eltern oder (beiläufige) Beobachtungen im Kindergartenalltag. So hat beispielsweise eine Erzieherin beobachtet, dass ein schüchternes, unauffälliges Kind immer mehr verstummt, nur noch flüsternd mit ihr und zwei anderen Kindern redet. Möglicherweise hat aber auch eine Mutter gefragt: „Warum redet mein Kind so wenig, ist das normal?"

Diagnostische Fragen konzentrieren sich darauf, etwas über den Spracherwerbsstand eines Kindes zu erfahren. Wir benötigen Informationen darüber,

- Ob sich das Kind altersgemäß entwickelt
- Ob die Entwicklung in den verschiedenen Sprachbereichen gleich verläuft (Synchronizität)
- Ob ein Verdacht auf eine Störung in einem Sprachbereich besteht
- Worauf diese Auffälligkeiten zurückzuführen sind: möglicherweise eingeschränkte Entwicklungsbedingungen oder tiefere Störungen (Einschränkungen von Entwicklungsvoraussetzungen)
- Wie die Aussichten für die weitere Entwicklung sind.

Wie wird diagnostiziert?

Die Diagnostik geht unterschiedliche methodische Wege. Im Wesentlichen werden drei diagnostische Methoden unterschieden:

- Befragung (→ Kap. 6.2)
- Beobachtung (→ Kap. 6.3)
- Elizitation (→ Kap. 6.4).

Diese drei Methoden sollten bei der Sprachstandsbestimmung eingesetzt und von der Erzieherin zur Beantwortung der diagnostischen Fragen genutzt werden.

6.2 Befragung

Wie aus der chronologischen Beschreibung des Spracherwerbs ersichtlich (→ Kap. 3), werden bereits in den ersten beiden Lebensjahren eine Reihe von Meilen- und Grenzsteinen erreicht. Die Befragung stellt für diesen Altersbereich ein wichtiges Instrument für die Erfassung des Spracherwerbsstandes von Kindern dar. Hierbei handelt es sich um eine *indirekte Methode zur Erhebung von Daten* – indirekt deshalb, weil der Spracherwerb der Kinder nicht unmittelbar, etwa durch Beobachtung, erfasst wird. Meist sind es die Eltern, die als enge Bezugspersonen aus ihrer Erinnerung (retrospektiv) Auskunft über den frühen Spracherwerb ihres Kindes geben.

Als ein taugliches Mittel zur Vereinheitlichung (Standardisierung) solcher Elternbefragungen haben sich Elternfragebögen erwiesen. Einer der am meisten eingesetzten Fragebogen sind die in den USA erschienenen MacArthur Communicative Development Inventories. Sie wurden zwischenzeitlich in mehr als 30 Sprachen übersetzt und liegen auch in zwei deutschen Versionen vor: in Form des Elternfragebogens (ELFRA → Kap. 7.4.16) und des noch nicht publizierten Fragenbogens zur frühkindlichen Sprachentwicklung (FRAKIS → Kap. 7.4.18) von Gisela Szagun.

Solche Befragungen weisen allerdings eine Reihe von Schwächen auf, z. B.:
- Erinnern sich Eltern an Verhaltensweisen, die bereits einige Zeit zurückliegen, oft nicht mehr genau genug
- Werden Ereignisse oder Verhaltensweisen nur deshalb genannt, weil nach ihnen gefragt wird, auch wenn sie vielleicht gar nicht aufgetreten sind.

Alles in allem scheinen die Befunde dennoch brauchbar. So zeigen Ergebnisse von Studien, dass der Verlauf des späteren Spracherwerbs, insbesondere bei gestörtem Erwerb, aufgrund solcher Elternbefragungen recht gut vorhergesagt werden kann.

6.3 Beobachtung

Viele von uns beginnen den Tag mit einem kurzen oder längeren Blick in den Spiegel *(Selbstbeobachtung)*. Je nachdem, wie das Ergebnis dieses Blicks ausfällt, ziehen wir Konsequenzen („Da muss ich aber unbedingt noch ein wenig Rouge auftragen" oder: „Da muss ich mich noch mal gründlicher rasieren"). In der Straßenbahn, auf dem Weg zur Arbeit beobachten wir andere *(Fremdbeobachtung):* „Der hat aber vergessen, sich zu kämmen." „Respekt, klasse Anzug." „Verdammt, könnte der nicht mehr Rücksicht nehmen, was rempelt er die alte Frau an."

Beobachten ist eine grundlegende Aktivität unseres täglichen Lebens. Es dient der Orientierung oder dazu, Situationen und Personen erkennen, beschreiben, analysieren, bewerten und deuten zu können. Alltagsbeobachtungen bilden die Grundlage unserer Entscheidungen und Handlungen, die uns durch den Tag leiten.

Die genannten Beispiele haben eines gemeinsam: Was beobachtet wird, ist wahrnehmbar. Dies gilt für das fehlende Rouge, die Bartstoppeln, die Frisur, die Kleidung und das rüpelhafte Verhalten. Oft schließen wir jedoch aus diesen Wahrnehmungen auf innere Zustände, Eigenschaften und weitere Merkmale einer Person. So wird z. B. dem rempelnden Mann Aggressivität unterstellt oder dem Anzugträger Reichtum. Dies ist jedoch klar zu trennen vom Prozess der Beobachtung, denn hier geht es bereits um Interpretation. Somit überschreitet eine Aussage wie „Ich habe beobachtet, dass Peter intelligent und sprachbegabt ist" die Grenzen des Beobachtbaren.

Die Alltäglichkeit des Beobachtens verleitet vorschnell zu der Annahme, Beobachten sei eine gegebene, nicht eine zu lehrende und lernende Methode. Wir sollten jedoch sorgfältig zwischen Alltags- und wissenschaftlicher Beobachtung unterscheiden, letztere muss z. B. intersubjektiv überprüfbar sein.

In der Frühdiagnostik führen Beobachtungen zur Beurteilung eines Kindes. Die Ergebnisse haben Folgen für das beobachtete Kind und für die Erzieherin. Sie bestimmen möglicherweise das künftige Verhalten der Erzieherin gegenüber dem Kind. Aus diesem Grund muss die Beobachtung mit diagnostischer Zielsetzung professionellen Standards genügen.

Im Unterschied zur Alltagsbeobachtung müssen Beobachtungen zur Gewinnung relevanter Informationen für professionelle Diagnosen und der sich daraus ableitenden pädagogischen Maßnahmen, systematischer, objektiver (→ Objektivität) und zuverlässiger (→ Reliabilität) sein. Ihre Ergebnisse müssen eindeutig kommunizierbar und prüfbar sein. Die im Kindergartenalltag vorgenommenen Beobachtungen genügen bislang kaum den in Kapitel 5 vorgestellten Standards.

Beobachten – eine Handlungsanleitung

„Bevor man beobachtet, muss man sich Regeln für seine Beobachtungen machen“ (Jean-Jacques Rousseau in „Émile“).

„Wenn ich beobachte, unterscheide ich. Ich wäre vielleicht nicht auf den Gedanken gekommen zu unterscheiden“ (Antoine de Saint-Exupéry in Carnets „Verstand und Sprache“).

Professionelle Beobachtung ist ein absichtsvolles, zielgerichtetes und aufmerksames Wahrnehmen von Merkmalen und Verhaltensweisen. Bereits *vor* der Beobachtung ist festzulegen, *was* und *in welcher Weise* es beobachtet werden soll. Aus den Zitaten von Jean-Jacques Rousseau wie auch Antoine de Saint-Exupéry lassen sich zwei Kernpunkte der Beobachtung nennen:

- Die Beobachtung erfolgt auf der Grundlage definierter und explizierter Regeln in geordneten Schritten. So wird vorab festgelegt, wer, was, wann und in welcher Weise beobachtet. Entscheidet sich eine Erzieherin für die Beobachtung als Methode zur Gewinnung diagnostischer Informationen, sollte sie dies also nicht ohne konkrete Fragestellung tun
- Beobachten beruht auf Unterscheidungs- und Vergleichsprozessen. Dabei wird das, was beobachtet wird, mit etwas anderem in Beziehung gesetzt, mit definierten Kategorien, Klassen oder einer Norm (→ Kap. 5).

Bei der Beobachtung lassen sich zwei Formen unterscheiden. Je nachdem, ob man selbst am Geschehen teilnimmt oder dieses nur von außen beobachtet, spricht man von teilnehmender oder nicht-teilnehmender Beobachtung. Im Kindergarten ist die *teilnehmende Beobachtung* der Regelfall. Die Erzieherin ist Teil des Gruppengeschehens, in dem sie eines oder mehrere Kinder hinsichtlich bestimmter Verhaltensweisen beobachtet. Bei der *nicht-teilnehmenden Beobachtung* werden Dritte hinzugezogen, die distanzierter und neutraler sind und das Geschehen von außen, beispielsweise durch eine Einwegscheibe beobachten.

Viele Studien zeigen, dass unterschiedliche Beobachter zu unterschiedlichen Befunden kommen. Immer dann, wenn eine Beobachtung nicht für den Beobachter, sondern für Dritte wichtig ist, müssen die Beobachter im professionellen Beobachten geschult sein. Dies gilt vor allem für die Beobachtung von Kindern. Diese sind keine gleichwertigen Partner in der Auseinandersetzung über das Beobachtete, denn sie können die Beobachtungen der Erzieherin nicht korrigieren.

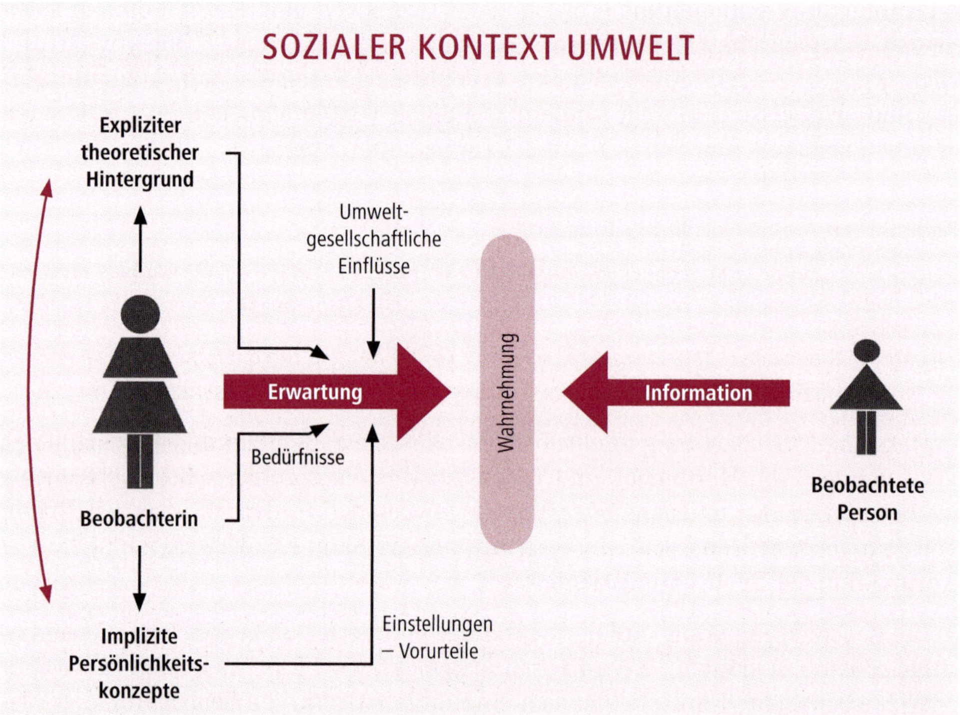

Abb. 6.1 Schema des Beobachtungsprozesses (orientiert am Schema des Wahrnehmungsvorganges nach Kleber, 1982, S. 598)

Beobachten ist ein aktiver (Re-)Konstruktionsprozess

Abb. 6.1 zeigt die bei einer Beobachtung beteiligten Faktoren. Jeder ist von Bedeutung. Die Erzieherin als teilnehmende Beobachterin und das beobachtete Kind stehen in einer von gemeinsamen Vorerfahrungen geprägten sozialen Beziehung. Dies beeinflusst u. U. die Objektivität der Beobachtung. Darüber hinaus beeinflussen folgende Faktoren die Güte der Beobachtung: Erwartungen der Erzieherin, implizite Persönlichkeitskonzepte (unbewusste Vorstellungen über Persönlichkeit und Merkmalszusammenhänge), Bedürfnisse sowie Einstellungen und Vorurteile. All das bewirkt, dass die Güte von Beobachtungen immer durch die Vermengung des Beobachteten mit dem Erwarteten gefährdet ist. Ob sich daraus mehr oder weniger gravierende Beobachtungsfehler ergeben, ist u. a. davon abhängig, ob diese „Gefahrenquellen" bekannt sind und reflektiert werden.

Allerdings sind wir auch bei Kenntnis von Fehlerquellen und Beachtung von Kontrollmaßnahmen nicht vollständig in der Lage, derartige Fehler zu vermeiden. Denken wir allein an die unserem Bewusstsein unzugänglichen Streiche, die uns Auge und Ohr spielen. Optische und akustische Täuschungen können wir selbst dann nicht vermeiden, wenn wir ganz genau wissen, worin die Täuschung besteht. Eine bekannte akustische Täuschung ist der so genannte McGurk-Effekt: Wird uns ein Sprecher gezeigt, der [ba:] ausspricht, das Bild gleichzeitig aber übermittelt, wenn er [la:] sagt, dann können wir beim Zuschauen nur [bla:] hören. Ähnliches erleben wir beim Betrachten von Filmen, wenn Bild und Ton nur unzulänglich synchronisiert sind.

„Wer sucht, der findet!"

Eine systematische Darstellung der vielen möglichen Beobachtungsfehler geht zu weit, zwei häufig beobachtete Erwartungseffekte möchten wir dennoch erwähnen:

- Der **Hofeffekt** (auch *Überstrahlungs-* oder *Halo-Effekt*) bezeichnet die Tendenz, einzelne Urteile in Abhängigkeit von einem vorhandenen oder ersten Gesamteindruck bzw. einem besonders hervorstechenden Merkmal zu fällen. Menschen korrigieren selten ein erstes, vielleicht vorschnell und unüberlegt abgegebenes Urteil. Im Volksmund heißt es: „Der erste Eindruck zählt".
- Der **Pygmalion-Effekt** bzw. die *sich selbst-erfüllende Prophezeiung* steht für den Einfluss von Vorinformationen. Verhaltensweisen und Leistungen werden oft vor dem Hintergrund bereits vorliegender Informationen interpretiert, diese bestimmen den künftigen Umgang mit einer Person. Voreinstellung und entsprechendes Verhalten gegenüber dem jeweiligen Kind sind von großer Bedeutung für dessen weitere Entwicklung. Dies belegen die Ergebnisse von Studien, in denen bei Lehrern unzutreffende Voreinstellungen über ihre Schüler erzeugt wurden. So wurden diese glauben gemacht, bestimmte Kinder hätten in Intelligenztests überdurchschnittlich abgeschnitten. Danach begegneten sie diesen Kindern fördernder, unterstützender als zuvor. Im Ergebnis verbesserte sich das Leistungsniveau dieser Kinder.

Beobachtungen liefern keine Abbilder, sondern (Re-)Konstruktionen der Wirklichkeit. Unabhängig von dieser Einsicht sind Beobachtungen zudem keineswegs wertfrei. Auch im Kontext von Beobachtungen sind *Normen* wichtig (→ Kap. 5). Daher können wir G. Schäfer (o.J.), der zwischen „gerichteter" und „ungerichteter" Beobachtung unterscheidet und postuliert, dass im Kindergarten im Wesentlichen ungerichtetes Beobachten gefordert sei, nicht folgen: „Der Beobachter will nichts Bestimmtes wissen, sondern er ist bereit wahrzunehmen, was Kinder indirekt oder direkt über sich, ihre Erlebnisse und Gedanken mitteilen" (S. 2).

Im Folgenden seien einige Faustregeln für eine professionelle, d. h. systematische und praktikable Beobachtung dargestellt:

- Beobachtung beginnt mit einer Fragestellung bzw. einem Anlass
- Beobachtung hat ein Beobachtungsziel
- Beobachtung (eines Kindes) erfolgt regelmäßig
- Zudem sollten mehrere Erzieherinnen dasselbe Kind beobachten, um zu einer gewissen Objektivität zu gelangen.

Vorgegebene Beobachtungsverfahren als Hilfen zur gezielten Beobachtung

Beobachten ist eine schwierige, fehleranfällige diagnostische Methode. Dies scheint unserer subjektiven Gewissheit beim Beobachten zu widersprechen. Wir können es kaum glauben, wenn wir von einer Kollegin hören, dass diese etwas ganz anderes gesehen hat. Nicht zuletzt deshalb wurden gerade für Beobachtungen im Kindergarten Hilfen entwickelt. Hierzu zählt beispielsweise das „Salzburger Beobachtungskonzept für Kindergärten" (SBKKG-4.0; Paschon & Zeilinger, 2004). Derartige Konzepte (eine Kombination aus Einschätzungen und Beobachtungen) sollen die Beobachtung erleichtern und gleichzeitig standardisieren, um die Beobachtungsgüte zu erhöhen. Wie jede Messung, sollte eine Beobachtung nämlich möglichst objektiv, zuverlässig und gültig sein. Beobachtungen, die diesen Kriterien genügen, erweisen sich als außerordentlich effektive diagnostische Methode. Dies gilt vor allem für die Zeit der frühen Kindheit, in der Kinder noch nicht mit standardisierten Tests untersucht werden können, weil es ihnen noch an Instruktionsverständnis, Arbeitshaltung, Motivation und Ausdauer fehlt. Frühzeitige und systematische Beobachtung ist hier neben der Elternbefragung die einzige Möglichkeit, relevante Informationen zu gewinnen, die Voraussetzungen für individualisierte frühpädagogische Förderung schaffen.

Ein Beispiel für ein Beobachtungsverfahren im Bereich der Sprachstandsbestimmung ist die Erhebung spontaner Sprachproben (→ Kap. 7.4.13).

„Es hat eine Zeit lang gedauert, bis die Form der strukturierten Beobachtung und Dokumentation ihren Platz und ihre Akzeptanz in unserer pädagogischen Arbeit gefunden hat. Heute bestärkt und unterstreicht sie unsere Professionalität.“ (Rita Greine)

6.4 Elizitationsverfahren

Verfahren, mit denen direkt und gezielt Verhaltensweisen oder Leistungen des Kindes ausgelöst bzw. hervorgelockt (elizitiert) werden, werden als Elizitationstechniken bezeichnet. **Elizitationsverfahren** haben den Vorteil, Verhalten zu provozieren, das Kinder nur gelegentlich oder spontan überhaupt nicht zeigen und das Beobachtungen somit unzugänglich ist. Sie gestatten die Untersuchung isolierter Sprachbereiche oder Kombinationen von Sprachbereichen.

Die Bandbreite der Elizitationsverfahren reicht von standardisierten Verfahren, wie Tests und Screenings (→ Kap. 7) bis hin zu den vielen teilweise selbst gestrickten Verfahren. Mittlerweile liegt erfreulicherweise eine Reihe von Verfahren vor, die weitgehend standardisierte Aufgabenvorgaben und Auswertungsvorschriften enthalten, ohne jedoch sämtlichen Vorgaben von Tests zu genügen (z. B. ESGRAF → Kap. 7.4.1, AVAK → Kap. 7.4.9, PLAKSS → Kap. 7.4.10). Sie sind als informelle von standardisierten Verfahren abzugrenzen. *Informelle Tests* sind im Vergleich zu *standardisierten Tests* weniger aufwändig zu konstruieren. Da sie – wenn überhaupt – meist nur eine kriteriale Norm zugrunde legen (→ Kap. 5), glauben die Entwickler, auf Eichung und Normierung verzichten zu können. Auch die Gütekriterien, insbesondere Objektivität und Reliabilität, werden nicht oder nur unzureichend reflektiert. Angaben zur Durchführung, Auswertung und Interpretation sind oft nicht eindeutig.

6.4.1 Standardisierte Tests

Ein **standardisierter Test** ist ein wissenschaftliches Verfahren, das Merkmale oder Eigenschaften, die nicht beobachtbar sind, messen soll. Nicht beobachtbar sind z. B. Intelligenz oder Sprachfähigkeit. Deshalb werden bei einer Testdurchführung Aufgaben vorgegeben, die eine bestimmte Eigenschaft oder ein Merkmal indirekt erfassen. Die Aufgabenbearbeitung erlaubt Rückschlüsse auf die Ausprägungen dieser Merkmale oder Eigenschaften bei der getesteten Person. Um im Beispiel zu bleiben: Würde ein Kind alle Aufgaben des Sprachverständnistests lösen, so würde man daraus schließen, dass dieses Kind – zumindest bei den vorgegebenen Aufgaben – keine Sprachverständnisprobleme zeigt.

Tests umfassen oft auch mehrere Inhaltsbereiche. In jedem dieser Bereiche werden jeweils andere Aufgaben vorgegeben, man spricht dann meist von *Testbatterien*. Ein Beispiel für eine Testbatterie ist der Heidelberger Sprachentwicklungstest (HSET

→ Kap. 7.2.1). Er enthält Aufgaben, die Sprachverständnis und -produktion auf verschiedenen Sprachebenen (→ Syntax, → Morphologie, → Semantik) messen.

Kriterien für die Entwicklung standardisierter Tests

Tests müssen nach bestimmten Konstruktionsprinzipien entwickelt werden. Ausgehend von Vorentwürfen bis zur Endform durchlaufen sie in zyklischen Schritten verschiedene Etappen. Vor allem aber sind Tests standardisiert und normiert (→ Kap. 5). Dies bedeutet, dass Durchführung, Auswertung und Interpretation eindeutig festgelegt sind und ein Vergleichsmaßstab in Form einer Norm zur Verfügung steht.

Bei der Entwicklung standardisierter und normierter Tests in einem oder mehreren Sprachbereichen muss zunächst geklärt werden, in welchem Altersbereich der Test eingesetzt werden soll. In Abhängigkeit davon müssen dann die möglichen Arten der Aufgabenstellungen und die Inhalte aufgrund der zugrunde liegenden Spracherwerbstheorie über die betreffenden Sprachbereiche ausgewählt werden. Zu Beginn muss also eine Reihe von Fragen geklärt werden:

- Für welchen Sprachbereich soll der Test gelten?
- In welchem Altersbereich kann der Test eingesetzt werden?
- Welches Material wird benötigt? Welche konkreten Anweisungen (Instruktionen) müssen gegeben werden?
- Wie sind die Antworten bzw. Aufgabenlösungen des getesteten Kindes auszuwerten?

Nach den ersten Ergebnissen (d. h. Probeuntersuchungen mit einer ausreichenden Zahl von Kindern) werden die ausgewählten Aufgaben einer sorgfältigen Analyse unterworfen, bevor sie in die Testendform aufgenommen werden (→ Aufgaben- bzw. Itemanalyse). Weitere Fragen betreffen die Messgüte und die Normierung: Sind die gewählten Aufgabenstellungen objektiv, zuverlässig und gültig? Die resultierenden Testrohwerte werden in aller Regel in so genannte *Normwerte* umgewandelt.

Vergleichbarkeit von Leistungen durch Normwerte

Um die Rohwerte zwischen den Untertests eines Testverfahrens und zwischen verschiedenen Tests miteinander vergleichen zu können, werden sie normiert. Erzielt die fünfjährige Suzan im Untertest „Phonologisches Arbeitsgedächtnis für Nichtwörter“ des Sprachentwicklungstests einen Rohwert von 1 und im Untertest „Gedächtnisspanne für Wortfolgen“ einen von 4, wissen wir nicht, in welchem Untertest die Leistung die bessere ist. Entspricht der Rohwert 1 in dem einen Verfahren der durch den Rohwert 4 ermittelten Leistung in dem anderen Subtest? Normieren heißt also hier: einen einheitlichen Bezugsmaßstab für alle Rohwerte schaffen.

Alle standardisierten Tests enthalten Normtabellen. Nach der Testdurchführung wird zunächst der Rohwert der Leistungen ermittelt (meist entspricht der Rohpunktwert der Summe richtig gelöster Aufgaben). Normtabellen gestatten es, die Rohwertpunkte in einen entsprechenden Prozentrang oder andere Normwerte (wie T- oder IQ-Werte) zu überführen. Welche Normskala letztlich von einem Testautor gewählt wurde, ist meist dessen Entscheidung oder richtet sich nach allgemeinen Gepflogenheiten. Die T-Wert-Skala findet sich, neben der Prozentrangskala, am häufigsten.

Normwerte erlauben es, die Leistung eines Kindes beispielsweise in Bezug zu seiner Altersgruppe einzuordnen und zu bewerten. Die knapp dreieinhalbjährige Vivian erzielt die gleichen Rohwerte wie Suzan. Wer ist besser? Auch bei der Beantwortung dieser Frage helfen uns die Normwerte weiter, da sie nicht nur einen einheitlichen Bezugsmaßstab bereitstellen. Sie geben zusätzlich an, dass Vivian in ihrer Altersgruppe mit den gleichen Leistungen zum oberen Drittel der Kinder gehört, während Suzan in ihrem Altersbereich dem unteren Drittel zuzuordnen ist.

Exkurs: Normalverteilung, Durchschnittsbereich und statistische Normen

Werfen wir eine Münze, gibt es zwei Möglichkeiten: Kopf oder Zahl. Bei einem Würfel gibt es sechs, denn wir können eine Zahl zwischen eins und sechs würfeln. Münze und Würfel geben dies von vornherein vor. Anders verhält es sich bei der Verteilung empirischer Ereignisse wie Körpergröße, Gewicht oder psychische Merkmale wie Intelligenz – hier ist die Zahl der Möglichkeiten offen.

Wird von allen fünfjährigen Kindern in Deutschland die Körpergröße gemessen, ergibt sich mit hoher Wahrscheinlichkeit eine Häufigkeitsverteilung, bei der sich die meisten Kinder in einem eher engen Bereich auf der Messwerteskala befinden. Solche Messungen werden etwa im Rahmen der kinderärztlichen Untersuchungen durchgeführt, und die Ergebnisse werden in den bereits beschriebenen *Prozentrangnormen (→ Perzentilkurven)* festgehalten. Danach ist die Hälfte (50. Perzentil oder Prozentrang 50) aller Jungen und auch aller Mädchen etwa 111 cm groß. Man kann auch sagen: Die durchschnittliche Körpergröße eines fünfjährigen Kindes beträgt 111 cm. Dieses Ergebnis erhält man auch, wenn man die Größenmessungen bei allen Kindern summiert und dann den Mittelwert bildet (Gesamtsumme geteilt durch die Zahl der Kinder). Bei einer solchen Verteilung entspricht das 50. Perzentil nämlich dem *Mittelwert* (oft als M abgekürzt; M = 111 cm). Je weiter man sich von dieser Mitte nach rechts oder links auf dem Metermaß entfernt, desto weniger Kinder finden sich dort (94 % der Mädchen wären etwa zwischen 102 cm und 120 cm groß, 94 % der Jungen zwischen 103 cm und 119 cm; nach Daten des Forschungsinstituts für Kinderernährung, Dortmund, 1980, zitiert nach Schröder, 2006).

Die so gefundene empirische Häufigkeitsverteilung der Körpergrößen beschreibt am besten das Modell der **Normalverteilung.** Eine Normalverteilung hat das Aussehen einer Glocke (→ Abb. 6.2). Die Häufigkeiten konzentrieren sich in der Mitte der Verteilung und werden mit größer werdendem Abstand von der Mitte immer seltener. Die meisten Fünfjährigen werden also um 111 cm groß sein. Wenn nun der Kinderarzt die Körpergröße eines Kindes unter einer Entwicklungsperspektive bewertet, wird er sie mit einer solchen Skala vergleichen. Er wird also sagen können, ob das Kind hinsichtlich seiner Körpergröße altersgemäß entwickelt ist oder nicht.

In Tests werden verschiedene **Normskalen** verwendet: Viele enthalten eine T-Wert-, C-Wert-, IQ-Wert- oder Prozentrang-Skala (→ Abb. 6.2). Bei einer **T-Wert-Skala** liegt der durchschnittliche Wert bei 50 (M = 50), die Standardabweichung beträgt 10 (SD = 10). 68 % aller beispielsweise fünfjährigen Kindern würden dann eine Leistung zeigen, die in einem Bereich von 40 bis 60 T-Wertpunkten liegen. Als durchschnittlich gilt dann eine Leistung, die in diesem mittleren Bereich der Normalverteilung liegt, in dem sich 34 % aller Werte oberhalb und 34 % unterhalb des Mittelwertes befinden. Dies bedeutet auch: Bei solchen Normwerten sind damit immer etwa 16 % aller Leistungen unterdurchschnittlich und 16 % überdurchschnittlich. Bei einer **C-Wert-Skala** ist der Mittelwert auf 5 festgelegt, die Standardabweichung auf 2. Hierbei liegen die durchschnittlichen Werte (etwa 68 %) also zwischen C = 3 und C = 7. **IQ-Werte** haben einen Mittelwert von 100 und eine Standardabweichung von 15. **Prozentränge** geben den Rangplatz eines Kindes in seiner Bezugsgruppe an. Der mittlere Rangplatz beträgt 50. Er entspricht den Mittelwerten der anderen Normskalen, also einem T-Wert von ebenfalls 50 und einem IQ-Wert von 100.

Die Ermittlung solcher Normwerte gestattet, einem Kind eine Position, beispielsweise innerhalb seiner Altersgruppe zuzuweisen. Hat die Erzieherin in einem Verfahren einen T-Wert von 42 ermittelt, so weiß sie, dass das Kind noch zu den 68 % der Fälle im Durchschnittsbereich gehört. Hat sie in einem anderen Verfahren die Prozentrangskala gewählt und einen Prozentrang von 10 ermittelt, so weiß sie, dass 10 % der Kinder einen gleichen oder schlechteren Wert erreicht haben. Andersherum: 90 % der Kinder erzielen hierbei bessere Werte. Damit ist die zweite Eigenschaft von Normwerten beschrieben: Sie ermöglichen, die Positionen der Kinder zu ermitteln: Wo stehen sie beispielsweise im Vergleich zu ihren Altersgefährten?

Normierung (Eichung)

Um bei einem Sprachtest Altersnormen für Fünfjährige aufzustellen, muss man diesen Test einer repräsentativen Stichprobe von fünfjährigen Kindern vorgeben. Die Häufigkeitsverteilung der erreichten Punktwerte ähnelt in aller Regel einer Normalverteilung. Diese als Rohwerte bezeichneten Punkte werden für jede Altersgruppe in eine Normwertskala umgewandelt. Hat man auf diese Weise einen Sprachtest normiert, kann er für die Sprachdiagnostik bei fünfjährigen Kindern eingesetzt werden. Die Sprachtestleistung eines einzelnen Kindes kann mit dieser Normskala verglichen werden.

Normalverteilung

Die **Normalverteilung** (oft auch nach dem mathematischen „Vater“ als Gaußsche Glockenkurve bezeichnet) ist eine symmetrische Zufallsverteilung von Ereignissen, bei der die meisten Messwerte um den Mittelwert herum liegen. Der mittlere Wert tritt am häufigsten auf, die Häufigkeit der anderen Werte nimmt mit zunehmendem Abstand vom Mittelwert nach oben oder nach unten hin ab. Etwa Zweidrittel aller Messwerte liegen in dem Bereich, der durch eine *Standardabweichung (SD)* definiert wird. (Die Standardabweichung entspricht rechnerisch der durchschnittlichen Abweichung aller einzelnen Werte vom Mittelwert.) Das heißt, dass in dem Bereich, der durch eine Standardabweichung oberhalb und eine Standardabweichung unterhalb des Mittelwertes definiert ist, etwa 68 % der Ereignisse liegen. Dieser Bereich ist als *Durchschnittsbereich* definiert. Ereignisse (Werte wie Körperlänge oder Leistung in einem Sprachtest) unterhalb dieses Bereiches werden als unterdurchschnittlich, Werte oberhalb als überdurchschnittlich bezeichnet.

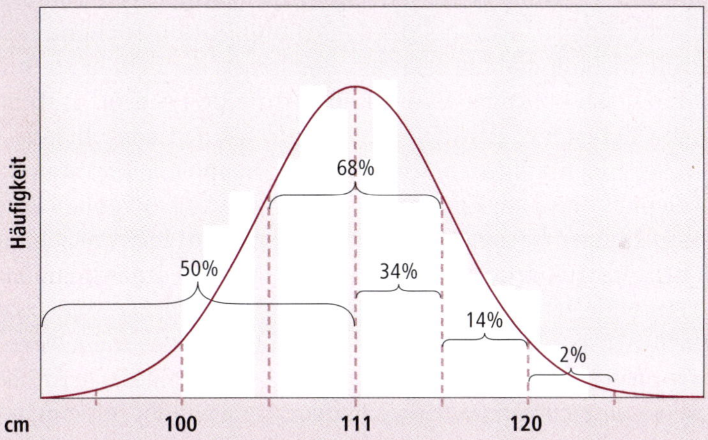

PR	0	2	16	50	84	98	100
T	20	30	40	50	60	70	80
C	−1	1	3	5	7	9	11
IQ	55	70	85	100	115	130	145

Abb. 6.2: Die Normalverteilung am Beispiel der Häufigkeiten der Körpergröße (cm) von fünfjährigen Kindern; PR: Prozentränge; T: T-Werte (M = 50; SD = 10); C: C-Werte (M = 5; SD = 2); IQ: IQ-Werte (M = 100; SD = 15)

Liegt beispielsweise die Testleistung eines fünfjährigen Kindes mehr als eine Standardabweichung unter dem Mittelwert, so bedeutet dies, dass dieses Kind, verglichen mit seiner Altersgruppe, nur eine unterdurchschnittliche Leistung gezeigt hat. Etwa 16 % aller fünfjährigen Kinder erzielen eine Leistung, die mehr als eine Standardabweichung von der mittleren Leistung aller fünfjährigen Kinder nach unten abweicht. Eine Leistung, die sogar zwei Standardabweichungen unterhalb der betreffenden mittleren Leistung liegt, erzielen nur etwa 2 % aller fünfjährigen Kinder.

6.4.2 Screenings

Screenings *(Siebverfahren)* sind wie Testverfahren ebenfalls standardisiert. Im Unterschied zu Tests basiert die Leistungsermittlung in Screenings in aller Regel auf der Festlegung eines kritischen Leistungswerts, der die Grenze zwischen ‚Risiko' und ‚kein Risiko' markiert. Die Leistung eines Kindes wird also nicht in Bezug auf die jeweilige Altersgruppe auf einer Normskala eingeordnet, z. B. 75 % der Altersgruppe erzielen einen besseren Wert, sondern es wird eine Leistungsgrenze definiert, die ein Kind erreichen muss, um hinsichtlich seiner weiteren Entwicklung als unauffällig oder als Risikokind eingestuft werden zu können. Kinder, die eine bestimmte Leistung nicht erreichen, gelten als Risikokinder, etwa hinsichtlich des gestörten Sprach- oder Schriftspracherwerbs.

Ziel von Screenings ist es also, aus einer großen Zahl von Personen diejenigen herauszusieben, die aufgrund ihrer Eigenschaften Gefahr laufen, Entwicklungsstörungen auszubilden. Screenings werden daher im Rahmen von Vorsorgeuntersuchungen flächendeckend – etwa bei der Einschulungsuntersuchung – eingesetzt, um frühzeitig alle Risikokinder zu erfassen. Sie dienen der dritten Funktion der Diagnostik, der Prognose künftiger Entwicklungsverläufe (→ Kap. 5). Beschreibung und Ursache abweichender Entwicklungsverläufe werden ausgeblendet. Hier stoßen wir auf ein Beispiel für die Mehrstufigkeit der Diagnostik, für ihren Prozesscharakter. Wird beispielsweise ein Kind bei der Untersuchung mit einem Screening als Risikokind für Lese- und Rechtschreibprobleme erkannt, muss anschließend eine genaue diagnostische Abklärung erfolgen, um geeignete (Förder-)Maßnahmen oder eine Therapie einleiten zu können. Das *Bielefelder Screening zur Früherkennung von Lese-Rechtschreibschwierigkeiten* (BISC → Kap. 7.3.1) oder das *Heidelberger Auditive Screening in der Einschulungsuntersuchung* (HASE → Kap. 7.3.3) sind Beispiele für Verfahren, mit denen zeitökonomisch und zuverlässig Kinder mit einem Risiko für die Ausbildung einer Lese-Rechtschreibschwierigkeit bereits im Vorschulalter identifiziert werden sollen.

Zur Kritik an Testverfahren

Im Vergleich zur meist wesentlich schwierigeren Beobachtung haben Tests (und zwischenzeitlich auch Fragebögen) in der allgemeinen Wahrnehmung – zumindest gilt dies für Deutschland – einen schwereren Stand. Die meisten verbinden mit einem Test eine unangenehme (Prüfungs-)Situation. Von Tests werden auf der einen Seite Wunderdinge erwartet. Andererseits werden Tests häufig völlig abgelehnt, weil man die „wahren" Leistungen damit nicht erfassen könne. Oft ist sogar zu hören, dass Fähigkeiten und Fertigkeiten von Menschen überhaupt nicht messbar seien. Derartige Standpunkte erklären sich auch aus Befürchtungen, die für jedwede professionellen Beobachtungen geltend gemacht werden: „[...] wo [...] bleiben dabei Einfühlungsvermögen, Liebe, Zuwendung? Gerät der Beobachtende nicht in Gefahr, da nüchtern und kalt zu reagieren, wo Wärme und Annehmen geboten wären? Ist mit Video-Aufzeichnungen, Fragebögen und Kontroll-Listen überhaupt etwas anzufangen, was für ein Kind wichtig ist?“ (Heck, 1982, S. 116). Hier treten unvermindert wirksame Widerstände zutage. Gegenüber Fragebögen wird häufig auch der Datenschutz geltend gemacht.

„Mannheim versteht die Aufregung nicht!
Ein Fragebogen für angehende Grundschüler sorgt derzeit in Baden-Württemberg bei so manchen Müttern und Vätern für Unruhe. Das Sozialministerium will – zunächst probeweise – das Papier bei Kindern zwischen vier und fünf Jahren zum Bestandteil einer neu gestalteten Schuleingangsuntersuchung machen. In dem Bogen werden Eltern über ihr Kind befragt – ob es beispielsweise häufig zappelig ist, ob es andere Jungen und Mädchen schikaniert und ob es häufig im Freien spielt. Ein ähnliches Formular sollen den Plänen zufolge auch Erzieherinnen ausfüllen. Mit Hilfe der Antworten, so die Verfechter der Idee, würden gesundheitliche Probleme und Verzögerungen in der Entwicklung festgestellt, um möglichst früh gegenzusteuern. Kritiker allerdings haben Angst, dass die Kinder auf diese Weise vorsortiert werden, andere befürchten die »gläserne Familie«, weil auch die Eltern Angaben über ihren eigenen Lebenslauf machen sollen.“ Mannheimer Morgen vom 13. April 2006

Im Kindergartenalltag sind Tests und Screenings noch immer nicht üblich. „Jedenfalls sind z. B. Meisels, Steele und Queen-Leering (1993, S. 279) der Meinung, dass die PraktikerInnen (frei übersetzt) (...) in Bezug auf diese Verfahren in einem Dilemma stecken (...) Sie lieben und hassen sie gleichzeitig; sie greifen sie auf und lehnen sie doch ab; sie brauchen sie und verstehen dennoch nicht genau, worum es sich dabei eigentlich handelt‘“ (Fried, 2004, S. 9).

Wir hoffen, dass wir mit unseren bisherigen Beschreibungen von Tests und ihrer Entwicklung dazu beitragen, dass Tests einerseits entzaubert werden, und andererseits ihre Nützlichkeit für die Beantwortung frühpädagogischer Fragestellungen erkannt wird.

6.4.3 Informelle Verfahren

Nicht standardisierte Elizitationsverfahren werden als **informelle Verfahren** bezeichnet. Hier fehlen in aller Regel die sehr zeitaufwändigen und Ressourcen verzehrenden Testkonstruktionsschritte, Standardisierungen, Prüfungen der Messgüte des Verfahrens und die Normierung. Daher sind viele informelle Verfahren unbrauchbar, auch wenn sie teilweise eine hohe Verbreitung und Anwendbarkeit erfahren haben. Ein Beispiel dafür liefert nach unserer Auffassung das *Marburger*

Sprach-Screening für 4- bis 6-jährige Kinder (MSS → Kap. 7.4.5). Es wird im Bundesland Hessen flächendeckend eingesetzt, genügt aber weder entwicklungstheoretischen noch methodischen Ansprüchen.

Andere informelle Verfahren sind allerdings von dieser Kritik auszunehmen, sofern sie entwicklungstheoretischen Ansprüchen genügen und insoweit standardisiert sind, als sie genaue Angaben zur Durchführung, Auswertung und Bewertung (Interpretation) der kindlichen Leistungen beinhalten.

6.5 Zusammenfassung: Zum Einsatz der diagnostischen Methoden

Erzieherinnen haben im Kindergarten die Chance und Möglichkeit – und zwischenzeitlich in den meisten Bundesländern auch die Verpflichtung –, die Entwicklung jedes einzelnen Kindes aufmerksam zu verfolgen und zu dokumentieren sowie bei entsprechenden Entwicklungsauffälligkeiten geeignete Fördermaßnahmen zu ergreifen. Dafür müssen sie die beschriebenen diagnostischen Methoden einsetzen. Die folgende Schilderung der gegenwärtigen Situation von Lilian Fried zeigt, dass die Methoden der Sprachstandserfassung im Kindergarten aber heftig umstritten sind:

„Erstens: Auf der Ebene der Reformrhetorik verstellen Turbulenzen den Blick. Diese erwachsen aus einem, nicht selten glaubenskriegartig geführten Streit darüber, welche Haltung, also welches Menschenbild angemessen und welche Methode der Entwicklungserfassung demzufolge richtig ist. Zweitens: Auf der Ebene der Praxis gewinnt man den Eindruck, dass eine Art Lähmung herrscht, welche manche nach PISA getroffenen guten Vorsätze untergraben könnte. Dabei ist es z. B. ErzieherInnen gar nicht zu verdenken, dass sie es vorziehen, in Bezug auf Spracherfassungsverfahren erst einmal abzuwarten, bis in der Diskussion klarer wird, welcher diagnostische Weg wirklich erfolgsversprechend ist“ (Fried, 2004, S. 6 f.).

Im Bereich der Kindergartenerziehung wurden in Deutschland bislang Beobachtungsverfahren, verbunden mit Checklisten als die Methode der Wahl propagiert, mit der die kindliche Sprachkompetenz am „natürlichsten“ untersucht und am angemessensten erfasst werden könne. Wie Fried zu Recht ausführt, „bringen diese Verfahren ebenfalls zahlreiche Probleme mit sich, wie z. B. verzerrte Wahrnehmungen, self-fulfilling-prophecies, naive Standards u. a. m. So haben Evaluationen erbracht, dass z. B. Checklisten nicht zuverlässig genau messen. Das hat zur Folge, dass man damit nicht alle Kinder aufspüren kann, die spezielle Risiken mit sich tragen und deshalb besonderer Aufmerksamkeit bedürfen“ (Fried, 2004, S. 9 f.).

Zum Abschluss dieses Kapitels möchten wir noch einige Hinweise auf die Praktikabilität, die Kosten und den Nutzen standardisierter und informeller Verfahren geben.

6.5.1 Voraussetzung: Entwicklungstheoretische Fundierung

Jeder erfasste Entwicklungsstand kann nur vor dem Hintergrund einer Entwicklungstheorie interpretiert werden. Deshalb ist eine entwicklungstheoretische Fundierung eines Verfahrens zur Prüfung des Entwicklungsstands unumgänglich. Ob Beobachtung, Test oder Screening – jedes diagnostische Verfahren ist nicht besser als die ihm zugrunde liegende Theorie. Die Leistung, die ein Kind bei einem sprachdiagnostischen Verfahren erzielt, muss auf einem Entwicklungskontinuum des untersuchten Sprachleistungsbereichs einzuordnen sein. Bei vielen der Verfahren ist eine spracherwerbstheoretische Fundierung leider nicht gegeben.

Leider können diagnostische Verfahren in aller Regel nicht mehrfach eingesetzt werden, sondern werden punktuell durchgeführt, d.h. sie bleiben auf einen Messzeitpunkt beschränkt. Deshalb können sie nur bezüglich des aktuellen Entwicklungsniveaus relevante Informationen liefern – allenfalls noch eine indirekte Schätzung des bisherigen Entwicklungsverlaufs ermöglichen. Denn individuelle Entwicklungsverläufe und intraindividueller Wandel sind nur durch eine längsschnittliche Betrachtung und über wiederholte Messungen der interessierenden Merkmale erfassbar.

6.5.2 Praktikabilität und Einsatz des diagnostischen Verfahrens

Bevor sich Erzieherinnen für ein diagnostisches Verfahren entscheiden, sollten sie prüfen, ob es für ihre Zwecke praktikabel ist. Benötigt es besondere Schulungen und Übungen, so sollten sie genügend Zeit für die Auseinandersetzung mit dem Material einplanen. Unsere langjährigen Erfahrungen in der Ausbildung von Sonderpädagogen und Logopädinnen sowie der Weiterbildung von Erzieherinnen zeigen, dass nur wenige Verfahren ohne vorherige eingehende Beschäftigung mit dem Material, den Instruktionen und der zugrunde liegenden Theorie eingesetzt werden können. In aller Regel benötigt man mehr Zeit als angenommen, um ein Verfahren instruktionsgemäß mit einem Kind durchführen zu können. Die meisten Verfahren sollte man bereits mehrere Male ausprobiert haben, bevor man sie anwendet und aus den Ergebnissen diagnostische Schlussfolgerungen zieht. Hier gilt: Die Güte des besten Verfahrens ist nie höher als die Kompetenz der Untersucherin zu seiner Durchführung.

Im folgenden Kapitel werden wir eine Reihe von Verfahren vorstellen und diskutieren. Wir beschränken dabei das Spektrum auf im Kindergarten einsetzbare Verfahren. Mittlerweile liegt eine Reihe von Screenings und Tests vor, die auch für den Einsatz im Kindergarten durch die Erzieherin konzipiert sind. Unberücksichtigt bleiben alle diagnostischen Instrumente, die etwa im klinischen Rahmen, z.B. in der Phoniatrie, verwendet werden.

7 Sprachdiagnostische Verfahren

7.1 Gruppierung und Ordnung der sprachdiagnostischen Verfahren

Inhaltsorientierung

Diagnostische Verfahren können unterschiedlich gruppiert werden. Relativ einfach scheint die Klassifizierung von **Verfahren zur Erfassung von Sprachleistungen nach Inhalten,** d. h. den *Sprachleistungsbereichen* (→ Phonologie/Phonetik, → Syntax, → Morphologie, → Semantik, → Wortschatz, → Pragmatik). Das Problem dieses Ordnungsversuchs besteht darin, dass viele Verfahren zwar mehr als einen der genannten Sprachleistungsbereiche überprüfen, aber niemals den Spracherwerbsstand in all diesen Bereichen.

Zweckorientierung

Ein weiterer Ansatz, die Verfahren zu gruppieren, orientiert sich an deren Funktion oder dem Zweck, den ein Verfahren erfüllen soll. In ihrer „Expertise zu Sprachstandserhebungen für Kindergartenkinder und Schulanfänger" ordnet Lilian Fried (2004, 2007) die **Verfahren nach ihrem Zweck** und unterscheidet *politische* und *pädagogische* Zielsetzungen.

- **Verfahren, die politischen Zwecken dienen,** sind solche, die im Rahmen gesundheits- oder bildungspolitischer Maßnahmen eingesetzt werden. Hier werden meist Screenings entwickelt und eingesetzt, die flächendeckend möglichst alle Kinder eines Altersjahrgangs erfassen sollen. Gesundheitspolitisch betrachtet zählen hierzu die *ärztlichen Vorsorgeuntersuchungen U1 bis U9* sowie die *Schuleingangsuntersuchung,* die bislang jedoch weniger der Früherkennung von Risikokindern

dienten. Unter bildungspolitischer Perspektive wächst, nicht zuletzt aufgrund der Ergebnisse der PISA-Studien, das Interesse an der Schuleingangsuntersuchung, die eine enorme Chance zur Früherkennung bietet, da nahezu alle Kinder eines Jahrgangs vom Ärztlichen Gesundheitsdienst untersucht werden. Künftig soll diese jährliche Untersuchung durch den Einsatz ergänzender Screenings dazu dienen, die Diagnostik im Bereich der Erfassung des Spracherwerbsstandes zu optimieren. So sollen Kinder mit einem Sprach- oder Schriftspracherwerbsrisiko frühzeitig identifiziert werden, um noch vor dem Schuleintritt, Fördermaßnahmen einleiten zu können. Dies betrifft insbesondere Kinder mit Migrationshintergrund sowie Kinder aus anregungsärmeren, sozial schwachen Milieus.
- Die **pädagogischen Zwecken dienenden Verfahren** gliedert Fried in *Sprachtests* (allgemeine Sprachentwicklungstests und spezielle Sprachleistungstests) und *sprachförderdiagnostische Verfahren.* Mit letzteren werden Verfahren angesprochen, „die eine systematische theoriegeleitete ‚Datengewinnung als Grundlage von Entscheidungen' ermöglichen; und zwar einmal in Bezug auf ‚die angemessenste' Förderung und zum anderen hinsichtlich der Effektivität der angewandten Förderung" (Fried, 2004, S. 70f.).

Überlegungen zur Gruppierung und Ordnung der Verfahren

Die Unterteilung der pädagogischen Zwecken dienenden Verfahren in Sprachtests und sprachförderdiagnostische Verfahren können wir nicht nachvollziehen. Sprachtests dienen in gleicher Weise pädagogischen Zwecken wie die so genannten (sprach-) förderdiagnostischen Verfahren. Diagnostizieren heißt zunächst einmal, ein Datum zu erheben, bevor anschließend Vergleiche vorgenommen werden (→ Kap. 5). Dass innerhalb der Früh-, Heil- und Schulpädagogik „förderdiagnostische" Ansätze prominent sind und der Buchmarkt von entsprechenden Publikationen überschwemmt wird, ändert nichts an der Schwäche dieses Ansatzes.

Grundlage für die Auswahl erfolgversprechender Fördermaßnahmen ist die profunde Kenntnis des Leistungsstandes in dem zu fördernden Entwicklungsbereich. Voraussetzung für weitere Schritte ist somit stets der erste Schritt: die Diagnose. Sie bestimmt die Planung der auf den diagnostischen Erkenntnissen basierenden Fördermaßnahmen – beispielsweise einer Sprachförderung. Die logische Folge Diagnose → Intervention ist nicht umkehrbar und sollte auch in der Praxis eingehalten werden. Einer ersten diagnostischen Phase folgt eine erste pädagogische Maßnahme, der wiederum ein zweiter diagnostischer Schritt und so fort. Viele – auch pädagogische Maßnahmen – unterlaufen diese Folge aber meist mehrfach.

Insgesamt erscheint die Gruppierung diagnostischer Verfahren nach Zwecken oder Inhalten problematisch. Wir unterscheiden zunächst (a) Elizitationsverfahren, (b) Beobachtungsverfahren und (c) Fragebogen. Dann ordnen wir die Verfahren zur Sprachstandsbestimmung im Folgenden danach, ob sie standardisiert sind und den

Gütekriterien für diagnostische Verfahren genügen (→ Kap. 6) oder nicht. Die standardisierten Verfahren trennen wir in (a) Tests und (b) Screenings.

Für jedes Verfahren bieten wir im Folgenden einen Steckbrief, der über Zweck und Anwendbarkeit des Verfahrens rasch informiert. Er enthält Informationen
- Zum Leistungsbereich, der mit dem Verfahren überprüft werden soll
- Zum Altersbereich, in dem das Verfahren eingesetzt werden soll
- Zur Praktikabilität (d.h. hier der Durchführungszeit)
- Zur Normierung
- Zu den Kosten.

7.2 Sprachentwicklungstests

Die Zahl der **Sprachentwicklungstests** zur Bestimmung des Spracherwerbsstandes im Deutschen ist überschaubar. Unsere Recherchen ergaben hier zwölf standardisierte Tests. Acht prüfen die allgemeine Sprachentwicklung auf verschiedenen Ebenen und mit mehreren Aufgabengruppen (HSET → Kap. 7.2.1, KISTE → Kap. 7.2.2, MSVK → Kap. 7.2.3, SETK-2 → Kap. 7.2.4, SETK 3-5 → Kap. 7.2.5 LSV, PET, RDLS III), die anderen die semantische Ebene (Wortbedeutung und -schatz: AWST-R → Kap. 7.2.7, Teddy-Test → Kap. 7.2.6) und die Lautdifferenzierung (LUT → Kap. 7.2.9) oder -bildung (LBT → Kap. 7.2.8). Diese Verfahren werden durch eine Vielzahl informeller Verfahren zur Prüfung der sprachlichen Leistungsfähigkeit ergänzt. Gemessen am ernorm gewachsenen Wissen über den kindlichen Spracherwerb ist die Zahl der Verfahren dennoch nach wie vor gering, wenngleich die Sprachstandsdiagnostik innerhalb der psychologischen Diagnostik nicht mehr die Rolle des „Stiefkindes" – so Hannelore Grimm 1978, also vor etwa drei Jahrzehnten – verkörpert. Andererseits kommt es nicht auf die Zahl der Verfahren an, sondern darauf, dass der Sprachstand umfassend, objektiv, reliabel und valide überprüft werden kann.

Dass die Zahl vorliegender Sprachtests überschaubar ist, hat vermutlich mehrere Ursachen. Zum einen mag es daran liegen, dass in diesem interdisziplinären Forschungsfeld Tests etwa in Linguistik und Pädagogik viele Jahre vollkommen abgelehnt wurden. Neue Tests wurden kaum entwickelt. Zum anderen beschäftigen sich im deutschsprachigen Raum leider immer weniger Forscherinnen und Forscher mit dem Spracherwerb, die gleichzeitig auch das zur Testentwicklung notwendige methodische Know-how besitzen. Und schließlich ist die Testentwicklung eine kostspielige Angelegenheit und erfordert einen langen Atem. Ein standardisierter Test, der die entsprechenden messmethodischen Standards erfüllt, ist nicht einfach so quasi nebenbei entwickelt und veröffentlichungs- und einsatzfähig.

Unverändert sind viele der Auffassung, dass eine Sprachstandsbestimmung, die die „wahren" Sprachkenntnisse wiedergibt, nur in „normalen, natürlichen" Kommunikationssituationen vorgenommen werden könne. Nur die Beobachtung des Sprech- und Sprachverhaltens eines Kindes sei ökologisch valide. Testsituationen seien demgegenüber ökologisch invalide, weil sie „unnatürliche“ Situationen schaffen würden. Diese Argumentation ist in hohem Maße selbst künstlich. Sie suggeriert die Möglichkeit des Vorhandenseins von Natürlichkeit und negiert Kultur. Was wäre denn eine „natürliche“ Situation? Ist sie überhaupt herstellbar? Zu unserer Kultur gehört eine Vielzahl von Situationen und Aufgabenstellungen, die aus einer solchen „Natürlichkeits“-Perspektive heraus nur als vollkommen unnatürlich zu kennzeichnen sind.

Ein anderes und entscheidendes Argument gegen diese vermeintliche „Natürlichkeits“-Perspektive haben wir an anderer Stelle bereits vorgebracht: Weder das Ausmaß des Sprachverstehens noch der Sprachproduktion kann mit Beobachtungsverfahren, die zudem jedweden wissenschaftlichen Standard negieren (→ Kap. 6) objektiv, zuverlässig und gültig erfasst werden. Kinder mit sprachlichen Problemen und Auffälligkeiten haben gelernt, für sie schwierige sprachliche Formen zu meiden und diese beispielsweise durch andere Ausdrucksweisen (wie mimische oder gestische) oder nonverbales Handeln zu kompensieren.

Gesprächsaufzeichnungen liefern nur verkürzte Informationen über das Ausmaß der rezeptiven und produktiven sprachlichen Fähigkeiten eines Kindes. Wir erfahren etwas über die sprachlichen Äußerungen, die das Kind in bestimmten Situationen produziert, aber nichts über sein Sprachverständnis. Die Diskrepanz zwischen dem Sprachverstehen und der Äußerungsproduktion dürfte gerade bei Kindern mit einem Migrationshintergrund und geringen Deutschkenntnissen recht groß sein. Von daher sollte man bei der Sprachdiagnostik nicht nur mit dem Mikrofon versuchen, die mündliche Rede von Kindern festzuhalten und zu analysieren. Darüber hinaus müssen Situationen und Aufgabenstellungen geschaffen werden, in denen die Kinder über ihr Sprachverständnis und die Beherrschung derjenigen sprachlichen Formen Auskunft geben können, die sie in so genannten „natürlichen“ Kommunikationssituationen nicht preisgeben. Erst dann erhalten wir ein umfassenderes Bild ihres sprachlichen Leistungsstandes. Und um zu einem solchen umfassenderen Bild zu gelangen, sind Elizitationstechniken wie Tests hilfreich, da diese genau solche Situationen schaffen, in denen Sprachverstehen und -wissen genauer analysiert werden können.

Tests erfassen immer nur einen *Ausschnitt der sprachlichen Fertigkeiten,* dies gilt im Übrigen für jedes andere diagnostische Verfahren – auch für die angeblich ökologisch validen Spontansprachstichproben in „natürlichen“ Kommunikationssituationen. Im Vergleich zu anderen Verfahren ist ein Test – wie ausgeführt – ein systematisches, standardisiertes Verfahren, das die Erfassung einer Stichprobe des zur Untersuchung stehenden sprachlichen Verhaltens und Wissens des Kindes gestattet, und es ermöglicht, die gezeigten Leistungen anhand statistischer Normen oder aus Entwicklungstheorien abgeleiteten Kriterien zu bewerten. Nicht zuletzt im Hinblick auf die zeitlich und personell begrenzten diagnostischen Möglichkeiten im Arbeitsalltag einer Erzieherin sind sie ökonomisch. Dieses Gütekriterium ist für Praktiker ungleich bedeutsamer als für den Forscher.

Voraussetzung für den Einsatz eines Tests: Einarbeitung und Üben

Eine gründliche Einarbeitung in einen Test und seine zugrunde liegende Theorie sowie die Instruktionen und Auswertungsrichtlinien ist Voraussetzung für seinen Einsatz. Wer weiß, welche Leistungen eines Kindes mit einer bestimmten Aufgabe erfasst werden sollen, verringert die Gefahr von Durchführungs- und Instruktionsfehlern. Wer weiß, welche Leistungen Kinder in einem bestimmten Alter bei einem Test erbringen können, reduziert ebenfalls Durchführungsfehler, die durch falsche Erwartungen (Ansprüche) ausgelöst werden können.

Vor dem Hintergrund der wachsenden Zahl von Kindern mit Migrationshintergrund und unzulänglichen Deutschkenntnissen ist es nach wie vor unbefriedigend, dass standardisierte Tests ausschließlich für einsprachige Kinder konzipiert wurden. Ihr Einsatz ist bei dieser Gruppe von Kindern durch deren geringeres Instruktionsverständnis, aber auch durch nicht vorhandenes Verständnis einzelner Aufgabeninhalte nur begrenzt möglich. Dies gilt möglicherweise nicht für den gesamten Test, aber für einzelne Untertests. Nach der Vorstellung der Tests werden wir auf diese nicht behandelte Problematik eingehen und die Untertests benennen, die im Kindergarten bei monolingual deutschsprachigen und Kindern mit Migrationshintergrund zur Anwendung kommen können.

Im Folgenden werden wir nicht alle zwölf standardisierten Tests vorstellen, sondern uns auf neun Verfahren beschränken. Nicht beschrieben werden der Psycholinguistische Entwicklungstest (PET), bei dem das inhaltliche Konzept veraltet ist (der Test erfasst eher den kognitiven als den sprachlichen Entwicklungsstand), die Reynell Developmental Language Scales III (RDLS III), die leider noch nicht für deutsche Kinder angepasst und normiert sind, sowie der Landauer Sprachentwicklungstest für Vorschulkinder (LSV), der nicht mehr auf dem Markt erhältlich ist.

Wir beginnen unsere Darstellung mit dem Heidelberger Sprachentwicklungstest. Hier werden wir für die einzelnen Untertests auch auf die angedeuteten Einschränkungen hinsichtlich ihrer Einsetzbarkeit eingehen, um eine Vorstellung davon zu vermitteln, was bei der Auswahl von Tests bzw. Untertests zu beachten ist. Diese Überlegungen gelten auch für die anderen Tests, so dass wir dort im Einzelnen auf entsprechenden Ausführungen verzichten und auf den Gesamtüberblick am Ende dieses Kapitels verweisen.

7.2.1 HSET – Heidelberger Sprachentwicklungstest

Der **Heidelberger Sprachentwicklungstest** *(HSET)* kann ab drei Jahren bis zum Alter von neun Jahren eingesetzt werden, d. h. er soll den allgemeinen Sprachentwicklungsstand auch in den ersten Grundschuljahren erfassen.

HSET	
Name (Autor, Erscheinungsdatum), Bestellmöglichkeit, Anschaffungskosten	Heidelberger Sprachentwicklungstest (Grimm & Schöler, 1978; 2. Aufl. 1991), Testzentrale Göttingen, Komplett inkl. Koffer: 242,00 €
Einsatzbereich	Kinder im Alter von 3 bis 9 Jahren und ältere Kinder mit Entwicklungs- und Lernstörungen
Verfahren	Einzeltest mit 13 Untertests zur Prüfung rezeptiver und produktiver Fähigkeiten in syntaktischen, morphologischen, semantischen und pragmatischen Sprachbereichen
Normen	T-Werte und Prozentränge für acht Altersgruppen: jünger als 4 Jahre, 4;0–4;5 Jahre, 4;6–4;11 Jahre, 5;0–5;5 Jahre; 5;6–5;11 Jahre, 6;0–6;11 Jahre, 7;0–7;11 Jahre sowie 8- und 9-jährige Kinder
Bearbeitungsdauer	Je nach Altersgruppe 40 bis maximal 80 Minuten

Aufbau des Heidelberger Sprachentwicklungstests

Der Heidelberger Sprachentwicklungstest gliedert sich in **vier Schwerpunktbereiche:**

- Satzstruktur
- Morphologische Struktur
- Satzbedeutung
- Wortbedeutung

  und eine so genannte
- Integrationsstufe.

Erfasst werden jeweils Kenntnisse hinsichtlich der Sprachproduktion und des Sprachverstehens. Er enthält insgesamt **dreizehn Untertests:**

- Fünf Untertests diagnostizieren den Regelerwerb auf Morphem- und Satzebene:
  - Verstehen grammatischer Strukturformen (VS → unten)
  - Imitation grammatischer Strukturformen (IS → unten)
  - Plural-Singular-Bildung (PS → unten)
  - Bildung von Ableitungsmorphemen (AM → unten)
  - Adjektivableitungen (A → unten)

- Vier Untertests beziehen sich auf semantische Zusammenhänge auf Wort- und Satzebene:
  - Korrektur semantisch inkonsistenter Sätze (KS → unten)
  - Satzbildung (SB → unten)
  - Wortfindung (WF → unten)
  - Begriffsklassifikation (BK → unten)
- Die Kenntnis pragmatischer Aspekte wird durch drei Untertests auf Wort- oder Äußerungsebene erfasst:
  - Benennungsflexibilität (BF → unten)
  - In-Beziehung-Setzung von verbaler und nonverbaler Information (VN → unten)
  - Enkodierung und Rekodierung gesetzter Intentionen (ER → unten)
- Schließlich erfasst ein letzter Untertest (Textgedächtnis, kurz TG → unten), ob ein semantisch sinnvoller Text nach einer längeren Zeitspanne so genau wie möglich wiedergegeben werden kann.

Verstehen grammatischer Strukturformen (VS)

Vorgegeben werden bis zu 17 Sätze unterschiedlicher grammatischer Komplexität, deren Inhalte das Kind mit kleinen Holzfiguren nachspielen soll. Beispiele sind:

- Lass das kleine Kind zu dem Schaf gehen (Aufgabe 1)
- Die Mutter wird von dem kleinen Kind gewaschen (Aufgabe 8)
- Die Giraffe, die der Hase packt, beißt die Ente (Aufgabe 16).

Der Subtest prüft, ob das Kind das für das Verständnis der Sätze erforderliche grammatische Regelwissen bereits erworben hat. Beherrscht das Kind etwa noch keine Passiv-Strukturen, wird es Aufgabe 8 so interpretieren, dass die Mutter das kleine Kind wäscht. Immer dann, wenn die Kinder die für das Verständnis notwendigen grammatischen Strukturen noch nicht beherrschen, greifen sie zu Verstehensstrategien. So interpretieren sie die Äußerungen in Aufgabe 8 nach den Erfahrungen, die sie bisher mit kleinen Kindern, Müttern und dem Waschen gemacht haben (Weltwissen). Vorausgesetzt wird in diesem Subtest, dass sämtliche Wörter der vorgegebenen Sätze dem Kind bekannt sind, was etwa bei Kindern mit Migrationshintergrund sicherlich nicht immer gewährleistet ist.

Neue Erkenntnismöglichkeiten in der mittleren Kindheit

Die Instruktion „Die Mutter wird von dem kleinen Kind gewaschen“ wird von einem vierjährigen Kind in aller Regel so interpretiert, dass die Mutter das kleine Kind wäscht. Das Kind kennt die einzelnen Wörter, die in dem Satz vorkommen, und interpretiert diese Instruktion vor dem Hintergrund seines Wissens „Mütter waschen kleine Kinder“. Die Satzstruktur, in diesem Fall der Passivsatz, wird von dem Kind noch nicht beherrscht. Um die mittlere Kindheit herum, also im Kindergarten etwa ab dem Alter von fünf Jahren fällt bei dieser Instruktion meist ein „Stutzen“ der Kinder auf. Oft kommentieren sie die Aufgabenstellung mit Äußerungen wie *„komisch“*, *„das geht doch nicht“*, die darauf hinweisen, dass das Kind nun die Satzstruktur verstanden hat, der Inhalt aber im Widerspruch zu seiner Erwartung, seinem Weltwissen steht. Das Kind ist nun in der Lage, die Sätze aus dem Kontext loszulösen und unabhängig davon zu verstehen.

Diese neue Verarbeitung sprachlicher Äußerungen geht einher mit dem Erwerb neuer kognitiver Fähigkeiten, etwa der simultanen Beachtung zweier Dimensionen. Beispielsweise wird das Kind nun auch nicht mehr sagen, dass sich die Flüssigkeitsmenge beim Umschütten von einem kleineren aber breiteren Glas in ein höheres schmales Glas verändert hätte, wie dies das vierjährige Kind in aller Regel noch so einschätzt. Es wird über Witze lachen können, bei denen der Clou in einer Ambiguität (Mehrdeutigkeit) auf der sprachlichen Ebene besteht, weil es nun die Sätze auch in ihrer grammatischen Struktur zu analysieren gelernt hat.

Imitation grammatischer Strukturformen (IS)

Dem Kind werden zwölf Sätze unterschiedlicher Struktur und Komplexität vorgesprochen, die es unmittelbar danach wörtlich wiedergeben (nachsprechen) soll. Beispiele:

- Es ist heute morgen kein schönes Wetter (Aufgabe 3)
- Die Tante, die weit weg wohnt, kommt zu Besuch (Aufgabe 8).

Weglassungen und Veränderungen beim Nachsprechen der Satzvorgaben lassen auf fehlende syntaktische Fähigkeiten schließen. Bei Aufgabe 3 beispielsweise wird das „Es ist“ (so genanntes „expletives Es" oder „Expletivum") nur dann wiederholt, wenn das Kind bereits in der Lage ist, eine semantisch leere Kategorie syntaktisch zu kennzeichnen; andernfalls resultiert meist „Heute morgen ist kein schönes Wetter“. Eine solche Antwort zeigt auch, dass Kinder bei einer solchen Aufgabe die Sätze nicht einfach papageienhaft nachplappern, sondern diese verstehen und die Satzaussage mit Hilfe von Satzstrukturen, die sie bereits beherrschen und in ihrem Gedächtnis gespeichert haben, rekonstruieren.

Das Nachsprechen von Sätzen ist Bestandteil einer Reihe diagnostischer Verfahren (z. B. IDIS → Kap. 7.4.3, HASE → Kap. 7.3.3, SETK 3-5 → Kap. 7.2.5). Dieses Verfahren gilt als eine der besten Aufgabenstellungen, mit der Spracherwerbsstörungen erkannt werden können. In der im HSET gegebenen Form setzt es nicht nur das Vorhandensein von grammatischem Wissen, sondern gleichzeitig das Verständnis der Wörter voraus (im Vergleich zum Nachsprechen von Kunstwortsätzen vgl. SETK 3-5 → Kap. 7.2.5).

Plural-Singular-Bildung (PS)

Das Kind soll zu vorgesprochenen Wörtern (zumeist Kunstwörtern), Plural- und Singularformen bilden – bei den ersten zwölf Wörtern den Plural („Hier ist ein Maling und hier sind drei ...“), bei den letzten sechs die Singularform des vorgegebenen Pluralwortes („Hier sind drei Mindinnen, die zwei gehen weg, dann ist hier nur noch eine ...“) bilden. Bildtafeln, auf denen eines und mehrere Objekte dargestellt sind, werden gleichzeitig vorgegeben. Beispiele:

- Auto (Aufgabe 1)
- Maling (Aufgabe 6)
- Kolz (Aufgabe 11)
- Mindinnen (Aufgabe 14).

Dieser Test prüft, inwieweit vier im Deutschen bestehende morphologische Regelhaftigkeiten bei der Pluralbildung beherrscht werden. Kinder mit Migrationshintergrund sollten bei der Pluralbildung von Kunstwörtern wenigstens Pluralmarkierungen vornehmen können. Je nach Herkunftssprachen können bestimmte Probleme auftauchen (z. B. im Serbischen oder im Kroatischen, die drei Ausprägungen des Plurals kennen).

Bildung von Ableitungsmorphemen (AM)

Hier wird das Kind aufgefordert, von einer in Verbform vorgegebenen Tätigkeit zunächst den Handelnden dieser Tätigkeit, dann die weibliche Form davon und den Ort dieser Tätigkeit abzuleiten sowie eine Verkleinerungsform zu bilden. Bei zwei der vier Aufgaben werden Kunstwörter verwendet. Die jeweils zu verbalisierenden Sachverhalte sind bildlich dargestellt. Beispiele:

- Backen: Bäcker – Bäckerin – Bäckerei – Brötchen (als Verkleinerungsform von Brot) (Aufgabe 1)
- Falen: Faler – Falerin – Falerei – Zingchen (als Verkleinerungsform von Zing) (Aufgabe 3).

Bei diesem Test geht es um die Beherrschung regelhafter morphologischer Ableitungen. Auch hier gilt für Kinder mit Migrationshintergrund das zur Pluralbildung Ausgeführte: Wenigstens bei der Bearbeitung der Kunstwörter sollten Aufschlüsse über den Grad ihres Wissens darüber, dass vorgegebene Wörter verändert und dadurch neue gebildet werden können (Wortbildungsregeln), zu gewinnen sein.

Adjektivableitungen (AD)

Das Kind soll zunächst von einem Substantiv die Adjektivform ableiten und anschließend unterschiedliche Ausprägungsgrade dieses Attributes markieren, indem es die Komparativ- und die Superlativform bildet. Bei vier der fünf Aufgaben werden wieder Phantasiewörter verwendet; die Attribute und ihre jeweiligen Ausprägungsänderungen sind bildlich dargestellt. Beispiele:

- Blome: blomig – blomiger – am blomigsten (Aufgabe 3)
- Retze: retzig – retziger – am retzigsten (Aufgabe 5).

Dieser Test zielt wie schon die Untertests PS und AM auf die sprachliche Ebene der morphologischen Struktur. Erneut gilt das für Kinder mit Migrationshintergrund zur Pluralbildung Ausgeführte.

Korrektur semantisch inkonsistenter Sätze (KS)

Das Kind soll jeweils ein semantisch unpassendes Wort in den neun vorgesprochenen Sätzen erkennen und korrigieren. Beispiele:
- Die Mutter stellt die Blumenvase in den Tisch (Aufgabe 1)
- Der lustige Clown macht sehr viele Fragen (Aufgabe 6).

Auch hier ist, wie bei der Bearbeitung der Aufgaben zur Satzstruktur, die Kenntnis der Wörter Voraussetzung. Die Beobachtungen an Kindern mit Migrationshintergrund sind aufgrund unzureichenden Wortverständnisses gegebenenfalls mit Einschränkungen zu versehen.

Satzbildung (SB)

Dem Kind werden zwei oder drei Wörter (insgesamt zehn Aufgaben) vorgesprochen, aus denen es einen Satz bilden soll. Beispiele:
- Hof – liegen – Hund (Aufgabe 3)
- Weinen – traurig (Aufgabe 8).

Die Untertests KS und SB zielen auf die Erfassung der Fähigkeit zum Umgang mit Satzbedeutungen. Auch hier ist die Kenntnis der Wörter Voraussetzung. Dieser Untertest ist daher für Kinder mit Migrationshintergrund eher ungeeignet.

Wortfindung (WF)

Das Kind soll zu drei vorgesprochenen Wörtern ein viertes, dazu passendes Wort produzieren. Der Untertest enthält 14 Aufgaben. Beispiele:
- Blau – gelb – rot (Aufgabe 1)
- Springen – gehen – laufen (Aufgabe 3)
- Jetzt – später – früher (Aufgabe 13).

Für die Bewältigung dieser Aufgaben muss das Kind erkennen, welcher Bedeutungsaspekt den vorgegebenen Wörtern gemeinsam ist. Bei Aufgabe 3 zum Beispiel handelt es sich um Begriffe der Fortbewegung mit den Beinen. Das erlaubt Aufschlüsse über die Organisation des subjektiven Lexikons. Dieser Untertest sollte, da es unmittelbar um den Wortschatz und seine Struktur geht, auch bei Kindern mit Migrationshintergrund einsetzbar sein und Aufschlüsse über den Stand ihrer Wortschatzentwicklung in den ausgewählten Bereichen geben.

Begriffsklassifikation (BK)

Das Kind soll aus einem Set von 30 Fotos die zu einem vorgegebenen Begriff (insgesamt 6) jeweils passenden Fotos finden. Beispiele:

- Tiere: Fisch, Hund, Huhn, Pferd, Schildkröte (Aufgabe 1)
- Kleidung: Handschuhe, Hut, Jacke, Kleid, Schuhe (Aufgabe 3).

Zusammen mit dem Untertest WF dient dieser Test zur Erfassung der Fähigkeiten im Umgang mit Wortbedeutungen. Dieser Untertest sollte ebenfalls bei Kindern mit Migrationshintergrund einsetzbar sein und Aufschlüsse über den Stand ihrer Wortschatzentwicklung in den ausgewählten Bereichen geben.

Benennungsflexibilität (BF)

Eine auf einer Bildkarte dargestellte Person wird mit Vor- und Zunamen vorgestellt, und das Kind soll aus der Perspektive einer anderen Person die dargestellte Person anreden, wobei die Beziehungen zwischen den Personen variieren. So soll bei der ersten der zwei Aufgaben ein Mann namens Kurt Schneider von seinem Sohn, seiner Frau und dem Lehrer mit dem entsprechenden Namen angesprochen werden.

Dieser Test prüft die Fähigkeit, die in Abhängigkeit von den Beziehungen zwischen Personen variierende angemessene Anredeform auszuwählen. Allerdings ist Voraussetzung, dass die Bezeichnungen für Verwandtschaftsbeziehungen bekannt sind. Dieser Untertest verrät etwas über die Kenntnis – auch des Kindes mit Migrationshintergrund – über Mittel und Formen der Anrede im Deutschen. Zu beachten ist allerdings, dass Mittel und Formen der Anrede kulturspezifisch variieren. So kennt etwa das Türkische aufgrund eines anderen Systems von Verwandtschaftsrelationen auch andere Anredeformen als das Deutsche.

In-Beziehung-Setzung von verbaler und nonverbaler Information (VN)

Das Kind soll die jeweils vorgesprochene Äußerung (8 Aufgaben) einem von vier Gesichtern zuordnen, die unterschiedliche emotionale Zustände (wütend, unfreundlich, zufrieden, fröhlich) ausdrücken. Beispiele:

- Das ist ja zum Verrücktwerden! Du bist ein vollständiger Idiot! (Aufgabe 2)
- Ich fühle mich so leicht und beschwingt wie ein Schmetterling. Ich könnte tanzen vor Vergnügen! (Aufgabe 8).

Auch bei diesem Untertest werden die Kenntnisse und das Verständnis – auch des Kindes mit Migrationshintergrund – von Emotionsausdrücken im Deutschen geprüft. Voraussetzung hierfür ist die Kenntnis und das Verständnis der in den Vorgaben enthaltenen Wörter sowie der Sprachbilder („wie ein Schmetterling“). Solche Formen können kulturspezifisch variieren. Der Untertest eignet sich für den Einsatz bei Kindern mit Migrationshintergrund nur bedingt.

Enkodierung und Rekodierung gesetzter Intentionen (ER)

Das Kind soll sich in die Rolle vorgegebener Personen (drei Gesichter: wütend, traurig, zufrieden) versetzen und eine Äußerung produzieren, die sowohl den Gefühlszustand des Sprechers als auch das Ereignis/die Situation treffend wiedergibt (4 Situationen, 9 Aufgaben). Beispiel:

- (Vorlage des wütenden Gesichtsausdrucks): „Der Mann hat sein ganzes Geld verloren. Er kann nun nicht mehr mit seiner Familie in Urlaub gehen. Was glaubst du, sagt er gerade zu seiner Frau? Er sagt: ...“ (Situation 4, Aufgabe 7).

Die angemessene Lösung dieser Aufgaben erfordert mehrere Schritte: Das Kind muss zunächst den vorgegebenen Inhalt verstehen, es muss sich in die Rolle des Sprechers versetzen und dessen Perspektive und Gefühlszustand emotional und kognitiv einnehmen, um eine Perspektive und Gefühlszustand treffende Äußerung zu produzieren. Auch hier gilt das für VN Ausgeführte.

Die Untertests BF, VN und ER sollen die Fähigkeit zum Umgang mit Äußerungen und zum Verständnis ihrer interaktiven, pragmatischen Bedeutung erfassen.

Textgedächtnis (TG)

Das Kind soll eine Geschichte nacherzählen, die ihm einige Zeit zuvor (nach der Durchführung von Subtest BK) zweimal vorgelesen worden war. Als Erinnerungshilfe werden die vier in der Geschichte vorkommenden Tiere als Bildkarten vorgelegt. Diese Aufgabe erfasst die Fähigkeit zur komplexen Integration unterschiedlichster sprachlicher Merkmale zu einer Geschichte.

Durchführungszeit und Normen

Der Heidelberger Sprachentwicklungstest ist der umfassendste Sprachentwicklungstest im deutschsprachigen Raum. Seine **Altersnormen**, teilweise in Halbjahres-, teilweise in Jahresabschnitten, in Form von T-Werten und Prozenträngen beruhen auf einer Stichprobe von 791 Kindern im Alter zwischen drei und neun Jahren. Die Autoren kennzeichnen die Normierung als vorläufig. Aktuelle Untersuchungen zeigen jedoch, dass diese Einschätzung vielleicht unzutreffend ist, da Leistungen, die die Kinder vor 30 Jahren erzielten und die als durchschnittlich betrachtet wurden, heute ebenfalls als durchschnittlich zu bewerten sind. Bei den in neueren Untersuchungen eingesetzten Untertests VS, IS, PS, WF ergaben sich, verglichen mit den Ergebnissen vor 30 Jahren, nahezu keine Veränderungen der Leistungsverteilungen und somit der Normen (Hasselbach, Schakib-Ekbatan, Roos & Schöler, 2006).

Die **Durchführungszeit** des HSET wird mit etwa 70 Minuten angegeben, d.h. die komplette Testdurchführung erfordert in aller Regel zwei getrennte Untersuchungstermine mit einem Kind. Kinder unter fünf Jahren absolvieren nur zehn der dreizehn Untertests. Aufgrund ihrer Schwierigkeit werden die Untertests KS, BF und ER nur bei fünfjährigen und älteren Kindern durchgeführt. Da der Test für den Altersbereich zwischen drei und neun Jahren konzipiert ist und die Aufgaben nach Schwierigkeit angeordnet sind, werden bei den meisten Untertests Kriterien dafür definiert, mit welchen Aufgaben in Abhängigkeit vom Alter des untersuchten Kindes begonnen und wann die Bearbeitung eines Untertests abgebrochen wird. Für viele Fragestellungen muss der Test nicht komplett durchgeführt werden, es bietet sich an, gerade im Hinblick auf Kinder mit Migrationshintergrund, bestimmte Untertests auszuwählen. Der HSET gilt als ausreichend objektiv und zuverlässig. In der Literatur wird er als ein Beispiel für einen validen Entwicklungstest dargestellt.

Wir haben den HSET aus folgenden Gründen ausführlicher als andere Verfahren dargestellt:
- Dieser Test ist der umfassendste der vorhandenen Tests. Mit Ausnahme der phonetisch-phonologischen Ebene werden sämtliche Sprachebenen überprüft
- Der Test hat den umfangreichsten Anwendungsbereich: Kinder ab dem dritten bis zum neunten Lebensjahr können mit ihm untersucht werden
- Der Test enthält viele der bei der Überprüfung des Spracherwerbsstandes eingesetzten Elizitationstechniken und bietet somit einen guten Einstieg in das Verständnis solcher Techniken.

7.2.2 KISTE – Kindersprachtest für das Vorschulalter

KISTE	
Name (Autor, Erscheinungsdatum), Bestellmöglichkeit, Anschaffungskosten	Kindersprachtest für das Vorschulalter (Häuser, Kasielke & Scheidereiter, 1994), Testzentrale Göttingen, Komplett: 124,00 €
Verfahren	Einzeltest mit fünf Untertests zur Prüfung der Fähigkeiten in grammatischen, semantischen und kommunikativen Sprachbereichen
Normen	C-Werte für die Einzelskalen und die Gesamtskala, getrennt nach vier Altersgruppen
Bearbeitungsdauer	Ca. 35 bis 50 Minuten, bei sprachentwicklungsgestörten oder geistig retardierten Kindern bis zu 70 Minuten

Der **Kindersprachtest für das Vorschulalter** *(KISTE)* steht seit 1994 zur Verfügung und wird bei Kindern im Vorschulalter von 3;3 bis 6;11 Jahren eingesetzt. Das Verfahren prüft den sprachlichen Entwicklungsstand von Kindern auf drei unterschiedenen Ebenen, der
- Sprachlich-kommunikativen Ebene
- Semantisch-lexikalischen Ebene
- Morphologisch-syntaktischen Ebene.

Aufbau des Kindersprachtests für das Vorschulalter

Der KISTE besteht aus fünf Untertests, die für jeweils verschiedene Altersabschnitte anwendbar sind.
- Der **Teddy-Test** (→ Kap. 7.2.6) wird bei dreijährigen Kindern eingesetzt und soll die Sprechfreudigkeit und die Beherrschung semantischer Relationen erfassen. Dabei soll das Kind zu vorgegebenen Bildern etwas erzählen und wird anschließend nach bestimmten semantischen Relationen befragt, die auf den Bildern dargestellt sind.
- Mit allen Kindern von drei bis sechs Jahren werden die Untertests „Erkennen semantischer und grammatischer Inkonsistenzen" und „Aktiver Wortschatz" durchgeführt:
  - **Erkennen semantischer und grammatischer Inkonsistenzen (IKO)**: „Das Pferd streichelt den Jungen", „Der Kind spielt schön", „Die Schlange bellt leise"
  - **Aktiver Wortschatz (WO)**: „Was kann man alles essen?", „Was für Spielzeug kennst du?", „Was kann man alles lernen?"
- Die beiden Untertests „Semantisch-syntaktischer Untertest" und „Satzbildungsfähigkeit" werden bei Kindern ab vier Jahren eingesetzt:
  - **Semantisch-syntaktischer Untertest (SEMSY)**: Aufgabe des Kindes ist es, Bilder in eine bestimmte Reihenfolge zu legen. Der Handelnde (hier auch immer Subjekt) eines vorgesprochenen Satzes ist immer zuerst, dann das Mittel, mit dem eine bestimmte Handlung ausgeführt wird (Instrument), und als Letztes das Objekt zu legen. Zum Beispiel müssen die drei Bilder Wiege, Teddy, Baby bei dem Satz „Mit der Wiege schaukelt der Teddy das Baby" in die Folge Teddy (S) – Wiege (I) – Baby (O) gelegt werden. Ein weiteres Beispiel: „Mit dem Lappen wird das Mädchen von der Oma gewaschen"; Lösung: Oma (S) – Lappen (I) – Mädchen (O).
  - **Satzbildungsfähigkeit (SB)**: Das Kind soll aus vorgegebenen Wörtern einen Satz bilden, zum Beispiel: spielen – Kind, schneiden – Messer, müde – schlafen (vgl. SB aus HSET → Kap. 7.2.1).

Durchführungszeit und Normen

Je nach Alter des Kindes nimmt die **Durchführung** des Tests zwischen 30 und 50 Minuten in Anspruch. Die Testdurchführung erfordert eine gründliche Vorbereitung und Einarbeitung. Oft werden von den Kindern die Aufgabeninstruktionen nicht sofort verstanden, sodass die Untersucherin genaue Kenntnisse über die Ziele der jeweiligen Aufgaben haben muss.

Die Reliabilität der einzelnen Untertests ist gut. Validitätsüberprüfungen liegen vor und weisen den Test als gültig aus.

Normen liegen getrennt nach vier Altersgruppen für die Einzelskalen sowie die Gesamtskala (C-Werte) vor. Der Test wurde an 543 Vorschulkindern aus den neuen und 151 Kindern aus den alten Bundesländern normiert.

7.2.3 MSVK – Marburger Sprachverständnistest für Kinder

Der **Marburger Sprachverständnistest für Kinder** *(MSVK)* zählt zu den neuesten Tests im Bereich der Sprachstandsdiagnostik, er wurde im Jahr 2000 publiziert. Mit ihm soll das Sprachverstehen in den Bereichen Syntax, Semantik und Pragmatik bei Kindern ab fünf Jahren sowie Erstklässlern geprüft werden. Der MSVK ermöglicht eine isolierte Betrachtung des Sprachverstehens, die u. a. für das Instruktions- und Leseverständnis von Bedeutung ist.

MSVK	
Name (Autor, Erscheinungsdatum), Bestellmöglichkeit, Anschaffungskosten	Marburger Sprachverständnistest für Kinder (Elben & Lohaus, 2000), Testzentrale Göttingen, komplett: 56,00 €
Einsatzbereich	Kindergartenkinder ab 5 Jahren sowie Erstklässler
Verfahren	Einzeltest mit sechs Untertests zur Prüfung rezeptiver Fähigkeiten in syntaktischen, semantischen und pragmatischen Sprachbereichen
Normen	Geschlechtsspezifische Normen für Kindergartenkinder ab 5 Jahren und Kinder der ersten Klasse
Bearbeitungsdauer	Je nach Altersgruppe ca. 30 bis 45 Minuten

Aufbau des Marburger Sprachverständnistests für Kinder

Mit jeweils zwei Untertests werden die Bereiche → Syntax, → Semantik und → Pragmatik erfasst.

Untertests zum Verstehen syntaktischer Strukturen

- **Satzverständnis** (SV – zwölf Singular- und Pluralformen, zwei Präsens- und Perfektformen, vier Aktiv- und Passivsätze): Dabei soll das Kind einen vorgegebenen Satz einem von drei Bildern zuordnen, z. B. den Satz „Das Ei liegt neben dem Nest" einem der drei Bilder mit jeweils zwei Eiern: (1) ein Ei ist im Nest, ein Ei liegt neben dem Nest (korrekt), (2) zwei Eier liegen im Nest, (3) zwei Eier liegen neben dem Nest.
- **Instruktionsverständnis** (IV): Das Kind muss eine Instruktion ausführen: entweder einen Kreis um ein Bild, einen Strich unter ein Bild oder ein Kreuz unter ein Bild zeichnen. Vorgegeben sind immer fünf Bilder. Die Instruktion lautet beispielsweise: „Mach ein Kreuz durch den größten Hund und einen Kreis um die kleinste Katze". Gezeigt werden in diesem Beispiel jeweils zwei Katzen und zwei Hunde unterschiedlicher Größe und ein Baby.

Untertest zum Verstehen der Semantik

- **Passiver Wortschatz** (PW – 16 Substantive, sechs Verben, zwei Adjektive): Substantive: Das Kind soll aus vier Bildern auf einem Antwortbogen das jeweils von der Untersucherin benannte Objekt herausfinden und ankreuzen. Beispiele: „Geige" als Vorgabe, Bilder: Geige – Cello – Geier – Kuh; „Kahn" als Vorgabe, Bilder: Floß – Kahn – Hahn – Giraffe. Verben: „brüten" als Vorgabe, Bilder: Ski fahren – brüten – schwimmen – braten.
- **Wortbedeutung** (WB drei Items zur Bildung von Ober- und sieben von Unterbegriffen): Das Kind soll alle Objekte einer vorgegebenen Kategorie in einer Reihe von fünf Bildern herausfinden und ankreuzen, z. B. alle Musikinstrumente in der Reihe Fotoapparat – Gitarre – Bleistift – Trommel – Trompete.

Untertest zum Verstehen der Pragmatik

- **Personenbezogene Sprachzuordnung** (PS): Das Kind soll die Person auf einem Bild herausfinden, die einen vorgegebenen Satz sagt. Zum Beispiel „Hast du dich verletzt?" Die Szene zeigt einen Obstverkäufer, der einer Frau eine Banane anbietet, eine Verkäuferin, die hinter einer Theke mit Backwaren steht, und einen Jungen, der sich offenbar an der Hand verletzt hat und von einem Eisverkäufer ein Eis erhält.
- **Situationsbezogene Sprachzuordnung** (SS): Das Kind soll eines von drei Bildern auswählen, das einem vorgegebenen Satz entspricht. Beispiel: Der Vater sagt: „Hilf mir doch mal". Gezeigt werden (1) ein Mann und ein Junge, beide tra-

gen eine Kiste, (2) ein Mann, der Wäsche aufhängt, und ein Junge, der daneben am Boden sitzt, und (3) ein Mann, der im Auto sitzt, und ein Junge, der dieses von hinten anschiebt.

Durchführungszeit und Normen

Das Kind bearbeitet ein Testheft, das zu allen Aufgaben Abbildungen (z. B. von Gegenständen oder Situationen) enthält. Bei fünf der sechs Untertests muss das Kind den vorgesprochenen Satz einem von mehreren Bildern zuordnen. Im Untertest IV muss das Kind eine Bildreihe mit verschiedenen Markierungen versehen.

Die **Durchführungszeit** des MSVK wird mit 30 bis 45 Minuten angegeben. Die Reliabilität des Tests ist zufriedenstellend bis gut. Der Test gilt als inhaltsvalide.

Der MSVK wurde an 1 045 Kindergartenkindern und Schülerinnen/Schülern im ersten Schuljahr normiert. Prozentränge und T-Werte liegen getrennt für Kindergarten- und Schulkinder sowie für Jungen und Mädchen vor.

Für den Einsatz bei Kindern mit Migrationshintergrund scheint er wenig geeignet.

7.2.4 SETK-2 – Sprachentwicklungstest für zwei- bis dreijährige Kinder

SETK-2	
Name (Autor, Erscheinungsdatum), Bestellmöglichkeit, Anschaffungskosten	Sprachentwicklungstest für zweijährige Kinder (Grimm, Aktas & Frevert, 2000), Testzentrale Göttingen, komplett inkl. Koffer: 329,00 €
Einsatzbereich	Kinder im Alter von 2;0–2;11 Jahren und ältere Kinder mit bekannten Entwicklungsschädigungen
Verfahren	Einzeltest mit vier Untertests zur Prüfung der rezeptiven und produktiven Sprachverarbeitungsfähigkeit
Normen	T-Werte und Prozentränge für die zwei Halbjahresschritte • 2;0 – 2;5 Jahre und • 2;6 – 2;11 Jahre
Bearbeitungsdauer	Maximal 25 Minuten

Aufbau des Sprachentwicklungstests für zweijährige Kinder

Der **Sprachentwicklungstest für zweijährige Kinder** *(SETK-2)* enthält vier Untertests, die rezeptive und produktive Aspekte des Spracherwerbs prüfen.

Untertests zum rezeptiven Aspekt des Spracherwerbs

Das Kind muss bei neun Wörtern (z. B. Käse, Schere, Möhre, Messer) auf das jeweils passende Objekt auf einer Bildkarte zeigen. Beim Satzverstehen haben die Kinder die Aufgabe, unter jeweils vier Bildern auf dasjenige zu zeigen, welches den Inhalt des vorgesprochenen Satzes am besten darstellt.

- **Verstehen I – Wörter**: Das Kind soll Wörter wie Käse, Schere, Schrank dem entsprechenden Bild zuordnen.
- **Verstehen II – Sätze**: Für Sätze wie „Der Hund läuft", „Der Vogel sitzt im Baum" soll das korrekte Bild gezeigt werden.

Untertests zum produktiven Aspekt des Spracherwerbs

Auf Wort- und Satzebene wird auch die Sprachproduktion untersucht. Das Kind soll 30 Objekte benennen, die ihm als konkrete Objekte (sechs Aufgaben) oder als Bildkarten (24 Wörter) vorgelegt werden. Beim Untertest „Produktion II" (16 Teilaufgaben) soll das Kind eine Situation auf einem Bild so präzise wie möglich sprachlich wiedergeben. Auf diese Weise sollen sechzehn Sätze hervorgelockt (elizitiert) werden, jeweils vier mit einwertigen Verben und mit Subjekt-Prädikat-Objekt-Struktur sowie acht Sätze mit Präpositionalstruktur. Ein Kind gilt als Risikokind, wenn es in einem der beiden Untertests zur Sprachproduktion keine durchschnittliche Leistung erzielt. Unterdurchschnittliche Leistungen im Sprachverstehen legen den Verdacht nahe, dass möglicherweise eine allgemeine Intelligenzminderung vorliegt.

- **Produktion I – Wörter**: Gegenstände wie Schlüssel oder Stift oder Bilder wie Apfel, Kamm, Bürste sollen benannt werden.
- **Produktion II – Sätze**: Bilder werden vorgelegt und das Kind soll sagen, was es darauf sieht. Beispiele: „Das Baby schläft", „Der Mann schwimmt", „Der Clown trägt den Eimer".

Durchführungszeit und Normen

Normen (T-Werte, Prozentränge) liegen für zwei Altersgruppen (2;0–2;5 und 2;6–2;11 Jahre) vor, die insgesamt auf der Grundlage einer → Eichstichprobe von 269 Kindern erstellt wurden. Die Zuverlässigkeit der Untertests schwankt beträchtlich: Sie reicht von einem unbefriedigenden Wert beim Verstehen von Sätzen (Verstehen II) bis zu einem sehr guten Wert bei der Produktion von Sätzen. Bei drei Untertests werden bedeutsame Leistungsunterschiede zwischen Mädchen und Jungen berichtet, lediglich beim Untertest Verstehen von Wörtern ergeben sich keine Geschlechtsunterschiede. Die Mädchen sind immer besser als die Jungen.

Etwa die Hälfte der Kinder, die im Alter von zwei Jahren als späte Wortlerner (→ late talker) identifiziert werden, soll dauerhaft Spracherwerbsstörungen ausbilden, wobei die Kinder bislang aber nur bis zum dritten Lebensjahr beobachtet wurden. Im Alter von drei Jahren zeigen die Risikokinder auch in fünf der sechs Untertests des SETK 3–5 (→ Kap. 7.2.5) unterdurchschnittliche Leistungen.

Die **Durchführungszeit** des Tests wird mit maximal 25 Minuten angegeben. Um Risikokinder frühzeitig zu erkennen, kann der Test auch als Screening verwendet werden. Dazu wird der Untertest „Produktion II" in einer vereinfachten Weise durchgeführt.

7.2.5 SETK 3-5 – Sprachentwicklungstest für drei- bis fünfjährige Kinder

Im **Sprachentwicklungstest für drei- bis fünfjährige Kinder** *(SETK 3-5)* werden – wie im SETK-2 (→ Kap. 7.2.4) – rezeptive und produktive Aspekte des Spracherwerbs überprüft, zusätzlich aber auch Aspekte des auditiven Gedächtnisses.

SETK 3-5	
Name (Autor, Erscheinungsdatum), Bestellmöglichkeit, Anschaffungskosten	Sprachentwicklungstest für drei- bis fünfjährige Kinder (Grimm, Aktas & Frevert, 2001), Testzentrale Göttingen, Komplett inkl. Koffer: 398,00 €
Verfahren	Einzeltest mit vier Untertests zur Prüfung der rezeptiven und produktiven Sprachverarbeitungsfähigkeit sowie auditiver Gedächtnisleistungen
Normen	T-Werte und Prozentränge für fünf Altersgruppen zwischen drei und fünf Jahren
Bearbeitungsdauer	20 bis maximal 30 Minuten

Aufbau des Sprachentwicklungstests für drei- bis fünfjährige Kinder

Insgesamt besteht der Test aus sechs Untertests, mit denen das Sprachverstehen, die Sprachproduktion und das auditive Gedächtnis untersucht werden.

Untertests zum Sprachverstehen

Beim Untertest „Verstehen von Sätzen“ müssen die dreijährigen Kinder vorgesprochene Sätze einem von vier Bildern zuordnen oder Instruktionen mit Figuren ausführen. Für die vier- bis fünfjährigen Kinder findet der Untertest VS des HSET Anwendung (→ Kap. 7.2.1).

- **Verstehen von Sätzen (VS)**: Das Kind muss mit Objekten eine Instruktion ausführen, z. B.: „Leg den blauen Stift unter den Sack“ oder „Der weiße Ball liegt unter dem Bilderbuch, weil der Teddy ihn dort versteckt hat“.

Untertests zur Sprachproduktion

Der Untertest „Enkodierung semantischer Relationen“ entspricht in großen Teilen dem Untertest „Produktion II“ des SETK-2 (→ Kap. 7.2.4) und wird nur mit dreijährigen Kindern durchgeführt. Damit wird geprüft, wie vollständig und präzise die Kinder auf Bildkarten dargestellte Inhalte verbalisieren können. Der Untertest „Morphologische Regelbildung“ prüft die Plural-Bildung mittels bekannter und unbekannter Wörter bei vier Pluralformen des Deutschen (vgl. Untertest PS des HSET → Kap. 7.2.1). Bei dreijährigen Kindern werden nur bekannte Wörter vorgegeben, da sie bei Kunstwörtern kaum diagnostisch verwertbare Antworten geben; es ist zu vermuten, dass diese Kinder die Aufgabenstellung noch nicht verstehen.

- **Enkodierung semantischer Relationen (ESR)**: Dem Kind wird eine Bildszene vorgelegt, die es beschreiben soll, z. B.: „Das Baby schläft unter dem Bett“.
- **Morphologische Regelbildung (MR)**: Hier soll das Kind zu Bildobjekten, die in der Singularform vorgegeben werden, die Pluralform bilden, z. B. Stuhl oder Tulo.

Untertests zum auditiven Gedächtnis

Der Untertest „Phonologisches Arbeitsgedächtnis für Nichtwörter“ prüft, wie gut das Kind mehrsilbige Kunstwörter nachsprechen kann. Diese Kunstwörter unterscheiden sich nach der Ähnlichkeit zu existierenden Wörtern (eingeschätzt durch Studierende):

- Wortähnlich: „defsal“
- Mittlere Wortähnlichkeit: „toschlander“
- wortunähnlich: „vominlapertust“.

Da die Ergebnisse vom Stand der Entwicklung im Bereich der Aussprache beeinflusst werden, sind zwei Auswertungen vorgesehen: eine ohne und eine mit Berücksichtigung von Auffälligkeiten der Aussprache. In der Praxis setzt letztere eine für Erzieherinnen kaum zu bewältigende aufwändige Analyse der Aussprache etwa mit dem „Analyseverfahren zu Aussprachestörungen bei Kindern“, kurz AVAK (→ Kap. 7.4.9) voraus. Die Einsatzmöglichkeiten des SETK 3-5 sind deshalb gerade im Hinblick auf diesen für das Vorliegen einer Spracherwerbsstörung kritischen Subtest im Kindergarten eingeschränkt. Im Untertest „Gedächtnisspanne für Wortfolgen" werden Wortfolgen, bestehend aus zwei bis sechs einsilbigen Wörtern (z.B. Kuh – Tisch – Mann) vorgegeben. Die Wortspanne entspricht der längsten vom Kind korrekt nachgesprochenen Wortfolge. Bei diesem Untertest ist im untersuchten Altersbereich von 4;0 bis 5;11 Jahren kein signifikanter Leistungsanstieg mit zunehmendem Alter festzustellen. Beim Untertest „Satzgedächtnis" hat das Kind die Aufgabe, vorgegebene Sätze nachzusprechen (vgl. Untertest IS des HSET → Kap. 7.2.1). Die Sätze bestehen aus sechs bis zehn Wörtern und sind sowohl sinnvoll (normal) als auch sinnlos, aber immer grammatisch korrekt (z.B. „Eine Mütze, die Berge füttert, schläft").

- **Phonologisches Arbeitsgedächtnis für Nichtwörter (PGN)**: Dem Kind werden zwei- bis fünfsilbige Kunstwörter vorgegeben, die es unmittelbar wiederholen soll, z.B. maluk, ronterklabe, vominlapertust (vgl. Aufgabe NK aus IDIS → Kap. 7.4.3)
- **Gedächtnisspanne für Wortfolgen (GW)**: Das Kind soll Wortfolgen, die aus zwei bis sechs Wörtern bestehen, unmittelbar nachsprechen, z.B. Schuh – Bett, Hund – Bett – Milch – Lied – Kopf (vgl. Aufgabe WF aus IDIS → Kap. 7.4.3)
- **Satzgedächtnis (SG)**: Das Kind soll vorgesprochene Sätze unmittelbar nachsprechen, z.B. Eine Mütze, die Berge füttert, schläft oder Der viereckige Indianer gießt den glücklichen Kuchen in einen Sack (vgl. Untertest IS des HSET → Kap. 7.2.1).

Durchführungszeit und Normen

Die Dreijährigen erhalten die Untertests in der Abfolge VS, ESR, PGN und MR; die vier- bis fünfjährigen Kinder in der Reihenfolge VS, SG, PGN, MR und GW; nur die drei Untertests VS, PGN und MR werden in beiden Altersbereichen eingesetzt. Jeder Untertest, mit Ausnahme von GW, ist vollständig durchzuführen; GW wird abgebrochen, wenn zwei Wortfolgen der gleichen Länge nicht korrekt wiedergegeben wurden.

Die **Zeit für die Testdurchführung** wird mit 20 bis maximal 30 Minuten angegeben.

Die Normierungsstichprobe umfasst 495 Kinder im Alter von 3;0 bis 5;11 Jahren. **Normen** (T-Werte, Prozentränge) liegen für fünf Altersgruppen vor (Halbjahresschritte), wobei die Umfänge der Normierungsstichproben zwischen 69 und 85 Kindern variieren, nur die Altersgruppe von 5;0 bis 5;11 Jahren scheint mit 172 Kindern ausreichend besetzt.

Der Test erweist sich als ausreichend objektiv. Mit Ausnahme des Untertests GW, der teststatistisch eine Sonderstellung einnimmt, sind die einzelnen Untertests weitestgehend zuverlässig. Im Handbuch ist angegeben, dass für GW keine teststatistischen Kennwerte berechnet wurden, weil in diesem Test nur wenige Rohwerte erzielt werden können. Zur prognostischen Validität liegen keine Angaben vor.

Die Untertests MR, PGN und GW sind sicherlich auch bei Kindern mit Migrationshintergrund nutzbar.

7.2.6 Teddy-Test

Teddy-Test	
Name (Autor, Erscheinungsdatum), Bestellmöglichkeit, Anschaffungskosten	Teddy-Test (Friedrich, 1998), Testzentrale Göttingen, komplett 84,00 €
Verfahren	Einzeltest zur Erfassung der verbalen Verfügbarkeit semantischer Relationen
Normen	• Halbjahresnormen für die Altersgruppen 3;0 bis 5;11 Jahre • Normen für Schulanfänger von 6;1 bis 6;11 Jahre • Normen für sprachauffällige und lernbehinderte Kinder zwischen 4;0 und 8;6 Jahren
Bearbeitungsdauer	Ca. 20 bis 30 Minuten

Der Teddy Test prüft die Fertigkeit zur Stiftung semantischer Beziehungen in Äußerungen bei drei- bis sechsjährigen Kindern. Dabei geht es um die semantischen Relationen

- Handelnder-Handlung (Aktor-Aktion)
- Handlung-Gegenstand der Handlung (Aktion-Objekt)
- Handlungsort (Lokation)
- Handlungsmittel (Instrument)
- Handlungsziel (Finalität).

Aufbau des Teddy-Tests

Zunächst werden die Kinder aufgefordert, zu vorgegebenen Bildern eine kleine Geschichte zu erzählen. Im Anschluss sollen durch standardisierte Fragen Äußerungen elizitiert werden, die eine Versprachlichung der genannten semantischen Beziehungen (Relationen) erfordern. Als Indikator für die Sprechaktivität wird die Anzahl der Wörter erfasst.

Durchführungszeit und Normen

Die **Durchführungszeit** liegt bei etwa 20 bis 30 Minuten. Die Reliabilitäten sind gut. Untersuchungen zur differenziellen Validität deuten an, dass die Testergebnisse nicht durch das Geschlecht oder die Wohnortgröße bedingt sind und sich auch keine Leistungsunterschiede zwischen den Kindern aus alten und neuen Bundesländern ergeben. Studien zur prognostischen Validität ergeben einen bedeutsamen Zusammenhang zwischen den Testergebnissen des Teddy-Tests und drei Jahre später erhobenen Intelligenztestleistungen. Dies spricht dafür, dass der Test insbesondere auch kognitive Leistungen erfasst und mit ihm weniger sprachlich-strukturelle Bereiche überprüft werden. Der Teddy-Test kann daher als ein allgemeiner Entwicklungstest gelten.

7.2.7 AWST-R – Aktiver Wortschatztest für 3- bis 5-jährige Kinder

Der **Aktive Wortschatztest für 3- bis 5-jährige Kinder** wurde in einer Neufassung 2005 *(AWST-R)* publiziert. Bei diesem Test wird der aktive Wortschatz von drei- bis fünfjährigen Kindern untersucht.

AWST-R	
Name (Autor, Erscheinungsdatum), Bestellmöglichkeit, Anschaffungskosten	Aktiver Wortschatztest für 3- bis 5-jährige Kinder – Revision (Kiese-Himmel, 2005), Testzentrale Göttingen, komplett: 148,00 €
Einsatzbereich	Kinder im Alter von 3;0 bis 5;5 Jahren
Verfahren	Einzeltest zur Beurteilung des expressiven Wortschatzumfangs
Normen	Prozentränge und T-Werte in Halbjahresstufen
Bearbeitungsdauer	Ca. 15 Minuten

Aufbau des aktiven Wortschatztests für 3- bis 5-jährige Kinder

Um den aktiven Wortschatz eines 3- bis 5-jährigen Kindes zu testen, werden dem Kind 75 Fotos vorgelegt, die es benennen soll. Elizitiert werden sollen 51 Substantive und 24 Verben. Zusätzlich zur quantitativen wird eine zeitaufwändigere qualitative Auswertung angeboten, die der Therapieplanung und -gestaltung dient. Aufgabenbeispiele sind:

- **Nomen**: Blatt – Bank – Muschel – Tannenzapfen – Feuerlöscher
- **Verben**: schneiden – bügeln – tanken – wischen – kneifen

Durchführungszeit und Normen

Die **Durchführungszeit** beträgt etwa 15 Minuten. Die Reliabilität ist gut. Der Test gilt als inhaltsvalide. **Normen** liegen in Prozenträngen und in T-Werten in Halbjahresschritten vor.

7.2.8 LBT – Lautbildungstest für Vorschulkinder

Mit dem 1980 erschienenen **Lautbildungstest für Vorschulkinder** soll die Lautbildungsfähigkeit von Kindern im Alter von vier bis sieben Jahren überprüft werden. Der Test enthält eine *Kurzform (LBT)* und eine *Diagnostik-Form (DBLT)*. Die Kurzform dient dazu, Kinder mit mangelhafter Lautbildungsleistung von Kindern mit einer der Altersnorm entsprechenden Lautbildungsleistung zu trennen (→ Screening). Mit Hilfe einer profilanalytischen Auswertung kann festgestellt werden, wie stark die Lautbildungsmängel ausgeprägt bzw. welche Lautbereiche insbesondere gestört sind. Die diagnostische Testform (DLBT) gibt Aufschluss über den Ausprägungsgrad der Lautbildungsschwäche. Aufgrund dieser differenzierten Informationen lassen sich genaue Hinweise für ein gezieltes Training gewinnen.

LBT	
Name (Autor, Erscheinungsdatum), Bestellmöglichkeit, Anschaffungskosten	Lautbildungstest für Vorschulkinder/Diagnostischer Lautbildungstest (Fried, 1980), Testzentrale Göttingen, komplett: 59,00 €
Einsatzbereich	Kinder im Alter von 4 bis 7 Jahren
Verfahren	Einzeltest zur Prüfung der Lautbildungsfähigkeit
Normen	Prozentränge für zwei Altersstufen: • 4–5 Jahre • 5–7 Jahre
Bearbeitungsdauer	LBT: ca. 5 Minuten; DLBT: ca. 12 Minuten

Aufbau des Lautbildungstests für Vorschulkinder

Beim Lautbildungstest für Vorschulkinder soll das Kind den auf Bildkarten dargestellten Gegenstand bzw. die dargestellte Handlung benennen (43 beim LBT; 101 beim DLBT). Als Aufgabenbeispiel seien die vom Kind zu beschreibenden Bildkarten genannt: So wird beim Begriff „rosa“ das [a:] geprüft, beim Igel das [i:], beim Ohr das [o:], beim Stuhl das [u:], bei der Eidechse das [x] und bei der Wurst das [w].

Durchführungszeit und Normen

Die **Durchführungszeit** für die Kurzform liegt bei fünf Minuten, für die Durchführung der Diagnostik-Version werden 20 bis 30 Minuten benötigt. Die Reliabilität ist zufriedenstellend. Der Test beansprucht logische Gültigkeit. Neuere Ergebnisse zur Ausspracheentwicklung bleiben aufgrund des Alters des Verfahrens in der Auswahl der Items unberücksichtigt. Die Gültigkeit ist somit eingeschränkt. **Normen** liegen für zwei Altersgruppen in Prozenträngen vor.

7.2.9 LUT – Lautunterscheidungstest für Vorschulkinder

LUT	
Name (Autor, Erscheinungsdatum), Bestellmöglichkeit, Anschaffungskosten	Lautunterscheidungstest für Vorschulkinder/Diagnostischer Lautunterscheidungstest (Fried, 1980), Testzentrale Göttingen, Kosten: 56,00 €
Einsatzbereich	Kinder im Alter von 4 bis 7 Jahren
Verfahren	Gruppentest zur Prüfung der Lautunterscheidungsfähigkeit
Normen	Prozentränge für zwei Altersstufen: • 4–5 Jahre • 5–7 Jahre
Bearbeitungsdauer	Ca. 12 Minuten, DLUT: ca. 25 Minuten, Einübungsprogramm: 7 Minuten

Gleichzeitig mit dem LBT (→ Kap. 7.2.8) erschien der **Lautunterscheidungstest für Vorschulkinder,** der die Lautunterscheidungsfähigkeit von vier- bis siebenjährigen Kindern prüft. Wie der Lautbildungstest liegt er in einer *Kurzform* (*LUT*: 17 Aufgaben) und in einer *Diagnostik-Form* (*DLUT*: 32 Aufgaben) vor. Die Kurzform prüft zunächst, ob die Lautunterscheidungsleistung der Altersnorm entspricht oder gravierend abweicht (→ Screening). Mit der diagnostischen Form (DLUT) werden anschließend die Kinder, deren Lautunterscheidungsleistung sich im LUT als mangelhaft erwiesen hat, systematisch überprüft. Da die Testanweisung über Kassette erfolgt, eignet sich der Test auch für die Gruppenprüfung.

Aufbau des Lautunterscheidungstests für Vorschulkinder

Jedes Kind erhält ein Testheft, in dem es die entsprechenden Antworten anstreichen kann. Dem Test ist ein Einübungsprogramm vorgeschaltet, das am Tag vor der eigentlichen Testdurchführung durchgeführt wird.

Aufgaben-Nr.	Bildbegriffe		
	1	2	3
1	Hose	Hase	Haus
11	Bluse	Blume	Brunnen
17	Nase	Nadel	Nagel

Tab. 7.1: Aufgabenbeispiel für den Lautunterscheidungstest für Vorschulkinder. Im Arbeitsheft der Kinder sind Hose, Hase, Haus abgebildet. Die Kinder sollen das Bild, das dem auf Kassette vorgegebenen Prüfwort entspricht, kennzeichnen. In Aufgabe Nr. 1 ist das Prüfwort Hase, der Prüflaut ist [a].

Durchführungszeit und Normen

Die **Durchführungszeit** liegt bei der Kurzform bei ca. zwölf Minuten, bei der Diagnostik-Form bei ca. 25 Minuten. Die Reliabilität ist zufriedenstellend. Übereinstimmungsvalidität mit anderen Verfahren ist gegeben. **Normen** liegen in Prozenträngen für zwei Altersgruppen vor.

Zusammenfassende Bewertung der Sprachstandsdiagnostik mit Hilfe von Tests

Einschränkung des Einsatzes von Tests durch das Alter des Kindes

Tests zur Erfassung des Spracherwerbsstandes helfen zum einen, die Leistungen in verschiedenen Sprachbereichen differenziert zu prüfen, zum anderen sollen sie Unterschiede zwischen den Kindern erfassen und erklären. Zu beachten ist – gerade bei der Prüfung interindividueller Unterschiede –, dass die Einsatzmöglichkeiten der Elizitationstechnik vom Alter des Kindes abhängen. Vor allem im Kleinkindalter (Geburt bis zwei Jahre), also bevor die Kinder in die Kita bzw. den Kindergarten kommen, müssen in erster Linie Beobachtungsverfahren zur Bestimmung des Sprachstandes eingesetzt werden. Tests, die sprachliche Leistungen des Kleinkindes direkt (also nicht über Beobachtung oder Befragung von Bezugspersonen) erfassen, liegen für diesen Altersbereich nicht vor. Ab dem Alter von zwei Jahren wird es möglich, Tests zur Erfassung des Sprachentwicklungsstandes einzusetzen. Mit dem SETK-2 (→ Kap. 7.2.4) liegt nun ein erster Test für diesen Altersbereich vor.

Im Kindergartenalter, d. h. für Kinder zwischen drei und sechs Jahren stehen mehrere Tests zur Auswahl, die unterschiedliche Sprachbereiche prüfen. Ein trivialer Grund hierfür ist sicherlich die Tatsache, dass die fortschreitende kognitive und sprachliche Entwicklung der Kinder den Einsatz von Tests ermöglicht. Ein weiterer Grund ist die in diesem Altersbereich enorme und damit auffällige Beschleunigung des Spracherwerbs. Bereits mit fünf bis sechs Jahren verfügen Kinder über oft verblüffende sprachliche Ausdrucks- und Verstehensmöglichkeiten. Dies hat sicherlich zur Entwicklung von Verfahren für diesen Altersbereich beigetragen.

Mit dem Schulalter nimmt die Zahl der zur Verfügung stehenden Tests wieder ab, im Altersbereich zwischen sieben und neun Jahren steht nach wie vor nur der Heidelberger Sprach- und Entwicklungstest (HSET → Kap. 7.2.1) zur Verfügung. Ursache hierfür ist sicherlich auch die lange, insbesondere von nativistisch orientierten Forschern vertretene Auffassung, der Spracherwerb sei bei Schuleintritt im Wesentlichen abgeschlossen. Mit dem Schuleintritt rückt der Schriftspracherwerb in den Vordergrund und damit Verfahren, die Lese- und Rechtschreibleistungen überprüfen. Auch hier hat sich erst in den letzten Jahren ein Perspektivwechsel vollzogen, der die Bedeutung des Spracherwerbsstands und der Vorläuferfertigkeiten für den Schriftspracherwerb betont. Somit sind auch Erzieherinnen zunehmend in der Pflicht, auf den Entwicklungsstand von Sprache und Vorläuferfertigkeiten zu achten und gegebenenfalls entsprechende Fördermaßnahmen einzuleiten.

Zur theoretischen Konzeption und Validität der Tests

Die konzeptuelle und theoretische Fundierung eines standardisierten Tests zur Erfassung des Sprachstandes ist, wie die anderer diagnostischer Verfahren, ein Kriterium für seine Auswahl. In ihrer zugrunde liegenden Konzeption sind sich der HSET (→ Kap. 7.2.1) und der SETK 3-5 (→ Kap. 7.2.5) sehr ähnlich. Gegenüber den älteren Sprachentwicklungstests hat beim SETK 3-5 eine Akzentverschiebung der Inhalte stattgefunden. Neben sprachlichen Fähigkeiten prüft er auch grundlegende Funktionen der Informationsverarbeitung, insbesondere die auditive Verarbeitung (phonologische Gedächtnisfunktion). Die Leistungen in diesem Bereich haben vor dem Hintergrund neuerer Befunde zur Ursache von Sprach- und Schriftspracherwerbsstörungen eine Schlüsselfunktion. Der Fairness halber ist daran zu erinnern, dass solche eher kognitiven Fähigkeiten bereits Bestandteil von früheren Testkonzeptionen wie beim Psycholinguistischen Entwicklungstest (PET) waren. Im PET wurden sowohl durch das Nachsprechen von Zahlenfolgen („Zahlen-Folgen-Gedächtnis“, kurz ZFG) als auch das Nachlegen von Symbolfolgen („Symbolfolgen-Gedächtnis“, kurz SFG) Merkmale des Arbeitsgedächtnisses geprüft. Zwar haben sich zwischenzeitlich die zugrunde liegenden Theorien geändert, aber festzuhalten ist, dass mit den beiden PET-Untertests ZFG und SFG Merkmale unseres Kurzzeitgedächtnissystems (→ Arbeitsgedächtnis) erfasst werden. ZFG ist ein Indikator für die Funktionstüchtigkeit der so genannten phonologischen Schleife – des Systems, das für unsere auditive Wahrnehmung eine Schlüsselrolle hat. Mit SFG wird das zweite System unseres Arbeitsgedächtnisses (der so genannte visuell-räumliche Notizblock) geprüft, mit dem wir die visuellen Informationen verarbeiten. Bei den Sprach- und Schriftspracherwerbsstörungen gelten größtenteils Defizite in der auditiven Informationsverarbeitung als verursachend, insofern erhält die prognostische Funktion der Diagnostik durch den Einbezug von Gedächtnisaufgaben im SETK 3-5 ein größeres Gewicht. Allerdings ist die Vorhersagevalidität wie bei allen auf dem Markt erhältlichen Tests oder Screenings noch nicht ausreichend geprüft.

Die hier vorgestellten Sprachentwicklungstests weisen fast ausnahmslos kleinere, aber auch größere theoretische Mängel bzw. Schwächen auf. Dies gilt auch für den vor nunmehr nahezu drei Jahrzehnten entwickelten HSET, obwohl er in der Regel nach wie vor positiv bewertet wird und als einer der wenigen Tests gilt, die dem Anspruch eines Entwicklungstests genügen. Aufgrund seines Alters sollte eine neue Normierung vorgenommen werden. Auch die theoretischen Grundlagen sind zu überdenken und dem Stand der Erkenntnisse der aktuellen Spracherwerbsforschung anzugleichen. Diese Einschränkungen bedeuten jedoch nicht, dass mit dem HSET nicht angemessen differenziert werden kann und er zur Sprachstandsbestimmung und Identifikation von Auffälligkeiten beim Spracherwerb ungeeignet wäre. So bestätigen wissenschaftliche Befunde seine Reliabilität und Validität. Selbst die Normen scheinen sich über die Zeit wenig verändert zu haben, wie neuere Studien zeigen. Dennoch ist die Überprüfung der theoretischen Grundlagen, einzelner Aufgabengruppen und der Normierung unbedingt erforderlich. So wandeln sich beispielsweise Konventionen im Laufe der Jahre, sodass Subtests wie „Benennungsflexibilität“ (BF) ihren Zweck nicht mehr erfüllen: Viele Kinder kennen die Bezeichnungen für Verwandtschaftsbeziehungen (wie z. B. Großmutter – Enkel, Tante – Nichte) nicht mehr. Viele Eltern wollen nicht mehr mit Papa oder Mama, sondern mit dem Vornamen angesprochen werden. Somit kann das Ziel des Untertests, die Kenntnis der angemessenen sprachlichen Bezeichnung (inklusive der kognitiven Rollenübernahmefähigkeit) zu überprüfen, nicht mehr erreicht werden.

Zur Normierung und Güte der Tests

Hinsichtlich Größe und Auswahl der Normierungsstichproben gibt es erhebliche Defizite bei nahezu allen Tests. Nur der MSVK (→ Kap. 7.2.3) bietet Normen, die auf ausreichend umfangreichen → Eichstichproben beruhen. Dagegen wird die Normierung des HSET (→ Kap. 7.2.1) in der Handanweisung wegen der teilweise unzureichenden Eichstichproben einzelner Altersbereiche als „vorläufig“ charakterisiert.

Dass viele Tests nur unzureichend normiert sind, ist gewiss auch darauf zurückzuführen, dass die Entwicklung von Tests generell und insbesondere die von (Sprach-)Entwicklungstests ausgesprochen aufwändig ist. Sollen z. B. angemessene Eichstichproben für eine Normierung erhoben werden, so übersteigt dies bei Weitem die personellen und finanziellen Möglichkeiten derzeitiger Forschungsinstitutionen. Viele der Diagnostik verpflichteten Institutionen sind in der Praxis darauf angewiesen, eigene informelle Verfahren zum Teil schnell und ohne angemessene empirische Überprüfung der Güte dieser Verfahren zu erstellen. Die Nachfrage nach derartigen Verfahren ist im letzten Jahrzehnt so stark gewachsen, dass man geneigt ist zu sagen: „Jede Institution, die was auf sich hält, entwickelt eigene diagnostische Verfahren und Prozeduren“.

7.3 Screenings

Sind die meisten standardisierten Tests bislang für die Anwendung durch Fachkräfte wie Diplom-Psychologinnen/-Psychologen vorgesehen, so sind **Screenings** für alle Berufsgruppen konzipiert, die mit Kindern in entsprechenden Altersbereichen arbeiten oder diese im Rahmen von flächendeckenden Untersuchungen (wie bei den Reihenuntersuchungen U1 und U9 oder bei der Einschulungsuntersuchung) diagnostizieren. Screenings helfen diesem Personenkreis dabei, zeitökonomisch Risikokinder für Sprach- oder Schriftspracherwerbsauffälligkeiten „auszusieben“. Identifizierte Risikokinder werden anschließend differenzierter diagnostiziert und falls erforderlich, Förder- oder Therapiemaßnahmen zugewiesen.

Angesichts der alarmierenden Meldungen über die Zunahme von Spracherwerbsstörungen und Störungen beim Erwerb der Schriftsprache, haben Screenings derzeit Konjunktur. Ob die Erwartungen erfüllt, d. h. ob durch Screenings tatsächlich alle Risikokinder entdeckt werden, ist bislang für die meisten dieser Verfahren noch nicht ausreichend nachgewiesen. Eine solche Klärung setzt einen langen Atem voraus. Denn um die Prognosefähigkeit zu prüfen, muss man zumindest bis ins dritte Schuljahr hinein die Kinder längsschnittlich beobachten. Erst dann ist sicher, ob mit dem Screening die Kinder korrekt identifiziert worden sind, die in der Grundschule tatsächlich Probleme beim Lesen- und Schreibenlernen entwickeln, wie viele Kinder übersehen wurden und bei wie vielen Kindern im Screening ein Risiko festgestellt wurde, das sich aber später als unzutreffend erwies. Diese Fragen sollten bei einem Screening zufriedenstellend geklärt sein (→ prognostische Validität).

7.3.1 BISC – Bielefelder Screening zur Früherkennung von Lese-Rechtschreibschwierigkeiten

Das **Bielefelder Screening zur Früherkennung von Lese-Rechtschreibschwierigkeiten** *(BISC)* ist seit 1998 im Einsatz und auf einem Erfolgsweg. 2002 konnte bereits eine zweite Auflage erscheinen. Mit ihm werden neben der so genannten → phonologischen Bewusstheit auch Merkmale des Gedächtnisses und des Aufmerksamkeitsverhaltens überprüft. Das BISC wird im letzten Vorschuljahr oft als das Diagnoseverfahren eingesetzt, um diejenigen Kinder aufzufinden, die dann anschließend mit den Würzburger Trainingsprogrammen → Kap. 8), das sich vornehmlich auf die Förderung der phonologischen Bewusstheit, einer wichtigen Vorläuferfertigkeit für den Schriftspracherwerb, richtet, gefördert werden.

BISC	
Name (Autor, Erscheinungsdatum), Bestellmöglichkeit, Anschaffungskosten	Bielefelder Screening zur Früherkennung von Lese-Rechtschreibschwierigkeiten (Jansen, Mannhaupt, Marx & Skowronek, 2002, 2. Aufl.), Testzentrale Göttingen, Kosten: 149,00 €
Einsatzbereich	Vorschulkinder zu Beginn oder Mitte des letzten Vorschuljahres
Verfahren	Acht Aufgaben zur individuellen Prüfung der phonologischen Bewusstheit sowie von Merkmalen der Aufmerksamkeit und des Gedächtnisses
Normen	Altersnormen (T-Werte und Prozentränge) für die Testzeitpunkte zehn Monate und vier Monate vor Einschulung
Bearbeitungsdauer	Ca. 30 Minuten

Aufbau des Bielefelder Screenings zur Früherkennung von Lese-Rechtschreibschwierigkeiten

Das BISC enthält acht Aufgabengruppen, vier davon prüfen Merkmale der phonologischen Bewusstheit, die anderen vier Aufmerksamkeit und Gedächtnis.

Aufgaben zur Prüfung der phonologischen Bewusstheit

- **Reime erkennen (R)**: Das Kind bekommt Wortpaare vorgesprochen (beispielsweise „Bäume" – „Träume" oder „Kind" – „Glas") und es soll erkennen, ob sich die zwei Wörter fast gleich anhören oder nicht.

- **Laute Assoziieren (LA):** Das Kind soll einen Gegenstand auf einer Karte mit vier Bildern erkennen. Dessen Bezeichnung gibt die Untersucherin vor, wie z. B. Maus als [m] – [aus]. Die anderen Bilder auf dieser Karte sind ein Haus, ein Mond und eine Leiter.
- **Laut-zu-Wort Zuordnung (LZW):** Das Kind soll erkennen, ob ein Vokal, der isoliert vorgesprochen wird, in einem nachfolgend vorgesprochenen Wort vorkommt oder nicht, zum Beispiel: „Hörst du ein [i:] in Igel?", „Hörst du ein [i:] in Auto?".
- **Silben Segmentieren (SS):** Dem Kind werden Nomen (z. B. „Gabel", „Federball") vorgesprochen, die es anschließend in Sprechsilben untergliedern soll, wobei dies durch Silbenklatschen unterstützt wird: „Jetzt hörst du einige Wörter vom Kassettenrekorder. Wenn ich auf die Stopptaste drücke, dann sagst du jedes Wort mit Klatschen nach".

Aufgaben zur Prüfung von Aufmerksamkeit und Gedächtnis

- **Pseudowörter Nachsprechen (PWN):** Das Kind soll vorgesprochene „Zauberwörter" nachsprechen, wie z. B. „zippelzack" oder „bunitkonos".
- **Wort-Vergleich-Suchaufgabe (WVS):** Das Kind muss ein Wort (Standard) mit vier weiteren Wörtern, die alle auf einer Karte aufgedruckt sind, vergleichen und entscheiden, welches der vier Wörter dem Standard-Wort entspricht. Ein Beispiel ist: „Mohr" als Standard und die vier Wörter sind Mohr – Mohn – Sehr – Made. Die vier Wörter stimmen also zu 100, 75, 50 oder 25 % mit dem Standard-Wort überein.
- **Schnelles Benennen Farben SBF 1 (schwarz-weiß Objekte):** Das Kind soll bei 24 schwarz-weißen Objekten (Pflaume, Tomate, Zitrone, Salatkopf), die auf einer Karte vorgelegt werden, so schnell wie möglich die Farben nennen, also blau – rot – gelb – grün bei der obigen Abfolge.
- **Schnelles Benennen Farben SBF 2 (farbige Objekte):** Das Kind muss wiederum die natürlichen Farben der vier Objekte nennen, wobei die Schwierigkeit nun aber darin besteht, dass die Objekte falsch koloriert sind (die Tomate ist beispielsweise gelb angemalt).

Durchführungszeit und Normen

Die **Durchführungszeit** liegt bei etwa 30 Minuten. Für die einzelnen Aufgaben werden Risikobereiche angegeben. Die Zahl der Aufgaben, bei denen die Leistung in einem definierten Risikobereich liegt, wird zu einem Risikopunktwert summiert. Erzielt ein Kind in mehr als drei Aufgaben Leistungen im Risikobereich, dann ist die Wahrscheinlichkeit hoch, dass das Kind bis zum Ende des zweiten Schuljahres eine Lese-Rechtschreibschwierigkeit ausbildet. **Altersnormen** liegen in T-Werten und Prozenträngen für die Zeitpunkte zehn und vier Monate vor der Einschulung vor.

Die Durchführungsobjektivität ist geprüft und gegeben, die Reliabilitäten der Aufgaben sind zufriedenstellend bis gut. Die bisher durchgeführten Studien zur Bestimmung der prognostischen Validität weisen das Verfahren als ein valides Instrument zur Bestimmung von Risikokindern aus. Sie zeigen darüber hinaus, „dass die Diagnostik mit dem Bielefelder Screening und darauf aufbauende Trainingsmaßnahmen eine sinnvolle Kombination bilden, um die bei den meisten Risikokindern vorhandenen Defizite zu erkennen, aufzuarbeiten und somit den Anteil von Kindern mit Lese-Rechtschreibschwierigkeiten beträchtlich zu reduzieren“ (Marx, Jansen & Skowronek, 2000, S. 29).

7.3.2 DP – Differenzierungsprobe

Die von Breuer und Weuffen bereits zu Beginn der 1970er Jahre in der ehemaligen DDR entwickelten Diagnostika zur Feststellung des verbosensomotorischen Niveaus von Vorschul- und Erstklasskindern werden auch als „Breuer/Weuffen“-Verfahren bezeichnet. Dazu gehören die **Differenzierungsprobe** *(DP)* oder das **Kurzverfahren zur Überprüfung des lautsprachlichen Niveaus** *(KVS)*. Diese „Grobsiebverfahren“ sollen diejenigen Fähigkeiten erfassen, die für den reibungslosen Erwerb des Lesens und Schreibens vorausgesetzt werden. Defizite in den Teilfähigkeiten der optisch-graphomotorischen, phonematisch-akustischen, kinästethisch-artikulatorischen, melodisch-intonatorischen und rhythmisch-strukturierenden Differenzierungsfähigkeit bilden ein Risiko für den Schriftspracherwerb.

DP	
Name (Autor, Erscheinungsdatum), Bestellmöglichkeit, Anschaffungskosten	Differenzierungsprobe 0, I und II/Kurzverfahren zur Überprüfung des lautsprachlichen Niveaus I und II (Breuer & Weuffen, 2002), Beltz-Verlag Weinheim, Kosten: 16,90 € (6. überarb. Aufl., 2005)
Einsatzbereich	Kinder im Alter von 4 (DP 0) bis 7 Jahren (DP II) und von 5 (KVS I) bis 7 Jahren (KVS II)
Verfahren	Risikobestimmung von LRS durch Prüfung von fünf sprachbezogenen Wahrnehmungsbereichen (optisch-graphomotorische, phonematisch-akustische, kinästethisch-artikulatorische, melodisch-intonatorische, rhythmisch-strukturierende Differenzierungsfähigkeit)
Normen	Risiko für Sprach- und Schriftspracherwerbsprobleme, wenn das Kind bei vier der fünf Bereiche Mängel aufweist
Bearbeitungsdauer	Je nach Form zwischen 10 und 30 Minuten

Aufbau der Differenzierungsprobe

Das Verfahren ist leicht zu handhaben, die Reihenfolge der Aufgaben austauschbar. Anbei einige Aufgabenbeispiele:

- **Optisch-graphomotorisch**: Das Kind wird aufgefordert, ein vorgegebenes Zeichen abzumalen. Insgesamt sind es fünf Zeichen. Beispiele: Ein „Z" und ein „S".
- **Phonematisch-akustisch**: Dem Kind werden jeweils zwei Bilder vorgelegt, die zwei Wörter oder Situationen kennzeichnen, die phonematisch ähnlich sind. Beispiele: „Kopf – Topf", „backen – baden", „Tanz – Gans". Das Kind soll auf das jeweils durch die Untersucherin benannte Bild zeigen.
- **Kinästethisch-artikulatorisch**: Das Kind soll drei schwierig zu artikulierende Wörter nachsprechen: „Postkutsche", „Aluminium", „Schellfischflosse".
- **Melodisch-intonatorisch**: Das Kind soll das bekannte Kinderlied „Alle meine Entchen ..." aus dem Gedächtnis vorsingen. Kennt es dieses Lied nicht, kann es eines nach seiner Wahl vorsingen.
- **Rhythmisch-strukturierend**: Dem Kind wird ein Takt vorgeklatscht, den es nachklatschen soll. Die beiden Rhythmen sind: lang – kurz – kurz und kurz – lang – kurz – kurz.

Durchführungszeit und Normen

Eine Zeitbegrenzung ist für dieses Screening nicht vorgeschrieben. Das Verfahren kann in etwa 10 bis 30 Minuten, in Abhängigkeit von der jeweiligen Version der Differenzierungsprobe oder des Kurzverfahrens zur Überprüfung des lautsprachlichen Niveaus durchgeführt werden.

Ob ausreichende Objektivität und Reliabilität der Verfahren gegeben ist, wird gelegentlich bezweifelt. Studien von Breuer und Weuffen sowie Studien in Finnland belegen aber die grundsätzliche Validität der Verfahren. Eine derzeit laufende Längsschnittstudie des Landesgesundheitsamtes Baden-Württemberg in Kooperation mit der Universität Ulm bestätigt Zusammenhänge zwischen den Leistungen in der Differenzierungsprobe bei der Einschulungsuntersuchung und den Schul- und Rechtschreibleistungen in der Grundschule. In einem Zwischenbericht wird u. a. folgendes Fazit gezogen: „Unsere Ergebnisse liefern zahlreiche Hinweise, dass es einen Zusammenhang zwischen einem im Breuer-Weuffen-Test [sic!] diagnostizierten Förderbedarf bezüglich der optisch-graphomotorischen, der akustisch-phonematischen und der kinästhetisch-artikulatorischen Differenzierungsfähigkeit und Schul- und Rechtschreibleistungen in der vierten Klasse gibt. Auch für die Leseleistungen lassen sich Zusammenhänge klar belegen, allerdings war die Größe der Teilstichprobe noch nicht ausreichend, um zuverlässige Aussagen bezüglich der einzelnen Differenzierungsfähigkeiten treffen zu können" (Thewalt, Stöger, Ziegler & Zöllner, 2006).

7.3.3 HASE – Heidelberger Auditives Screening in der Einschulungsdiagnostik

Das **Heidelberger Auditive Screening in der Einschulungsdiagnostik** *(HASE)* wurde für den Einsatz in der Schuleingangsuntersuchung (als diese noch im letzten Kindergartenjahr, also mit fünf- und sechsjährigen Kindern, durchgeführt wurde) und den Einsatz bei der U9 konzipiert. Das Screening enthält vier Aufgabengruppen:

- Nachsprechen von Sätzen (NS)
- Wiedergeben von Zahlen-Folgen (WZ)
- Nachsprechen von Kunstwörtern (NK) und
- Erkennen von Wortfamilien (EW).

HASE	
Name (Autor, Erscheinungsdatum), Bestellmöglichkeit, Anschaffungskosten	Heidelberger Auditives Screening in der Einschulungsdiagnostik (Brunner & Schöler, 2001/02), Westra Wertingen, Kosten: 98,00 €
Einsatzbereich	Vorschulkinder im Alter von 5 bis 6 Jahren
Verfahren	CD-basierte individuelle Prüfung mit vier Untertests zur Prüfung der Lautunterscheidungsfähigkeit
Normen	Risikowerte für zwei Altersstufen (5 und 6 Jahre), T- und C-Wert-Normen sowie Prozentränge in vier Halbjahresschritten
Bearbeitungsdauer	Ca. 10 Minuten

Aufbau des Heidelberger Auditiven Screenings in der Einschulungsdiagnostik

Die Vorgabe der einzelnen Fragen (Items) der vier Aufgaben erfolgt entweder computergestützt (dann werden sowohl die Instruktionen per PC angeboten als auch die einzelnen Items über Lautsprecher vorgegeben) oder die einzelnen Items werden über ein CD-Abspielgerät vorgegeben. Eine standardisierte Vorgabe der Items der beiden Aufgaben „Wiedergeben von Zahlen-Folgen" und „Nachsprechen von Kunstwörtern" per CD ist unbedingt erforderlich, da die mündliche Vorgabe solcher Aufgaben nicht ausreichend objektiv und reliabel erfolgen kann. Die Auswertung erfolgt bei PC-Nutzung automatisch, die Ergebnisse können sofort in einem Profilbogen ausgedruckt werden.

Nachsprechen von Sätzen (NS)

Diese Aufgabe besteht aus zehn Sätzen zunehmender grammatischer Komplexität, von denen jeweils zwei Sätze Varianten eines Strukturtyps sind. Kann das Kind Variante a eines Strukturtyps korrekt reproduzieren, wird Variante b übersprungen, es erfolgt sofort die Vorgabe der Variante a des nächstschwierigeren Items. Beispiele:
- Tina singt (Aufgabe 1a)
- Peter rennt (Aufgabe 1b)
- Der rote Stift liegt auf dem Sessel neben dem Heft (Aufgabe 5a)
- Die große Lampe hängt über dem Tisch im Wohnzimmer (Aufgabe 5b).

Wiedergabe von Zahlen-Folgen (WZ)

Das Kind muss eine Zahlenfolge in der korrekten Reihenfolge reproduzieren. Die Anzahl der Zahlen pro Folge steigt von zwei bis sechs an, wobei nur einsilbige Zahlen zwischen „1“ und „10“ verwendet werden. Insgesamt können zehn Aufgaben vorgegeben werden, da pro Zahlenfolge zwei Aufgaben vorliegen. Auch hier wird die b-Version nur dann vorgegeben, wenn die a-Version nicht korrekt reproduziert wurde. Beispiele:
- 6 – 3 (Aufgabe 1a)
- 8 – 5 (Aufgabe 1b),
- 10 – 4 – 1 – 6 – 8 – 3 (Aufgabe 5a)
- 8 – 5 – 9 – 3 – 4 – 10 (Aufgabe 5b).

Erkennen von Wortfamilien (EW)

Das Kind muss erkennen, welche von drei ähnlich klingenden Wörtern entsprechend dem gemeinsamen Wortstamm zusammengehören bzw. welches der drei Wörter nicht zur Wortfamilie gehört. Die Einführung erfolgt mit Bildbeispielen, da somit die Aufforderung: „Welches gehört nicht dazu? besser verdeutlicht werden kann. Beispiele:
- Haus – Hans – Häuser (Aufgabe 1)
- Wäsche – Wände – waschen (Aufgabe 3)
- kommen – Koffer – kommt (Aufgabe 7).

Nachsprechen von Kunstwörtern sowie eines Zauberwortes (NK)

Dem Kind werden neun mehrsilbige Wörter vorgesprochen, die es unmittelbar nachsprechen soll. Die Silbenzahl pro Wort nimmt hierbei zu. Vorgegeben werden zwei-, drei- und viersilbige Wörter. Abschließend wird ein zehntes, ein so genanntes Zauberwort (abrakadabra) vorgegeben, mit dem sich das Kind zum Testende eine kleine Belohnung hervorzaubert. Beispiele:
- LUFA (Aufgabe 1)
- LAKEMO (Aufgabe 4)
- PUKAWORE (Aufgabe 7).

Durchführungszeit und Normen

Die **Durchführungszeit** liegt bei etwa zehn Minuten. Die Reliabilitäten der Aufgaben sind zufriedenstellend bis gut. Für die einzelnen Aufgaben werden Risikowerte in Abhängigkeit vom Lebensalter (fünf oder sechs Jahre) angegeben. Diese Risikowerte sind als vorläufig zu bewerten, da die Ergebnisse der zurzeit laufenden Bestimmung der prognostischen Validität des Screenings abzuwarten sind. Zwischenzeitlich wurden auch T- und C-Wert-Normen und Prozentränge in Halbjahresschritten vorgelegt (Schöler & Schäfer, 2005).

Differenziert HASE zwischen Therapie- und Sprachförderbedarf?

Ziel der Entwicklung von HASE war die Identifizierung von Risikokindern für Sprach- und Schriftspracherwerbsstörungen. Idealerweise ließen sich zwei Profile unterscheiden:

- Kinder, die aufgrund einer Störung in allen vier Aufgaben geringe Leistungen erbringen und somit sicher als Risikokinder identifizierbar sind
- Kinder, die alle Aufgaben problemlos lösen und somit keine Störung erwarten lassen.

Nach den Erfahrungen der breiten Anwendung des Verfahrens in vielen Gesundheitsamtsbezirken in Baden-Württemberg und den entsprechenden Rückmeldungen deutet sich eine weitere Einsatzmöglichkeit des Screenings an: Möglicherweise eignet es sich auch zur Differenzierung zwischen spracherwerbsgestörten Kindern und Kindern mit Förderbedarf aufgrund unzureichender Deutschkenntnisse. Letzteres betrifft Kinder mit Migrationshintergrund, die Deutsch als Zweitsprache lernen. Kinder ohne zureichende Deutschkenntnisse können zwar – sofern keine Störung der auditiven Informationsverarbeitung vorliegt – bei den Aufgaben WZ und NK vergleichbare Leistungen wie deutsche Kinder erbringen, bei den Aufgaben NS und EW sind aber zusätzlich auch ausreichende Deutschkenntnisse erforderlich.

Somit sollte sich bei Kindern mit Migrationshintergrund ein drittes Profil ergeben, das eine allgemeine Förderung des Deutschen nahe legt. Die Leistungen beim „Wiedergeben von Zahlen-Folgen“ (WZ) und „Nachsprechen von Kunstwörtern“ (NK) liegen deutlich über der Risikogrenze, sie sind vergleichbar mit unauffälligen deutschen Kindern, die Leistungen beim „Nachsprechen von Sätzen“ (NS) und „Erkennen von Wortfamilien“ (EK) fallen dagegen deutlich geringer als bei sprachunauffälligen Kindern aus.

Wir wollen nicht verhehlen, dass es in aller Regel keines Tests oder Screenings bedarf, um festzustellen, ob die Deutschkenntnisse eines Kindes unzureichend sind. Bedeutsam ist jedoch, ob Kinder mit unzureichenden Deutschkenntnissen nicht nur bei NS und EW, sondern auch bei den Aufgaben NK und WZ große Schwierigkeiten haben. Ein derartiger Befund rechtfertigt die Annahme, dass bei diesen Kindern eine Spezifische Sprachentwicklungsstörung (SSES → Kap. 4.4.1) vorliegt, auch ohne dass Informationen über den Entwicklungsstand in der Erstsprache eingeholt werden müssen.

Erste Zwischenergebnisse beim Vergleich der unterschiedlichen Leistungsprofile stützen diese Überlegungen und Annahmen: Kinder mit einem Therapiebedarf aufgrund einer SSES verbessern sich in ihren schulischen Leistungen nicht, wohingegen Kinder mit Förderbedarf aufgrund unzureichender Sprachkenntnisse mit zunehmendem Kontakt mit der deutschen Sprache bedeutsame Verbesserungen von der ersten zur zweiten Klasse zeigen (→ Abb. 7.1 und 7.2).

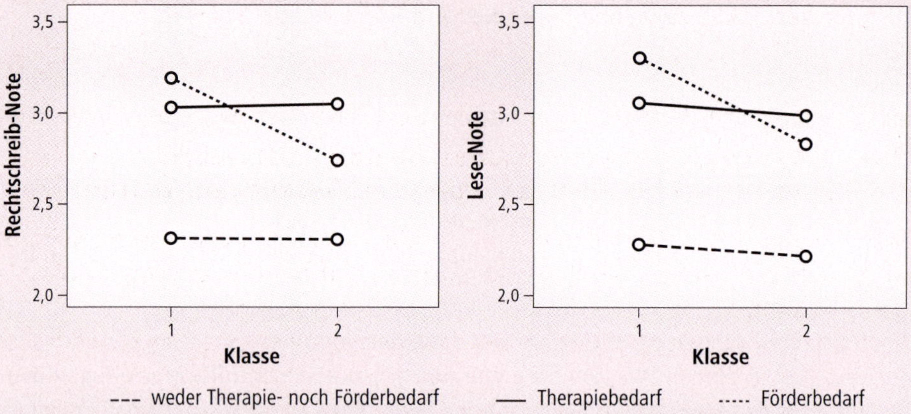

Abbildung 7.1 und 7.2: Rechtschreib- und Lesenoten in der 1. und 2. Klasse in Abhängigkeit von den *HASE*-Leistungsprofilen „Therapiebedarf", „Förderbedarf" und „kein Risiko"

Ausblick: Prognostische Validität und Ausdehnung des Altersbereichs auf Vierjährige

Wie gut Leistungen in HASE die Entwicklung im Lesen und Schreiben vorhersagen und damit eine frühzeitige Identifikation von Risikokindern vor dem Grundschulbesuch ermöglichen, wird sich erst nach der Bestimmung der prognostischen Validität zeigen. Dies bedarf einer längsschnittlichen Erfassung der Schulleistungen der Kinder insbesondere im Lesen und Schreiben. Die in Mannheim im Jahre 2003 eingeschulten Kinder, bei denen HASE in der Einschulungsuntersuchung durchgeführt wurde, werden daher bis zum Ende des dritten Schuljahres verfolgt. Die Methodenvielfalt des Anfangsunterrichts erschwert eine frühzeitige Identifikation solcher Schwierigkeiten. Erst mit Beginn des dritten Schuljahres ist davon auszugehen, dass sich Schriftspracherwerbsprobleme manifestieren und sicher diagnostizieren lassen. Mit ersten Ergebnissen dieser Studien ist Anfang 2007 zu rechnen. Die vorliegenden Zwischenergebnisse lassen hoffen, dass sich HASE als ausreichend prognostisch valide erweisen wird.

Bislang erfolgten die von den Gesundheitsämtern durchgeführten Einschulungsuntersuchungen erst am Ende der Kindergartenzeit. Der „Schulanfang auf neuen Wegen", so der Name der Umgestaltung des Schuleintritts in Baden-Württemberg, erfordert zwischenzeitlich wie in vielen Bundesländern eine Neuregelung dieser bisherigen Einschulungsuntersuchungen, da Kinder nun bereits ein Jahr früher eingeschult werden können. Für die Brauchbarkeit von HASE, das für den Einsatz im Rahmen der bisherigen Schuleingangsuntersuchung konzipiert worden war, bedeutet dies eine Erweiterung des Altersbereichs auf Kinder ab vier Jahren. Die bisherigen Erfahrungen einiger Gesundheitsämter in Baden-Württemberg zeigen, dass die drei HASE-Aufgaben „Nachsprechen von Sätzen" (NS), „Nachsprechen von Kunstwörtern" (NK) und „Wiedergeben von Zahlenfolgen" (WZ) auch mit Kindern ab vier Jahren problemlos durchführbar sind.

7.3.4 HVS – Heidelberger Vorschulscreening zur auditiv-kinästhetischen Wahrnehmung und Sprachverarbeitung

Das **Heidelberger Vorschulscreening zur auditiv-kinästhetischen Wahrnehmung und Sprachverarbeitung** *(HVS)* soll Risikokinder für Schriftspracherwerbsschwierigkeiten identifizieren. Es enthält sieben Aufgabengruppen:

- Auditive Merkspanne (entspricht der „Wiedergabe von Zahlenfolgen" bei HASE in Kap. 7.3.3)
- Expressive Anlautanalyse
- Silben Segmentieren

HVS	
Name (Autor, Erscheinungsdatum), Bestellmöglichkeit, Anschaffungskosten	Heidelberger Vorschulscreening zur auditiv-kinästhetischen Wahrnehmung und Sprachverarbeitung (Brunner, Troost, Pfeiffer, Heinrich & Pröschel, 2001), Testzentrale Göttingen, Kosten: 284,20 €
Einsatzbereich	Einzeltest für 5- bis 7-jährige Kinder
Verfahren	Risikobestimmung von LRS mit sieben Untertests zur Prüfung von sprachanalytischen und auditiv-kinästhetischen Wahrnehmungsfähigkeiten
Normen	Prozentränge und T-Werte für 5- bis 7-jährige Kinder
Bearbeitungsdauer	in der PC-Version ca. 17 Minuten, in der Papier- und Bleistift-Version ca. 25 Minuten

- Phonematische Differenzierung
- Artikulomotorik
- Wortfamilien erkennen (entspricht dem „Erkennen von Wortfamilien" bei HASE) und
- Reimwörter Erkennen.

Aufbau des Heidelberger Vorschulscreening zur auditiv-kinästhetischen Wahrnehmung und Sprachverarbeitung

Die Aufgaben können entweder über CD-Player (Papier- und Bleistift-Version) oder über PC mit Soundkarte und üblichen Lautsprechern (PC-Version) vorgegeben werden. Im Folgenden einige Aufgabenbeispiele aus dem HVS:

- **Expressive Anlautanalyse**: Das Kind soll den ersten Laut bzw. die ersten Laute des vorgegebenen Wortes benennen.
- **Silben Segmentieren**: Das Kind soll ein vorgegebenes Wort nachsprechen und dabei gleichzeitig im Silbenrhythmus klatschen, z. B. Paket, Salat, Rosine, Schokolade.
- **Phonematische Differenzierung**: Das Kind soll den Unterschied oder die Gleichheit von zwei vorgegebenen Wörtern feststellen, z. B. Kopf – Topf, Kragen – tragen, Pärchen-Bärchen, aba-apa.
- **Artikulomotorik**: Das Kind soll vorgegebene „Zungenbrecher" nachsprechen, z. B.: ta-ga-ta-ta-ga-ta, ma-na-ma-ma-na-ma.
- **Reimwörter Erkennen**: Das Kind soll erkennen, ob sich zwei vorgegebene Wörter reimen oder nicht, z. B. Maus-Haus, Keller-kämmen, Teich-weich.

Durchführungszeit und Normen

Die **Durchführung** des Screenings dauert in der PC-Version etwa 17 Minuten, in der Papier- und Bleistift-Version etwa 25 Minuten. Die Reliabilitäten der einzelnen Aufgabengruppen sind mäßig bis gut. Gruppenvergleiche zwischen sprech-, sprach- oder hörgestörten und entwicklungsunauffälligen Kindern sowie Vergleiche zwischen Kindern, die von der Einschulung zurückgestellt wurden und regelgerecht eingeschulten Kindern ergeben Hinweise auf die → Kriteriumsvalidität des HVS. Es zeigen sich Zusammenhänge zwischen den HVS-Leistungen im Vorschulalter und den Lese-/Rechtschreibleistungen in der zweiten Klasse.

Prozentränge und T-Werte liegen für fünf- bis siebenjährige Kinder vor, wobei die Umfänge der Normierungsstichproben bislang als zu gering zu bewerten sind.

7.3.5 SSV – Sprachscreening für das Vorschulalter

SSV	
Name (Autor, Erscheinungsdatum), Bestellmöglichkeit, Anschaffungskosten	Sprachscreening für das Vorschulalter (Grimm, Aktas & Kießig, 2003), Testzentrale Göttingen, Kosten: 189,00 €
Einsatzbereich	Kinder im Alter von 3;0–5;11 Jahren
Verfahren	Einzeltest mit zwei Untertests zur Prüfung der rezeptiven und produktiven Sprachverarbeitungsfähigkeit sowie auditiver Gedächtnisleistungen
Normen	T-Werte und Prozentränge für fünf Altersgruppen von drei bis sechs Jahren
Bearbeitungsdauer	Maximal 10 Minuten

Das **Sprachscreening für das Vorschulalter** *(SSV)* ist eine **Kurzform des SETK 3-5** (→ Kap. 7.2.5), die in zwei altersbezogenen Versionen jeweils zwei Untertests enthält.

Aufbau des Sprachscreenings für das Vorschulalter

Für dreijährige Kinder besteht das Screening aus den beiden Untertests „Phonologisches Arbeitsgedächtnis für Nichtwörter" (PGN → Kap. 7.2.5) und „Morphologische Regelbildung" (MR → Kap. 7.2.5), für vier- bis fünfjährige Kinder aus den beiden Untertests „Phonologisches Arbeitsgedächtnis für Nichtwörter" (PGN → Kap. 7.2.5) und „Satzgedächtnis" (SG → Kap. 7.2.5).

Durchführungszeit und Normen

Die **Durchführungszeit** wird mit maximal zehn Minuten angegeben. Die Reliabilitäten sind zufriedenstellend. Die Normen des SETK 3-5 (→ Kap. 7.2.5) gelten auch für das Screening. Angaben zur prognostischen Validität des SSV bzw. Untersuchungen zu ihrer längsschnittlichen Bestimmung fehlen.

Aus Kostengründen weisen wir darauf hin, dass es sich erübrigt, den SSV anzuschaffen, wenn eine Einrichtung den SETK 3-5 besitzt. Abgesehen von den Protokollbögen sind die in beiden Verfahren eingesetzten Untertests identisch.

7.4 Informelle Verfahren

Sich einen Überblick über die vorhandenen **informellen Verfahren** zu verschaffen, ist außerordentlich schwierig. Viele sind unveröffentlicht, werden ausschließlich in miteinander kooperierenden Einrichtungen ausgetauscht. So haben sie oft nur regionale Verbreitung gefunden. Wir stellen daher im Folgenden nur die prominentesten und im Buchhandel erhältlichen informellen Verfahren vor. Wir gruppieren diese Verfahren danach, ob (1) durch das Verfahren eine Leistung des Kindes eher hervorgelockt (elizitiert) oder ob (2) die Leistung des Kindes beobachtet und dokumentiert wird.

Elizitationsverfahren

Folgende **Elizitationsverfahren** werden nach den erfassten sprachlichen Ebenen gruppiert:

Grammatik, Semantik und Pragmatik

- ESGRAF – Evozierte Sprachdiagnose grammatischer Fähigkeiten (→ Kap. 7.4.1)
- HAVAS 5 – Hamburger Verfahren zur Analyse des Sprachstandes bei Fünfjährigen (→ Kap. 7.4.2)
- IDIS – Inventar diagnostischer Informationen bei Sprachentwicklungsauffälligkeiten (→ Kap. 7.4.3)
- IVÜS – Informelles Verfahren zur Überprüfung von Sprachverständnisleistungen (→ Kap. 7.4.4)
- MSS – Marburger Sprach-Screening für 4- bis 6-jährige Kinder (→ Kap. 7.4.5)
- Patholinguistische Diagnostik bei Sprachentwicklungsstörungen (→ Kap. 7.4.6)
- Prüfmittel für Dysgrammatiker (→ Kap. 7.4.7)
- SEV – Screeningverfahren zur Erfassung von Sprachentwicklungsverzögerungen (→ Kap. 7.4.8).

Zur Prüfung von Aussprachestörungen

- AVAK – Analyseverfahren zu Aussprachestörungen bei Kindern (→ Kap. 7.4.9)
- PLAKSS – Psycholinguistische Analyse kindlicher Sprechstörungen (→ Kap. 7.4.10)
- Bildwortserie zur Lautagnosieprüfung und zur Schulung des phonematischen Gehörs (→ Kap. 7.4.11)
- Ravensburger Lautprüfbogen (→ Kap. 7.4.12).

Beobachtungsbögen

Einen Überblick über **Beobachtungsverfahren** zu gewinnen, ist unmöglich. Viele der in den Einrichtungen eingesetzten Verfahren sind über den Buchhandel nicht erhältlich. An Beobachtungsverfahren zu nennen sind:

- Der Beobachtungsbogen zur Erfassung von Spontansprachproben mit anschließenden Profilanalysen (vgl. COPROF → Kap. 7.4.13)
- Das im Auftrag des Bayerischen Staatsinstituts für Frühpädagogik in München entwickelte Beobachtungsverfahren Sprachverhalten und Interesse an Sprache bei Migrantenkindern im Kindergarten (SISMIK → Kap. 7.4.14)
- Die Beobachtungshilfe zur Beschreibung von Sprache und Kommunikation in Kindergarten und Schule (→ Kap. 7.4.15).

Die Beobachtungsverfahren sind sinnvollerweise oft in Trainings- oder Förderprogramme eingebunden, wie z. B. in den von Elke Schlösser vorgelegten Sprachfördermaterialien (→ Kap. 8). Wir beschränken uns auf die genannten Beobachtungsverfahren, die eine gewisse Verbreitung gefunden haben.

Elternfragebögen

Elternfragebögen beruhen auf der mittlerweile vielfach bestätigten Beobachtung, dass Eltern prinzipiell valide und reliable Angaben über den frühen Spracherwerb ihrer Kinder machen können.

- ELFRA – Elternfragebögen (→ Kap. 7.4.16)
- ELAN – Eltern Antworten (→ Kap. 7.4.17)
- FRAKIS – Fragebogen zur frühkindlichen Sprachentwicklung (→ Kap. 7.4.18).

7.4.1 ESGRAF – Evozierte Sprachdiagnose grammatischer Fähigkeiten

ESGRAF	
Name (Autor, Erscheinungsdatum), Bestellmöglichkeit, Anschaffungskosten	Evozierte Sprachdiagnose grammatischer Fähigkeiten (Motsch, 2000), Testzentrale Göttingen, Kosten: 18,90 € (plus 24,90 € für die Videokassette)
Einsatzbereich	Kinder mit Sprachentwicklungsauffälligkeiten ab vier Jahren
Verfahren	Prüfung der produktiven grammatischen Leistungen
Normen	Keine
Bearbeitungsdauer	60 Minuten

Die **Evozierte Sprachdiagnose grammatischer Fähigkeiten** *(ESGRAF)* ist ein spieldiagnostisches Verfahren, mit dem Störungen im Grammatikerwerb erfasst werden sollen. Es versucht, dem Kind in verschiedenen Spielsituationen ausgewählte syntaktische und morphologische Formen zu entlocken.

Aufbau der evozierten Sprachdiagnose grammatischer Fähigkeiten

Die Äußerungen des Kindes werden aufgezeichnet und anschließend ausgewertet. Auf einer Videokassette zum Buch demonstriert der Autor, wie ESGRAF in der Praxis anzuwenden ist. Durchführung, Auswertung und Interpretation werden beschrieben. Insbesondere die Durchführungsanweisungen lassen jedoch breiten Raum für Variationen, die je nach Testanwender zu unterschiedlichen Ergebnissen bei ein- und demselben Kind führen können. Die Objektivität scheint somit eingeschränkt. Auswertungs- und Interpretationsobjektivität scheinen dagegen gewährleistet. Allerdings liegen keine entsprechenden Koeffizienten vor.

Durchführungszeit und Normen

Zu welchem Grad Durchführung, Auswertung und Interpretation vom Testleiter unabhängig sind, bleibt letztlich offen. Dies gilt auch für die Zuverlässigkeit. Die Inhaltsvalidität scheint gegeben. Eine Normierung der ESGRAF wurde nicht vorgenommen. Bestimmt wird lediglich, zu welchem prozentualen Ausmaß die zu elizitierenden Formen hervorgelockt werden. Ob die jeweiligen Leistungen etwa im Bereich der Beherrschung von Dativ- oder Genitivformen altersgemäß sind, bleibt offen. Um diese Frage zu beantworten, sind Normierungsstudien erforderlich. Die gegenüber → Spontansprachproben als Vorteil der ESGRAF betonte zeitökonomische Durchführung und Auswertung ist zweifelhaft.

7.4.2 HAVAS 5 – Hamburger Verfahren zur Analyse des Sprachstandes bei Fünfjährigen

Ziel der Anwendung des **Hamburger Verfahrens zur Analyse des Sprachstandes bei Fünfjährigen** *(HAVAS 5)* ist die Analyse des sprachlichen Entwicklungsstands von Kindern mit besonderem Förderbedarf. Als solche gelten Kinder mit Migrationshintergrund, die Deutsch als Zweitsprache erwerben. Das Verfahren wurde 2003 von der Hamburger Behörde für Bildung und Sport in allen Vorschulklassen der staatlichen Grundschulen und einigen Kindertagesstätten eingeführt.

HAVAS 5 gibt an, sich am „aktuellen Theoriestand der Zweitspracherwerbsforschung" zu orientieren. Dies suggeriert, dass es *den* Theoriestand gibt. Tatsache ist jedoch, dass zurzeit unterschiedliche Theorien der Erklärung des Zweitspracherwerbs miteinander konkurrieren. Der Spracherwerbsstand soll in „natürlichen, alltäglichen Situationen oder in Situationen, die dem natürlichen Sprachgebrauch nahe kommen" überprüft werden. Bei mehrsprachigen Kindern wird ein fünf- bis zehnminütiges Interview zweimal durchgeführt, einmal in der Verkehrssprache Deutsch, einmal in der Muttersprache des Kindes. Damit sollen die beiden Sprachleistungen vergleichend bewertet werden können. HAVAS 5 liegt für Italienisch, Portugiesisch, Polnisch, Russisch, Spanisch und Türkisch vor.

HAVAS 5	
Name (Autor, Erscheinungsdatum), Bestellmöglichkeit, Anschaffungskosten	Hamburger Verfahren zur Analyse des Sprachstandes bei Fünfjährigen (Reich & Roth, 2004), Hamburger Senatsbehörde, Kosten: z. Zt. keine Angabe
Einsatzbereich	Kinder ab 5 Jahren
Verfahren	Analyse des sprachlichen Entwicklungsstands von Kindern mit besonderem Förderbedarf und In-Beziehung-Setzung von Erst- und Zweitsprache eines Kindes
Normen	Keine
Bearbeitungsdauer	5 bis 10 Minuten

Aufbau des Hamburger Verfahrens zur Analyse des Sprachstandes bei Fünfjährigen

Dem Kind wird eine Bildfolge mit Katze und Vogel vorgegeben. Die durch diese Bildfolge elizitierten Äußerungen des Kindes werden dann in einem außerordentlich aufwändigen Prozess analysiert, die Auswertungsrichtlinien sind auf mehr als 15 Seiten beschrieben. Beachtet werden grammatische, semantische und pragmatische Leistungen. Die so gewonnenen Ergebnisse werden dann anschließend auf Einschätzraster übertragen.

Durchführungszeit und Normen

Die **Durchführungszeit** liegt bei fünf bis zehn Minuten. Die ökonomische Durchführung wird durch den unverhältnismäßigen Zeitaufwand bei der Auswertung der Tonaufzeichnungen aufgehoben. Die Objektivität des HAVAS gilt als hinreichend, die Reliabilität scheint ebenfalls zufriedenstellend. Allerdings liegen noch keine Validitätsprüfungen vor, sodass eine „abschließende Bewertung des Verfahrens aus der Sicht der Testkonstruktion" noch nicht möglich ist. Normen liegen nicht vor.

7.4.3 IDIS – Inventar diagnostischer Informationen bei Sprachentwicklungsauffälligkeiten

Das **Inventar diagnostischer Informationen bei Sprachentwicklungsauffälligkeiten** *(IDIS)* ist kein diagnostisches Verfahren im üblichen Sinne, sondern bietet vor allem Hinweise und Empfehlungen für den diagnostischen Prozess bei Spracherwerbsauffälligkeiten.

IDIS	
Name (Autor, Erscheinungsdatum), Bestellmöglichkeit, Anschaffungskosten	Inventar diagnostischer Informationen bei Sprachentwicklungsauffälligkeiten (Schöler, 1999), Testzentrale Göttingen, Kosten: 66,00 €
Einsatzbereich	Für alle Kinder mit Sprech- und Sprachauffälligkeiten, insbesondere aber den Altersbereich zwischen 4 und 7 Jahren
Verfahren	Neben Aufgaben zur Prüfung der sprachlichen Leistungsfähigkeit und der auditiven Informationsverarbeitung werden Anamnesebögen und Elternfragebögen angeboten, mit denen relevante Informationen erfragt werden können
Normen	Keine; Risikowerte für die in IDIS enthaltenen Aufgaben auf der Grundlage von 192 sprachauffälligen und 358 sprachunauffälligen Kindern
Bearbeitungsdauer	Keine Angabe möglich, da nur eine Empfehlung für Verfahren zur Abklärung von Auffälligkeiten gegeben wird, Durchführungszeit für drei oder vier Aufgaben 20 bis 30 Minuten

Aufbau des Verfahrens

IDIS stellt den Versuch dar, alle relevanten Informationen für eine Diagnostik und Differenzialdiagnostik bei Spracherwerbsauffälligkeiten zu erfassen. Das Inventar enthält 20 IDIS-Bögen. Sie dokumentieren biographische und anamnestische Informationen sowie alle für die Diagnostik und Differenzialdiagnostik als relevant geltenden Informationen, die durch standardisierte wie informelle Verfahren erhoben wurden. In einem Profilbogen können sie zusammenfassend analysiert werden. Zusätzlich ist ein sechsseitiger Elternfragebogen enthalten (→ Abb. 7.3).

Darüber hinaus enthält IDIS zwölf diagnostische Verfahren, jeweils sechs Aufgaben für sprachliche Leistungsbereiche und für die auditive Informationsverarbeitung. Die Aufgaben zur auditiven Verarbeitung werden per CD vorgegeben. Da solche Aufgabengruppen zum Zeitpunkt der Vorstellung von IDIS noch nicht in anderen Tests oder Screenings publiziert vorlagen, wurden sie für IDIS neu entwickelt.

Abbildung Mach-Mit

Abbildung Denk-Mit

Abbildung Schenk-Mit

Abbildung Such-Mit

Abbildung 7.3: Ausschnitt aus IDIS-E Elternfragebogen

Aufgaben zur Prüfung sprachlich-struktureller Leistungen

- **Nachsprechen von Sätzen** (NS, vgl. HASE → Kap. 7.3.3 und SETK 3-5 → Kap. 7.2.5): Beispiele: „Marco schenkt seinem Freund ein Buch" (Item 7b), „Das Baby kann nicht schlafen, weil es im Zimmer so laut ist" (Item 8a).
- **Denk-Mit (DM):** Prüfung rezeptiver Fähigkeiten von fünf morphosyntaktischen Strukturen mittels Bildkarten. Beispiel: „Was sagt die Mutter wohl hier zu dem Jungen?" (Item 2).
- **Schenk-Mit (SM):** Prüfung der Kasusflexion (Dativ und Akkusativ) mittels Bildkarten. Das Kind wird aufgefordert, auf Kärtchen abgebildete Objekte an Personen bzw. Tiere zu „verschenken". Beispiele für die sprachliche Zielstruktur sind: „Ich schenke den Knochen dem Hund" oder „Ich schenke dem Mädchen den Ball".
- **Mach-Mit (MM):** Prüfung des Verstehens morphosyntaktischer Strukturen mittels Bildauswahl. Beispiele: „Der Hase hat die Möhre gefressen" (Item 1), „Die Katze wird von der Maus gejagt" (Item 5).
- **Such-Mit (SU):** Prüfung der Produktion lokaler Präpositionen (Akkusativ- oder Dativ fordernde Formen). Beispiele: Dem Kind werden Bildkarten vorgelegt, auf denen sich ein Teddy in verschiedenen Positionen zu einer Kiste oder einem Schrank befindet, und es wird gefragt, wo sich der Teddy jeweils befindet. Um die verschiedenen Kasusformen (Dativ und Akkusativ) zu elizitieren, werden die Fragen variiert: „Wo sitzt der Teddy?" (Dativ: z. B. auf dem Schrank) bzw. „Wohin ist der Teddy gegangen?" (Akkusativ: z. B. auf den Schrank).
- **Erkennen und Korrigieren von grammatischen Fehlern in Sätzen (EK):** Prüfung von Aspekten der Wahrnehmung, des Verstehens und der Produktion von morphosyntaktischen Strukturen. Beispiele: „Die Vögel sitzt auf dem Baum" (Item 1), „Papa hat ein Geschenk mitgebringt" (Item 2).

Aufgaben zur Erfassung der auditiven Informationsverarbeitung

- **Nachsprechen von Kunstwörtern (NK):** Prüfung der Verarbeitungsgenauigkeit und der -kapazität (vgl. HASE → Kap. 7.3.3 und SETK 3-5 → Kap. 7.2.5). Beispiele: „wunore" (Item 5), „fodekina" (Item 8).
- **Wiedergabe von Kunstwort-Folgen (KF):** Prüfung der sprachgebundenen Verarbeitungskapazität. Beispiele: LOM – TAP (Item 1a), KUT – FOS – GEN – PIL (Item 3b).
- **Wiedergabe von Zahlen-Folgen (ZF):** Prüfung der sprachunspezifischen Verarbeitungskapazität (vgl. HASE → Kap. 7.3.3 und HVS → Kap. 7.3.4). Beispiele: 10 – 5 – 1 (Item 2a), 10 – 6 – 9 – 4 – 8 – 3 (Item 5b).
- **Rhythmus-Imitation (RI):** Prüfung der Nachahmung von Rhythmen. Das Kind soll vorgegebene Rhythmen nachklopfen. Es handelt sich dabei um vier Rhythmen mit drei bis vier Noten, bestehend aus Viertelnoten und Achtelnoten.
- **Rhythmus-Diskriminierung (RD):** Prüfung des Unterscheidenkönnens zwischen zwei Rhythmuspaaren. Zehn Rhythmus-Paare werden vorgegeben, die pro einzel-

nem Rhythmusmuster aus vier bis sechs Viertel- oder Achtelnoten bestehen. Das Kind soll die Gleichheit oder Verschiedenheit jeden Rhythmuspaares beurteilen.

Durchführungszeit und Normen

Normen für die in IDIS enthaltenen Aufgaben liegen nicht vor. Für die Aufgabengruppen werden Risikowerte für vier-, fünf- und sechsjährige Kinder angegeben, die auf der Grundlage von Untersuchungen mit 550 sprachunauffälligen und -auffälligen Kindern erstellt wurden.

7.4.4 IVÜS – Informelles Verfahren zur Überprüfung von Sprachverständnisleistungen

Mit dem **Informellen Verfahren zur Überprüfung von Sprachverständnisleistungen** *(IVÜS)* soll das Verstehen unterschiedlicher sprachlicher Strukturen geprüft werden.

IVÜS	
Name (Autor, Erscheinungsdatum), Bestellmöglichkeit, Anschaffungskosten	Informelles Verfahren zur Überprüfung von Sprachverständnisleistungen (Endres & Baur, 2000), erschienen als Artikel in der Sprachheilarbeit, Kosten: keine
Einsatzbereich	Kinder zwischen 4 und 8 Jahren
Verfahren	Prüfung rezeptiver grammatischer Fähigkeiten durch Befolgen von Instruktionen mit Materialien
Normen	Keine
Bearbeitungsdauer	Keine Angabe

Aufbau des informellen Verfahrens zur Überprüfung von Sprachverständnisleistungen

Das Kind hat die Aufgabe, mit vorgegebenen Spielmaterialien (Spielfiguren) bestimmte Instruktionen auszuführen (vgl. HSET → Kap. 7.2.1) oder bestimmte Fragen zu beantworten. Das in der Zeitschrift *Die Sprachheilarbeit* abgedruckte Testformular enthält vierzehn Gruppen unterschiedlich komplexer Satzstrukturen. Die leichtesten Sätze (erste Gruppe) enthalten zwei Informationen („Der Vater winkt"), die schwierigsten Aufgaben der vierzehnten Gruppe enthalten Strukturen wie „Der Vater verspricht dem Jungen, auf den kleinen Hund aufzupassen". Hier muss das Kind die entsprechenden Figuren auf Nachfrage auswählen: „Wer sagt was?" Bei derartigen Sätzen veranlasst eine erste Person eine zweite zu einer Handlung, beispielsweise durch Verben wie erlauben oder lassen, oder eine Person verspricht einer anderen etwas, wie im obigen Beispiel.

Durchführungszeit und Normen

IVÜS entstand „aus der Unzufriedenheit mit den gängigen normierten Testverfahren. In der konkreten Diagnostiksituation ergab sich zwangsläufig fast immer die Notwendigkeit, nach dem Test noch weitere Satzstrukturen zu überprüfen, um ein vollständigeres Bild der Leistungen zu erhalten. Das Informelle Verfahren versteht sich somit als Versuch, diejenigen Satzstrukturen zu erfassen und zu überprüfen, die unterschiedliche Verarbeitungsleistungen erfordern und somit wichtige Schritte in der kindlichen Sprachentwicklung zeigen" (Endres & Baur, 2000, S. 67). Angaben zur Handhabung, zur Durchführungsdauer, zur Bewertung und Auswertung der verschiedenen Aufgabenstellungen werden nicht gegeben. Über die Brauchbarkeit in der Diagnostik und erste Ergebnisse liegen uns keine Informationen vor.

7.4.5 MSS – Marburger Sprach-Screening für 4- bis 6-jährige Kinder

Das **Marburger Sprach-Screening für 4- bis 6-jährige Kinder** *(MSS)* wurde im Auftrag des Hessischen Sozialministeriums entwickelt, um Sprachentwicklungsauffälligkeiten flächendeckend zu identifizieren. Das MSS soll „wesentliche Schlüssel-

MSS	
Name (Autor, Erscheinungsdatum), Bestellmöglichkeit, Anschaffungskosten	Marburger Sprach-Screening für 4- bis 6-jährige Kinder (Holler-Zittlau, Dux & Berger, 2005), Persen Verlag Neuenkirchen, Kosten: 18,90 €
Einsatzbereich	Kinder zwischen 4 und 6 Jahren
Verfahren	Prüfung „wesentlicher Schlüsselkompetenzen der Sprache"
Normen	Keine
Bearbeitungsdauer	20 Minuten

kompetenzen der Sprache" von Kindern im Alter von vier bis sechs Jahren erfassen. Es soll „Aussagen über Kompetenzen, Verzögerungen und Störungen der Kommunikation, der Artikulation, des Wortschatzes, der Begriffsbildung und der Satzbildung" ermöglichen.

Aufbau des Marburger Sprach-Screenings für 4- bis 6-jährige Kinder

Das MSS enthält sechs Aufgabengruppen:
- Spontansprache
- Sprachverständnis
- Sprachproduktion
- Wortschatz/Artikulation/Begriffsbildung
- Grammatik und
- Phonologische Diskriminationsfähigkeit.

Durchführungszeit und Normen

Das Verfahren soll in 20 Minuten
- „die Kommunikations- und Sprachkompetenz von Kindern im Vorschulalter (Sprachentwicklungsverzögerungen, Sprachentwicklungsstörungen auf den unterschiedlichen Ebenen der Kommunikation, Artikulation, Begriffsbildung und Syntaxentwicklung) und
- das Feststellen möglicher Ursachen von Sprachentwicklungsverzögerungen und Störungen infolge organischer Befunde (zum Beispiel Hörstörungen, Sehstörungen, Körperbehinderungen, chronische Erkrankungen ...)"

bei „Kindern mit deutscher und anderer Muttersprache" ermöglichen – also eigentlich alles und noch viel mehr können. So soll es auch „zuverlässige Hinweise auf mögliche Ursachen festgestellter Sprachauffälligkeiten" und „Folgerungen für weitere differenzialdiagnostische Untersuchungen und eine entwicklungsorientierte Förderung" liefern.

Diese anspruchsvollen Aufgaben soll das MSS ohne erkennbare theoretische Fundierung, ohne Beachtung der Schritte der Testkonstruktion und ohne Berücksichtigung von Gütekriterien und messmethodischen Standards erfüllen. Eichung und Normierung werden nicht einmal angedacht. Die damit vorgenommenen Untersuchungen in Hessen im Jahre 2003 lieferten keine zuverlässigen Häufigkeiten von sprachauffälligen Kindern. Sie variierten von Kreis zu Kreis zwischen 21,7 % und 39,9 %!

Das Verfahren eignet sich nach den vorliegenden Informationen nicht für ein Screening im Vorschulalter, da es keines der genannten Ziele erreicht.

7.4.6 Patholinguistische Diagnostik bei Sprachentwicklungsstörungen

Die **Patholinguistische Diagnostik bei Sprachentwicklungsstörungen** will mit 23 Aufgabengruppen ein umfassendes Bild der Leistungen von zwei- bis sechsjährigen Kindern in den Bereichen → Phonologie, → Lexik/Semantik und Grammatik bieten.

Patholinguistische Diagnostik

Name (Autor, Erscheinungsdatum), Bestellmöglichkeit, Anschaffungskosten	Patholinguistische Diagnostik bei Sprachentwicklungsstörungen (Kauschke & Siegmüller, 2002), Elsevier Verlag, Kosten: 185,00 €
Einsatzbereich	Kinder von 2;0 bis 6;11 Jahren
Verfahren	Erfassung des Spracherwerbsstandes in den Bereichen Phonologie, Lexikon/ Semantik und Grammatik
Normen	Keine; die beim Verlag zurzeit abrufbaren „Normen" genügen messmethodischen Standards nicht
Bearbeitungsdauer	Keine Angabe möglich, da nur eine Empfehlung für Verfahren zur Abklärung von Auffälligkeiten gegeben wird, Durchführungszeit für drei oder vier Aufgaben 20 bis 30 Minuten

Aufbau des Verfahrens

Mittels Zeichnungen und Bildern werden produktive und rezeptive Fähigkeiten des Kindes auf Laut-, Wort- und Satzebene überprüft. Die Testergebnisse sollen ein „differenziertes Bild des individuellen Sprachentwicklungsstandes auf allen sprachsystematischen Ebenen" dokumentieren. Dieser wird in einem Übersichtsprofil zusammengefasst und soll die Planung einer individuellen Therapie ermöglichen.

Durchführungszeit und Normen

Über Gütekriterien finden sich keine Aussagen. Es werden so genannte Normen und Auswertungsraster für jedes Lebensjahr (von zwei bis sechs Jahren) angeboten, die beim Verlag abgerufen werden können. Allerdings ist dies nicht mit dem Normbegriff zu verwechseln, den wir in Kap. 4 dargestellt haben. Die Autorinnen schreiben selbst dazu: „Mit den nun verfügbaren Daten ist eine Normierung gegeben, nach wie vor handelt es sich jedoch nicht um eine Standardisierung, die sämtlichen testpsychologischen Ansprüchen genügt" (Kauschke & Siegmüller, 2006, S. 2).

Mit der Patholinguistischen Diagnostik liegt eine umfangreiche Aufgabensammlung vor, die aus linguistischer Perspektive viele der für eine Diagnostik bei Spracherwerbsstörungen relevanten Sprachleistungsbereiche erfasst. Die Hinweise auf die Leistungen von unauffälligen Kindern („Normen") können auch dabei helfen, den für eine Diagnose notwendigen Vergleich mit dem „normalen" Spracherwerb zu leisten.

7.4.7 Prüfmittel für Dysgrammatiker

Das **Prüfmittel für Dysgrammatiker** gestattet eine informelle Überprüfung der grammatikalisch-syntaktischen Fähigkeiten von dysgrammatisch sprechenden Kindern. Hiermit sind in traditioneller Terminologie spezifisch spracherwerbsgestörte Kinder gemeint, bei denen die Störung auf der grammatischen Ebene imponiert (→ Kap. 4).

Prüfmittel für Dysgrammatiker

Name (Autor, Erscheinungsdatum), Bestellmöglichkeit, Anschaffungskosten	Prüfmittel für Dysgrammatiker (Frank & Grziwotz, 1978), Sprachheilzentrum Ravensburg, Kosten: 14,90 €
Einsatzbereich	Vorschulkinder mit Sprachentwicklungsauffälligkeiten
Verfahren	Prüfung rezeptiver und produktiver Fähigkeiten in semantischen und grammatischen Sprachbereichen
Normen	Keine
Bearbeitungsdauer	Keine Angabe

Aufbau des Verfahrens

Vorgegeben wird strukturiertes Stimulusmaterial, das grammatische Formen evoziert und so eine aussagekräftige Sprachprobe ergibt, welche den individuellen Stand der Sprachproduktion eines Kindes wiedergibt.

Das Material umfasst fünf verschiedene Aufgabengruppen:
- Überprüfung des Sprachverständnisses
- Überprüfung von Einzelsätzen mit visueller Unterstützung
- Bildgeschichte zum freien Erzählen

- Sätze zum Vor- und Nachsprechen
- Nacherzählung.

Durchführungszeit und Normen

Über die Durchführungszeiten liegen keine genauen Angaben vor. Messmethodische Standards waren nicht intendiert.

7.4.8 SEV – Screeningverfahren zur Erfassung von Sprachentwicklungsverzögerungen

Das **Screeningverfahren zur Erfassung von Sprachentwicklungsverzögerungen** *(SEV)* wurde für die kinderärztlichen Vorsorgeuntersuchungen (Reihenuntersuchung U8) entwickelt, um grobe Hinweise auf den Spracherwerbsstand zu erhalten. Dieser soll mittels einer Reihe von einzelnen Aufgaben untersucht werden, die nicht isoliert, sondern nur als Ganzes bewertet werden dürfen.

SEV	
Name (Autor, Erscheinungsdatum), Bestellmöglichkeit, Anschaffungskosten	Screeningverfahren zur Erfassung von Sprachentwicklungsverzögerungen (Heinemann & Höpfner, 1993), Testzentrale Göttingen, Kosten: 184,00 €
Einsatzbereich	Kinder zwischen 3;5 und 4 Jahren (bei der U8)
Verfahren	Prüfung rezeptiver und produktiver Fähigkeiten in semantischen und grammatischen Sprachbereichen sowie der Lautproduktion
Normen	Keine
Bearbeitungsdauer	15 bis 20 Minuten

Aufbau des Screeningverfahrens zur Erfassung von Sprachentwicklungsverzögerungen

Der Wortschatz wird durch Bild-Benennaufgaben, das Sprachverständnis durch die Vorgabe von Oberbegriffen und durch das Befolgen von Anweisungen erfasst. Darüber hinaus soll das Kind Sätze nachsprechen. Seine artikulatorischen Fähigkeiten werden eingeschätzt.

Durchführungszeit und Normen

Das Screening soll in 15 bis 20 Minuten durchführbar sein. Angaben zu Gütekriterien liegen nicht vor. Sprachtheoretischen oder messmethodischen Standards genügt das SEV nicht. Nach Yvonne Adler könnte das Verfahren dem U8-Anspruch genügen und „sollte von Krankenschwestern bzw. Arzthelferinnen durchgeführt werden. [...] Für die Feststellung einer Sprachentwicklungsverzögerung oder gar zur Diagnose grammatischer Fähigkeiten ist es nicht geeignet" (2001, S. 28).

7.4.9 AVAK – Analyseverfahren zu Aussprachestörungen bei Kindern

Mit dem **Analyseverfahren zu Aussprachestörungen bei Kindern** *(AVAK)* soll das Phoninventar sowie der Stand der phonologischen Entwicklung eines Kindes erfasst werden (Hacker & Wilgermein, 2001, S. 18). Basierend auf den gewonnenen Befunden sollen entsprechende Behandlungsziele abgeleitet werden.

AVAK	
Name (Autor, Erscheinungsdatum), Bestellmöglichkeit, Anschaffungskosten	Analyseverfahren zu Aussprachestörungen bei Kindern (Hacker & Wilgermein, 2. Aufl. 2002), Testzentrale Göttingen, Kosten: 44,90 €
Einsatzbereich	Vorschulkinder (4–7 Jahre) mit Aussprachestörungen
Verfahren	Prüfung der phonologischen Entwicklung und der Artikulation
Normen	Keine
Bearbeitungsdauer	Ca. 10 Minuten

Aufbau des Analyseverfahrens zu Aussprachestörungen bei Kindern

Beim AVAK handelt es sich um einen Benenntest. Er soll ökonomischer und gezielter als Spontansprachproben den Stand der Ausspracheleistungen sowie der phonologischen Entwicklung (phonologische Prozesse) erfassen. Vorgegeben werden „113 Nomen, die dem kindlichen Wortschatz entnommen sind, sich also vergleichsweise leicht elizitieren lassen" (Hacker & Wilgermein, 2001, S. 18). Einzelsprachspezifische Auftretenshäufigkeiten werden in der Auswahl der Items berücksichtigt, Ein- und Zweisilber überwiegen. Die Auswahl der Items berücksichtigt weiter Wort-, Silbenstrukturen sowie Ein- und Mehrfachkonsonanzen. Damit ist eine Aussage über das verfügbare Lautinventar, seine Kombination zu Silben und Worten sowie etwaige Präferenzen möglich. Zentral ist jedoch die Bestimmung der phonologischen Prozesse und deren Beurteilung als entwicklungstypisch oder anormal (→ Kap. 4).

Durchführungszeit und Normen

Der AVAK ist zeitökonomisch durchführbar, seine Auswertung allerdings für die Praxis in Kita bzw. Kindergarten zu zeitintensiv. Dies gilt auch für die computergestützte Auswertung. Fallen der Erzieherin Verzögerungen, Abweichungen der Lautbildung und Nutzung von Lauten bei einem Kind auf, ist eine Delegation erforderlich. Entsprechende Fachkräfte (Logopädinnen) werden eine diesbezüglich exakte Bestimmung des Entwicklungsstandes genauer vornehmen können und gegebenenfalls entsprechende Fördermaßnahmen einleiten.

Eine Kurzform *SVA (Screeningverfahren zur Ausspracheuntersuchung)* liegt vor. Ihre Durchführung durch die Erzieherin kann die Grundlage für eine eventuell erforderliche Delegation bieten.

7.4.10 PLAKSS – Psycholinguistische Analyse kindlicher Sprechstörungen

Die **Psycholinguistische Analyse kindlicher Sprechstörungen** *(PLAKSS)* ist ein Prüfverfahren für Kinder ab dem Alter von 2;6 Jahren und für die Hand der Logopädin/Sprachtherapeutin gedacht.

Aufbau der psycholinguistischen Analyse kindlicher Sprechstörungen

Mittels zweier Aufgabengruppen (Bilderbenennen und dreimaliges Wiederholen von Bildbenennungen) ist es möglich, die Aussprachekompetenzen eines Kindes zu ermitteln, nach einem Klassifikationsmodell zu interpretieren, Vereinfachungen phonologischen Prozessen zuzuordnen und entsprechende therapeutische Maßnahmen einzuleiten. Mit den beiden Bildbenennaufgaben werden alle Laute und die wesentlichen Lautverbindungen der deutschen Sprache in allen Wortpositionen an Wörtern überprüft.

Durchführungszeit und Normen

Die Benennleistungen liefern die Grundlage für eine phonologische Prozessanalyse, die beantworten soll, ob die phonologischen Prozesse des Kindes physiologisch und altergemäß, physiologisch und verzögert oder pathologisch sind. Als pathologisch gilt ein Prozess, wenn er dreimal bei den Benennaufgaben auftritt. PLAKSS

PLAKSS	
Name (Autor, Erscheinungsdatum), Bestellmöglichkeit, Anschaffungskosten	Psycholinguistische Analyse kindlicher Sprechstörungen (Fox, 2005), Harcourt-Test Services Frankfurt, Kosten: 92,00 €
Einsatzbereich	Kinder ab 2;6 Jahren
Verfahren	Überprüfung der Artikulation und phonologischen Prozesse
Normen	Keine (eine Studie dazu ist in Vorbereitung)
Bearbeitungsdauer	Je nach Alter des Kindes 10 bis 20 Minuten

„bietet Altersangaben für Phon- und Phoneminventarentwicklung und für das Auftreten phonologischer Prozesse“ (Fox, 2005, S. 128; → kriteriale Normen). Ergänzt wird das Verfahren durch einen detaillierten Anamnese- und Fragebogen zur Kindesentwicklung.

PLAKSS knüpft an den internationalen Stand der Forschung zur phonetisch-phonologischen Entwicklung an und ist somit theoretisch fundiert. Die Brauchbarkeit des Verfahrens wurde über viele Monate in der logopädischen Praxis erprobt und als sehr hilfreich für die Therapieplanung bewertet. Die **Durchführungsdauer** beträgt je nach Alter des Kindes zehn bis zwanzig Minuten. Angaben zu messmethodischen Standards liegen nicht vor. Der Verlag teilt mit, dass in einer groß angelegten Studie zurzeit Normen erstellt werden sollen.

7.4.11 Bildwortserie zur Lautagnosieprüfung und zur Schulung des phonematischen Gehörs

Mittels der **Bildwortserie zur Lautagnosieprüfung und zur Schulung des phonematischen Gehörs** soll „ein Stammeln erkannt und therapeutisch behoben werden, das durch Wahrnehmungs- und Unterscheidungsschwäche für phonematische Klanggestalten verursacht ist: die partielle auditive Lautagnosie“.

Aufbau des Verfahrens

Die Bildwortserie beinhaltet einen diagnostischen Teil mit Bildwortpaaren (Übungsserie und zwei Prüfserien à 15 Bildwortpaaren) zur Überprüfung einer Lautdifferen-

Bildwortserie zur Lautagnosieprüfung

Name (Autor, Erscheinungsdatum), Bestellmöglichkeit, Anschaffungskosten	Bildwortserie zur Lautagnosieprüfung und zur Schulung des phonematischen Gehörs (H. Schäfer, 1986), Testzentrale Göttingen, Kosten: 328,00 €
Einsatzbereich	Kinder ab 6 Jahren, die Kurzform (Screening), ab 4 Jahren
Verfahren	Erkennen von Wahrnehmungs- und Unterscheidungsschwächen von Lauten
Normen	Keine
Bearbeitungsdauer	Keine Angabe

zierungsschwäche und -störung bei dyslalischen Kindern (Lautagnosieprüfung und Lautdifferenzierungsprobe) und einen therapeutischen Teil zur Schulung der Lautdifferenzierungsfähigkeit für Kinder mit einer sensorischen Schwäche im Bereich der Sprache, in dem die Bildwortserie als Übungsmittel zur Schulung des phonematischen Gehörs eingesetzt wird. Die Aufgabenvorgabe erfolgt über Tonband.

Die Kurzform Lautdifferenzierungsprobe umfasst zwölf Bildwortpaare und wird ab dem vierten Lebensjahr mündlich vorgegeben. Aufgabenbeispiel: Bildwortpaar „Tanne – Kanne“ oder „Zeige bitte – Tanne“.

Durchführungszeit und Normen

Das Verfahren ist für die logopädische oder sprachtherapeutische Praxis gedacht. Messmethodische Standards sind nicht gegeben.

7.4.12 Ravensburger Lautprüfbogen

Der **Ravensburger Lautprüfbogen** enthält 40 bunte, vom Kind zu benennende Bilder aus seiner Erlebniswelt, mit denen die Bildung von Vokalen, Konsonanten und wichtigen Konsonantenverbindungen überprüft werden soll. Das Bildmaterial soll zur Benennung motivieren. Es wird zwischen Lauten, die bis zum zweiten Lebensjahr, Lauten, die zwischen dem dritten und vierten Lebensjahr, und Lauten, die mit fünf Jahren verfügbar sein sollten, unterschieden. Das Verfahren gibt somit Auskunft über den Entwicklungsstand der Lautbildung.

Ravensburger Lautprüfbogen

Name (Autor, Erscheinungsdatum), Bestellmöglichkeit, Anschaffungskosten	Ravensburger Lautprüfbogen (Frank & Grziwotz, 1978), Sprachheilzentrum Ravensburg, Kosten für 50 Bögen: 8,70 €
Einsatzbereich	Vorschulkinder mit Lautbildungsschwierigkeiten
Verfahren	Prüfung der Lautbildung
Normen	Keine
Bearbeitungsdauer	Keine Angabe

Durchführungszeit und Normen

Angaben über messmethodische Standards sind nicht intendiert. Normen sind dementsprechend auch nicht verfügbar. Über die Durchführungszeit liegen keine Angaben vor.

7.4.13 COPROF – Spontansprachproben (Profilanalyse und computergestützte Profilanalyse)

Methodisch beruhen **Spontansprachproben** auf der Aufzeichnung und Verschriftung (Transkription) kindlicher Äußerungen, die in ausgewählten Situationen gewonnen wurden. Genutzt werden sie vor allem zur Bestimmung des Erwerbsstands im Bereich der Aussprache sowie der → Syntax und → Morphologie. Grundlage für die Bestimmung des syntaktisch-morphologischen Erwerbsstandes sind mindestens 100 grammatisch analysierbare Äußerungen. Die Auswertung orientiert sich an den von Clahsen (1982) identifizierten fünf Phasen des Erwerbs grammatischer Strukturen (→ Kap. 3.4.1).

Aufbau der Profilanalyse

Grundlage der Profilanalyse ist der Profilbogen von Clahsen (1986), in dem folgende Analysebereiche unterschieden werden:
- „Block A (nicht-analysierte Äußerungen)
- Block B (analysierte Äußerungen)
- Satzstrukturen

- Phase II
- Phase III
- Phase IV
- Nebensätze
- Frage
- Negation
- Auslassungen
- Komplementstrukturen
- Wortarten
- Kasus
- Verbflexion
- Konjunktionen“ (nach Clahsen & Hansen, 1991, S. 9).

COPROF	
Name (Autor, Erscheinungsdatum), Bestellmöglichkeit, Anschaffungskosten	Profilanalyse (Clahsen, 1986) Computerunterstützte Profilanalyse (Clahsen & Hansen, 1991), Manual and software package. Köln: Focus, Manual über Internet zugänglich. Verfügbar unter: www.uni-wuerzburg.de/sopaed3/coprof/coprof-handbuch.pdf
Einsatzbereich	Kinder im Vorschulalter
Verfahren	Erhebung von wenigstens 100 grammatisch analysierbaren Äußerungen, dokumentiert durch Tonband- oder Videoaufzeichnungen, computerunterstützte Auswertung möglich
Normen	Keine

Durchführungszeit und Normen

→ Spontansprachproben sind vor allem dann angezeigt, wenn – wie im Kleinkindalter (null bis zwei Jahre) – noch keine standardisierten Verfahren durchgeführt werden können. Für das Kindergartenalter trifft dies jedoch nicht länger zu, hier können Erzieherinnen auf ökonomischere Verfahren zugreifen. Spontansprachproben – auch computergestützte – sind aufgrund ihrer Aufwändigkeit, ihrer Voraussetzungen hinsichtlich der linguistischen Kenntnisse und der bei Spontansprachproben zu beachtenden methodischen Einschränkungen (z. B.: Wie bestimme ich was eine Äußerung ist, wie die Zahl der grammatisch analysierbaren Äußerungen?) für den Einsatz im Bereich der Prävention und frühpädagogischen Diagnostik sowie für die Identifikation von Risikokindern in der Kindertageseinrichtung ungeeignet. Darüber hinaus handelt es sich um ein rein deskriptives (Beobachtungs-)Verfahren. Zur Beantwortung der diagnostischen Fragen nach der Ursache und zum weiteren Verlauf des Spracherwerbs (Prognose) tragen ihre Ergebnisse wenig bei. Breite Verwendung findet die Spontansprachanalyse innerhalb der (linguistischen) Spracherwerbsforschung sowie bei der therapeutischen Arbeit mit spracherwerbsgestörten Kindern. Hier ist ihr Einsatz aufgrund der mit ihr möglichen Mikroanalysen des Erwerbs von sprachlichen Strukturen gerechtfertigt.

Angaben zur → Validität beziehen sich auf Studien zum Erwerb formaler Eigenschaften des Deutschen (Inhaltsvalidität). Angaben zur Objektivität und Zuverlässigkeit liegen nicht vor.

7.4.14 SISMIK – Sprachverhalten und Interesse an Sprache bei Migrantenkindern im Kindergarten

Das Beobachtungsverfahren **Sprachverhalten und Interesse an Sprache bei Migrantenkindern im Kindergarten** *(SISMIK)* wurde für Erzieherinnen mit dem Ziel entwickelt, die sprachlichen Fähigkeiten von 3;6- bis 6-jährigen Kindern mit Migrationshintergrund zu ermitteln und darüber hinaus ihre Motivation beim Erlernen des Deutschen einzuschätzen. Mit SISMIK sollen auch die Fortschritte der Entwicklungen eines Kindes innerhalb der Kindergartenzeit dokumentiert werden.

SISMIK	
Name (Autor, Erscheinungsdatum), Bestellmöglichkeit, Anschaffungskosten	Sprachverhalten und Interesse an Sprache bei Migrantenkindern im Kindergarten (Ulich & Mayr, 2003), Herder Verlag Freiburg, Kosten: 5,50 €
Einsatzbereich	Kinder mit Migrationshintergrund zwischen 3;6 und 6 Jahren
Verfahren	Beobachtung und Dokumentation der sprachlichen Fähigkeiten beim Erlernen der deutschen Sprache
Normen	Prozentrangnormen für sechs „Skalen“, wobei diese nur an Kindern mit Migrationshintergrund erhoben wurden!!

Aufbau des Verfahrens

Leitfragen von SISMIK sind: Welche Motivation hat das Kind in bestimmten Situationen, um sich sprachlich mitzuteilen? Hat es Interesse an Sprache und sprachbezogenen Aktivitäten? Kann es sprachliche Zusammenhänge verstehen und darstellen? Wie entwickelt sind Satzbau, Grammatik und Artikulation in der deutschen Sprache? Wann benutzt das Kind innerhalb der Einrichtung seine Herkunftssprache? Wie ist die sprachliche Situation in der Kindergruppe, wie viele deutschsprachige Kinder gibt es? Wie sieht die familiäre Sprachumgebung aus, welche sprachlichen Anregungen sind dort gegeben? Zeigt das Kind Interesse an Schrift? Nutzt es Bilderbücher?

Der SISMIK-Bogen enthält in Teil I sechsstufige Einschätzskalen der Häufigkeit (sehr oft bis nie) von Sprachverhaltensweisen in verschiedenen Situationen (z. B. am Frühstückstisch, im Stuhlkreis, bei der Bilderbuchbetrachtung). In Teil II werden die Sprechweise (z. B. spricht im Deutschen sehr undeutlich, etwas undeutlich, deutlich), der Wortschatz (reichhaltig, ausreichend, eingeschränkt, sehr eingeschränkt) und der Satzbau im Deutschen (z. B. wenn das Kind etwas erzählen oder tun möchte, bildet es einfache Sätze: vorwiegend, manchmal, selten, nie) bewertet. Hintergrundinformationen über die Einrichtung, das Kind in der Gruppe und in seiner Familie werden in Teil III erfragt.

Durchführungszeit und Normen

Der SISMIK-Bogen wurde mit einer bundesweiten Stichprobe an 2011 Kindern mit Migrationshintergrund erprobt und soll deren sprachliche Kompetenzen „zuverlässig und differenziert" erfassen. Für die verschiedenen Bereiche der sprachlichen Entwicklung sind sechs zusammenfassende Skalen (Sprachverhalten im Kontakt mit anderen Kindern, im Kontakt mit pädagogischen Bezugspersonen, Sprachverhalten bei Bilderbuchbetrachtung, Erzählungen und Reimen, selbstständiger Umgang mit Bilderbüchern, Interesse an Schrift, sprachliche Kompetenz) und Prozentrangnormen enthalten. Fragwürdig ist allerdings, dass als Vergleichsgruppe ausschließlich die Kinder mit Migrationshintergrund herangezogen werden. Zur Einschätzung ihres Sprachstandes verglichen mit monolingualen Kindern trägt ein solches Vorgehen nichts bei.

7.4.15 Beobachtungshilfe zur Beschreibung von Sprache und Kommunikation in Kindergarten und Schule

Mit der **Beobachtungshilfe zur Beschreibung von Sprache und Kommunikation** (im Folgenden Beobachtungshilfe) wird ein umfangreiches Konzept vorgestellt, das Erzieherinnen ermöglicht, ihre Beobachtungen hinsichtlich des Sprach- und Kommunikationsverhaltens eines Kindes zu systematisieren und zu dokumentieren.

Beobachtungshilfe zur Beschreibung ...

Name (Autor, Erscheinungsdatum), Bestellmöglichkeit, Anschaffungskosten	Beobachtungshilfe zur Beschreibung von Sprache und Kommunikation in Kindergarten und Schule (Kolonko & Krämer-Kilic, 1995), Ulm: Kinders-Verlag, Kosten: online-Verlag, Preis 5 €.
Einsatzbereich	Kindergartenkinder zwischen 3 und 6 Jahren
Verfahren	Beobachtung und Dokumentation der sprachlichen und kommunikativen Fähigkeiten
Normen	Keine

Aufbau des Verfahrens

Grundlage bildet eine interaktionistische Spracherwerbstheorie. Neben der sprachtheoretischen Grundlegung werden Arbeitshilfen für die Ausbildung und Praxis und eine Hilfe für die Beschreibung der Kommunikation in Kindergarten und Schule angeboten. Nicht nur das Sprach- und Kommunikationsverhalten des Kindes wird beobachtet und dokumentiert, sondern auch das der Erzieherin. Vorgeschlagen wird auch, die Beobachtungshilfe im Rahmen der Teamarbeit einzusetzen, nicht zuletzt deshalb, um nicht vorschnell zu Bewertungen des Kommunikationsverhaltens einzelner Kinder oder Erzieherinnen zu kommen.

Durchführungszeit und Normen

Messmethodische Standards sind nicht intendiert.

7.4.16 ELFRA – Elternfragebögen

Die **Elternfragebögen für die Früherkennung von Risikokindern** *(ELFRA)* sind Verfahren, die es ermöglichen sollen, bereits im Alter von 12 und 24 Monaten Risikokinder für eine Spracherwerbsstörung zu identifizieren. Der Elternfragebogen ELFRA-1 soll bei zwölf Monate alten Kindern den Entwicklungsstand der Sprachproduktion, des Sprachverständnisses, des gestischen Verhaltens sowie der Feinmotorik erfassen. Beim Elternfragebogen ELFRA-2 für 24 Monate alte Kinder stehen der aktive Wortschatz und die Entwicklung erster grammatischer Strukturen im Vordergrund. Kinder, die im Alter von zwei Jahren noch nicht über einen Wort-

ELFRA	
Name (Autor, Erscheinungsdatum), Bestellmöglichkeit, Anschaffungskosten	Elternfragebögen (Grimm & Doil, 2. Aufl. 2006), Testzentrale Göttingen, Kosten: 89,00 €
Einsatzbereich	Erfassung von Risikokindern für Sprachentwicklungsstörungen im Alter von 12 Monaten (ELFRA–1) und von 24 Monaten (ELFRA–2)
Verfahren	Elternfragebögen mit 260 zu erfragenden Wörtern
Normen	Keine; kritische Werte für die einzelnen Entwicklungsskalen

schatz von 50 Wörtern aus einer 260 Wörter umfassenden Wortschatzliste verfügen, gelten als Risikokinder für die Ausbildung einer Spracherwerbsstörung. Die enorme individuelle Variabilität des frühen Spracherwerbs bleibt unberücksichtigt. Vermutlich deshalb fällt die Zahl der Risikokinder sehr hoch aus. Dies mag man wie Grimm (2002, S. 123) zum Wohle der Kinder in Kauf nehmen, es ist aber aufgrund der Kosten, vor allem aber wegen der Verunsicherung der Eltern, deren Kinder irrtümlich als Risikokinder identifiziert werden, nicht wünschenswert.

Aufbau von ELFRA-1

Erfasst werden Sprachproduktion, Sprachverständnis, Gesten und Feinmotorik.

- **Sprachproduktion** (zwei Subskalen):
  - Wortschatz. Vorgabe einer Checkliste von Wörtern aus der Kindersprache
  - Produktion von Lauten und Sprache. „Mein Kind singt und summt von sich aus.“
- **Sprachverständnis** (zwei Subskalen): „Mein Kind reagiert auf die Aufforderung ‚Komm her‘.“
- **Gesten:** „Mein Kind zeigt die leeren Hände, um auszudrücken, dass etwas weg ist.“
- **Feinmotorik:** „Kann Ihr Kind mit einem Stift Striche auf Papier kritzeln?“

Aufbau von ELFRA-2

Erfasst werden produktiver Wortschatz, syntaktische Fähigkeiten und morphologische Fähigkeiten.

- **Produktiver Wortschatz:** Die Eltern geben anhand einer Checkliste ausgewählter Wörter an, ob ihr Kind z. B. ausgewählte Fragewörter, Pronomina, Mengenwörter verwendet.
- **Syntaktische Fähigkeiten:** „Stellt Ihr Kind schon Fragen?"
- **Morphologische Fähigkeiten:** „Hat Ihr Kind schon begonnen, die Mehrzahl (z. B. Kinder, Schuhe, Häuser oder auch Kindern, Schuhen, Häusern) zu bilden?"

Durchführungszeit und Normen

Durchführungs-, Auswertungs- und Interpretationsobjektivität scheinen gegeben. Die einzelnen Entwicklungsskalen gelten als zuverlässig. Allerdings werden über die prognostische Validität unterschiedliche Ergebnisse berichtet: Während der ELFRA-2 ausreichende prognostische Validität besitzt, ist diese bei dem ELFRA-1 umstritten. Kritische Werte für die einzelnen Entwicklungsskalen werden angegeben. Insgesamt werden bis zu 20 % Risikokinder ermittelt.

7.4.17 ELAN – Eltern Antworten

Mit dem Fragebogen **Eltern Antworten** *(ELAN)* soll der aktive Wortschatz von Kindern im Alter von 16 bis 26 Monaten erfasst werden.

Aufbau von ELAN

Der von Eltern auszufüllende Fragebogen besteht aus einem ausführlichen anamnestischen Teil sowie aus einer Checkliste mit 250 Wörtern, die unterschiedlichen

ELAN	
Name (Autor, Erscheinungsdatum), Bestellmöglichkeit, Anschaffungskosten	Eltern Antworten (Bockmann & Kiese-Himmel, 2006), Testzentrale Göttingen, Kosten: 49,00 €
Einsatzbereich	Kinder im Alter von 16 bis 26 Monaten
Verfahren	Wortschatzprüfung durch Elternfragebogen. Umfasst einen anamnestischen Teil sowie eine Checkliste mit 250 Wörtern und Fragen zur Erkennung von Risikokindern
Normen	T-Werte und Prozentränge in zwei Altersgruppen

Wortarten und -feldern zuzuordnen sind. Mit dem ELAN soll eine Frühidentifikation von Risikokindern ermöglicht werden.

Durchführungszeit und Normen

Das Verfahren gilt als zuverlässig. Erste Untersuchungen ergeben eine ausreichende prognostische Validität. Normen (T-Werte und Prozentränge) liegen von 270 Kindern im Alter von 16 bis 26 Monaten vor, getrennt in zwei Altersgruppen und in der älteren Gruppe auch nach dem Geschlecht.

7.4.18 FRAKIS – Fragebogen zur frühkindlichen Sprachentwicklung

In der nun zur Veröffentlichung vorgesehenen und überarbeiteten Kurzform, die auch in Kinderarztpraxen einsetzbar sein wird, enthält der **Fragebogen zur frühkindlichen Sprachentwicklung** *(FRAKIS)* (Szagun, 2004) folgende drei Teile:

- Wortschatz
- Grammatik und Sätze (Teil A: Wortendungen und Wortformen, Teil B: Wortkombinationen) sowie
- Persönlicher Hintergrund, demographische Angaben (wie Geschlecht, Geschwisterrang, Bildungsgrad der ausfüllenden Person) und Fragen zu medizinischen Problemen und zur Mehrsprachigkeit des Kindes.

FRAKIS	
Name (Autor, Erscheinungsdatum), Bestellmöglichkeit, Anschaffungskosten	Fragebogen zur frühkindlichen Sprachentwicklung (Szagun, erste Version 2004). In Vorb. Eine vorläufige Version von FRAKIS ist auf CD auf Anfrage über E-Mail gisela.szagun@googlemail.com erhältlich
Einsatzbereich	Kinder im Alter von 1;6 bis 2;6 Monaten
Verfahren	Überprüfung des Entwicklungsstandes in den Bereichen Wortschatz, Grammatik und Sätzen durch Elternfragebogen. Wird ergänzt durch einen demografischen Teil
Normen	Standardisierung auf der Grundlage der Befragung von 1300 Eltern in Arbeit (Prozentrangnormen – Perzentile und Quartile)

Aufbau von FRAKIS

Teil 1 – Wortschatz

FRAKIS knüpft an vorliegende Verfahren und Erfahrungen an. Im **Wortschatzteil** wird etwa die Struktur der MacArthur *Communicative Development Inventories (CDI)* (Fenson, Dale, Reznick, Thal & Bates, 1994) beibehalten, das in 22 semantischen Feldern die begriffliche und sprachliche Welt kleiner Kinder erfassen will. Die Prüfwörter wurden auf der Basis der spontanen Sprechdaten von Kindern im Alter von 1;4 und 2;10 Jahren und der als für den Wortgebrauch von Kindern dieses Alters betrachteten Wortschatzliste von Fenson et al. (1994) ausgewählt. Die Wortschatzliste enthält gegenwärtig noch 600 Wörter. Beispiele:

- 1. Geräusche und Tierlaute (12)
  ❑ mäh ❑ quak quak ❑ aua ❑ bum
- 12. Menschen (24)
  ❑ Tante ❑ Doktor ❑ Baby
- 22. Bindewörter (6)
  ❑ und ❑ aber ❑ so ❑ weil

Teil 2 – Grammatik und Sätze

Der **Grammatikteil** berücksichtigt die grammatischen Formen des Deutschen, die deutschsprachige Kinder zwischen 1;6 und 2;6 Jahren erwerben. In der Flexionsmorphologie geht es um Wortendungen und Wortformen. Hier werden Eltern gebeten, ein Urteil darüber abzugeben, ob ihre Kinder Wörter verändern. Das betrifft Plural, Verben und Artikel. Im Anschluss werden fünf Bereiche der Markierung grammatischer Funktionen detaillierter abgefragt:

- Plural
- Verbformen im Präsens und Partizip Perfekt
- Modalverben und Kopula *sein*
- Genus am Artikel und Adjektiv
- Kasus am Artikel (Einzelheiten der Skalen und des Scorings als Gesamt- und Einzelscores in Szagun (2004).

Hiermit wird den flexionsmorphologischen Unterschieden zwischen dem Deutschen und Englischen Rechnung getragen.

Der Teil Wortkombinationen ähnelt wiederum der Struktur der MacArthur *Communicative Development Inventories (CDI)*. Die Eltern sollen angeben, ob das Kind schon Wörter kombiniert und Beispiele für die drei längsten Sätze nennen. Es folgen inhaltsgleiche Satzpaare oder gelegentlich auch Triaden von unterschiedlicher formaler Komplexität. Um die Vergleichbarkeit mit dem amerikanischen CDI grob zu erhalten, bestehen die 32 Satzpaare zu etwa gleichem Anteil aus drei Untergruppen: 1. Satzpaare, die besonders auf → flexionsmorphologische Änderungen fokussieren, 2. auf das Hinzufügen von Funktionswörtern, 3. auf kleine, komplexere Sätze (Einzelheiten der Skalen und des Scores in Szagun, 2004). Da Deutsch jedoch stärker flektiert als Englisch, sind flexionsmorphologische Veränderungen in den komplexeren Satzversionen immer enthalten.

- Beispiel für Wortformen/Mehrzahl:
  „Es folgen Beispiele von Wörtern in der Mehrzahl. Bitte kreuzen Sie an, ob Ihr Kind solche oder ähnliche Mehrzahlformen benutzt."
  Blumen, Augen, Katzen, Türen
  ❑ ja ❑ nein
- Beispiel für Wortkombinationen:
  „Hat ihr Kind schon angefangen, Wörter zu kombinieren, z. B. ‚Hund da', ‚Papa Mund', ‚Hausschuh an'?
  ❑ noch nicht ❑ manchmal ❑ oft

Teil 3 – Persönlicher Hintergrund

In einem abschließenden Teil werden Angaben zum persönlichen Hintergrund erfragt: Geschlecht und Geschwisterrang des Kindes, zweisprachige- bzw. mehrsprachige Erziehung, was ist die Erstsprache des Kindes? Lagen medizinische Probleme, etwa eine Frühgeburt des Kindes vor? Was ist der Bildungsstand des ausfüllenden Elternteils? Festgehalten wird auch, wer den Fragebogen ausgefüllt hat.

Durchführungszeit und Normen

Ein endgültiges Urteil über FRAKIS ist nicht möglich. Die Berücksichtigung der interindividuellen Variabilität sollte jedoch eine exaktere Bestimmung der Zahl von Kindern, die Gefahr laufen, eine Spracherwerbsstörung auszubilden, ermöglichen. Szagun sieht vor – wie international üblich – die unteren 10 % der Kinder als → *late talker* zu kennzeichnen. Im Vergleich zu ELFRA sind somit nur halb so viele Kinder Risikokinder. Sollte es gelingen, die Zahl falscher Positive (entspricht der Zahl irrtümlich als Risikokind identifizierter Kinder) zu verringern, wäre es für die Brauchbarkeit des Verfahrens vorteilhaft. Dies darf allerdings nicht zum Preis der Zunahme falscher Negative (entspricht der Zahl irrtümlich *nicht* als Risikokind identifizierter Kinder) geschehen.

Validität, Reliabilität und Objektivität scheinen gegeben, obwohl noch keine diesbezüglichen Koeffizienten vorliegen. Die Befragung scheint, verglichen mit anderen Fragebögen, differenzierter, allerdings auch unökonomischer. Es bleibt abzuwarten, ob der vermehrte Aufwand mit einer Erhöhung der prognostischen Validität einhergeht.

7.5 Zur Einsetzbarkeit und Praktikabilität diagnostischer Verfahren im Kindergarten: Eine zusammenfassende Bewertung

Die Darstellung vorhandener diagnostischer Verfahren zur Prüfung sprachlicher Leistungen sollte einen Überblick über die Breite des Angebots, Methoden und die verschiedenen methodischen Zugänge (Befragung, Beobachtung, Elizitation) in eingesetzten Verfahren geben. Selbstverständlich konnten wir nicht alle Verfahren vorstellen und die ausgewählten umfassend darstellen. Dies gilt insbesondere für die Beobachtungsmethoden. Bei unserer Darstellung haben wir zwar bereits einige bewertende Aussagen zu einzelnen Verfahren abgegeben, im Folgenden möchten wir nun einzelne Verfahren empfehlen, die wir für die frühdiagnostische Tätigkeit vor allem auch unter Berücksichtigung der Sprachstandsbestimmung bei Kindern mit Migrationshintergrund als geeignet bewerten und die im Kindergarten nutzbringend eingesetzt werden können.

Empfehlungen für Vorschulbereich und Kinder mit Migrationshintergrund		
	Spracherwerbsstörung (deutsche Kinder)	Geeignet für Kinder mit Migrationshintergrund
Standardisierte Verfahren: Tests		
HSET (Kap. 7.2.1)	(nicht komplett, aber IS, VS, PS, AM, AD, WF, SB, TG)	(nicht komplett, aber PS, AM, AD)
KISTE (Kap. 7.2.2)	–	–
MSVK (Kap. 7.2.3)	●	–
SETK-2 (Kap. 7.2.4)	●	–
SETK 3-5 (Kap. 7.2.5)	●	(nicht komplett, aber WR, PGN, GW)
TEDDY-Test (Kap. 7.2.6)	○	–
AWST-R (Kap. 7.2.7)	●	–
LBT (Kap. 7.2.8)	○	–
LUT (Kap. 7.2.9)	○	–
Standardisierte Verfahren: Screenings		
DP/KVS (Kap. 7.3.2)	○	–
HASE (Kap. 7.3.3)	●	(nicht komplett, aber WZ und NK)
HVS (Kap. 7.3.4)	○	○
SSV (Kap. 7.3.5)	●	–

Empfehlungen für Vorschulbereich und Kinder mit Migrationshintergrund		
	Spracherwerbsstörung (deutsche Kinder)	Geeignet für Kinder mit Migrationshintergrund
Informelle Verfahren: Elizitation		
ESGRAF (Kap. 7.4.1)	○	–
HAVAS-5 (Kap. 7.4.2)	–	●
IDIS (Kap. 7.4.3)	○	(nicht komplett, aber Anamneseleitfaden)
IVÜS (Kap. 7.4.4)	○	–
MSS (Kap. 7.4.5)	–	–
Patholinguistische Diagnostik … (Kap. 7.4.6)	○	–
Prüfmittel für Dysgrammatiker (Kap. 7.4.7)	○	–
SEV (Kap. 7.4.8)	–	–
AVAK (Kap. 7.4.9)	●	–
PLAKSS (Kap. 7.4.10)	●	–
Lautagnosieprüfung (Kap. 7.4.11)	○	–
Ravensburger Lautprüfbogen (Kap. 7.4.12)	○	–
Informelle Verfahren: Beobachtungsverfahren		
Spontansprachproben (Kap. 7.4.13)	–	–
Beobachtungshilfe (Kap. 7.4.15)	–	○
SISMIK (Kap. 7.4.14)	–	●
Informelle Verfahren: Fragebogen		
ELFRA–1 (Kap. 7.4.16)	–	○ –
ELFRA–2 (Kap. 7.4.16)	●	–
FRAKIS (Kap. 7.4.18)	●	–
ELAN (Kap. 7.4.17)	●	–

● uneingeschränkt empfohlen ○ eingeschränkt empfohlen bzw. ungeeignet – ungeeignet

Tab. 7.1: Empfehlungen für den Einsatz durch die Erzieherin im Vorschulbereich.

Wir betonen an dieser Stelle nochmals, dass diese Empfehlungen für einzelne Verfahren stets für bestimmte Fragestellungen gelten. Bei der Frage nach dem Spracherwerbsstand kann ein Verfahren wie der Heidelberger Sprachentwicklungstest (HSET → Kap. 7.2.1) geeignet sein, wenn das untersuchte Kind deutschsprachig aufwächst. Bei einem Kind mit Migrationshintergrund und einem nur unzureichenden Kontakt mit der deutschen Sprache wäre das Verfahren für die Bestimmung des Spracherwerbsstandes nur teilweise angemessen. Dies gilt für alle vorgestellten standardisierten Tests. Zur Beantwortung der Frage, ob bei einem Kind mit einem mehrsprachigen Hintergrund auch ein Risiko für eine Schriftspracherwerbsschwierigkeit vorliegt, bietet sich beispielsweise das BISC (→ Kap. 7.3.1) oder HASE (→ Kap. 7.3.3) an.

Verzeichnis der diagnostischen Verfahren

AVAK	Hacker, D. & Wilgermein, H. (2002)	AVAK-Test mit CD-ROM Analyseverfahren zu Aussprachestörungen bei Kindern (2. Aufl.)	Göttingen: Testzentrale
AWST-R	Kiese-Himmel, C. (2006)	Aktiver Wortschatztest für 3–6jährige Kinder – Revision	Göttingen: Testzentrale
Beobachtungshilfe	Kolonko, B. & Krämer-Kilic, I. (1995)	Beobachtungshilfe zur Beobachtung von Sprache und Kommunikation	Ulm: Kinders-Verlag
Bildwortserie	Schäfer, H. (1986)	Bildwortserie zur Lautagnosieprüfung und zur Schulung des phonematischen Gehörs	Göttingen: Testzentrale
BISC	Jansen, H., Mannhaupt, G., Marx, H. & Skowronek, H. (2002)	Bielefelder Screening zur Früherkennung von Lese-Rechtschreibschwierigkeiten (2. Aufl.)	Göttingen: Hogrefe
COPROF	Clahsen, H. & Hansen, D. (1991)	COPROF – ein linguistisches Untersuchungsverfahren für die sprachdiagnostische Praxis	Köln: FOCUS
DP	Breuer, H. & Weuffen, M. (2005)	Lernschwierigkeiten am Schulanfang – Lautsprachliche Lernvoraussetzungen und Schulerfolg. Eine Anleitung zur Einschätzung und Förderung lautsprachlicher Lernvoraussetzungen (6., überarb. Aufl.)	Weinheim: Beltz
ELAN	Bockmann, A.-K. & Kiese-Himmel, C. (2006)	Eltern Antworten	Göttingen: Testzentrale
ELFRA	Grimm, H. & Doil, H. (2006)	ELFRA – Elternfragebögen für die Früherkennung von Risikokindern (2., überarb. Aufl.)	Göttingen: Hogrefe
ESGRAF	Motsch, H.-J. (2000)	ESGRAF-Testmanual: Evozierte Sprachdiagnose grammatischer Fähigkeiten (2., verb. Aufl.)	München: Reinhardt
FRAKIS	Szagun, G. (2004)	Fragebogen zur frühkindlichen Sprachentwicklung	Oldenburg: Universität Oldenburg
HASE	Brunner, M. & Schöler, H. (2001/02)	HASE – Heidelberger Auditives Screening in der Einschulungsdiagnostik	Wertingen: Westra

HAVAS 5	Reich, H. H. & Roth, H.-J. (2004)	Hamburger Verfahren zur Analyse des Sprachstandes bei Fünfjährigen. Auswertungsbögen und Auswertungshinweise	Hamburg: Landesinstitut für Lehrerbildung und Schulentwicklung
HSET	Grimm, H. & Schöler, H. (1991)	Der Heidelberger Sprachentwicklungstest H-S-E-T (2. Aufl.)	Göttingen: Hogrefe
HVS	Brunner, M., Pfeifer, B., Schlüter, K., Steller, F., Möhring, L., Heinrich, I. & Pröschel, U. (2001)	Heidelberger Vorschulscreening zur auditiv-kinästhetischen Wahrnehmung und Sprachverarbeitung HVS	Wertingen: Westra
IDIS	Schöler, H. (1999)	IDIS – Inventar diagnostischer Informationen bei Sprachentwicklungsauffälligkeiten	Heidelberg: Edition S im Universitätsverlag C. Winter
IVÜS	Endres, R. & Baur, S. (2000)	Informelles Verfahren zur Überprüfung von Sprachverständnisleistungen (IVÜS). Die Sprachheilarbeit, 45, 64–71	
Lautprüfbogen	Sprachheilzentrum Ravensburg (o. J.)	Prüfmittel für Stammler und Dysgrammatiker. Einsehbar unter: www.shz.rv.schule-bw.de/index.htm [18.08.2006]	
LBT	Fried, L. (1980a)	Lautbildungstest für Vorschulkinder LBT	Weinheim: Beltz
LSV	Götte, R. (1976)	Landauer Sprachentwicklungstest für Vorschulkinder LSV	Weinheim: Beltz
LUT	Fried, L. (1980b)	Lautunterscheidungstest für Vorschulkinder LUT	Weinheim: Beltz
MSS	Holler-Zittlau, I., Dux,, W. & Berger, R. (2005)	Marburger Sprach-Screening für 4- bis 6-jährige Kinder (MSS)	Neuenkirchen: Persen
MSVK	Elben, C. E. & Lohaus, A. (2000)	Marburger Sprachverständnistest für Kinder MSVK	Göttingen: Hogrefe
Patholinguistik	Kauschke, C. & Siegmüller, J. (2002)	Patholinguistische Diagnostik bei Sprachentwicklungsstörungen	Heidelberg: Elsevier
PET	Angermaier, M. J. W. (1977)	Psycholinguistischer Entwicklungstest PET (2. Aufl.)	Weinheim: Beltz
PLAKSS	Fox, A.(2005)	PLAKSS Psycholinguistische Analyse kindlicher Sprechstörungen (2. überarb. Aufl.)	Frankfurt a. M.: Harcourt-Test Services
Profilanalyse	Clahsen, H. (1986)	Die Profilanalyse. Ein linguistisches Verfahren für die Sprachdiagnose im Vorschulalter	Berlin: Marhold

Prüfmittel	Frank, G. & Grziwotz, P. (1978)	Dysgrammatiker Prüfmaterial	Sprachheilzentrum Ravensburg: Selbstverlag
Reynell Scales	Edwards, S., Fletcher, P., Garman, M., Hughes, A., Letts, C. & Sinka, I. (1997)	Reynell Developmental Language Scales III (3rd ed.)	Göttingen: Hogrefe
SETK 3-5	Grimm, H., Aktas, M. & Frevert, S. (2001)	Sprachentwicklungstest für drei- bis fünfjährige Kinder SETK 3-5	Göttingen: Hogrefe
SETK-2	Grimm, H., Aktas, M. & Frevert, S. (2000)	Sprachentwicklungstest für zweijährige Kinder SETK-2	Göttingen: Hogrefe
SISMIK	Ulich, M. & Mayr, T. (2003)	SISMiK – Sprachverhalten und Interesse an Sprache bei Migrantenkindern in Kindertageseinrichtungen	München: Staatsinstitut für Frühpädagogik
SSV	Grimm, H., Aktas, M. & Kießig, U. (2003)	Sprachscreening für das Vorschulalter SSV. Kurzform des SETK 3-5	Göttingen: Hogrefe
Teddy-Test	Friedrich, G. (1998)	Teddy-Test	Göttingen: Hogrefe

8 Sprachförderprogramme

Die Zahl der Kinder, die unter multinationalen Entwicklungsbedingungen aufwachsen und in multinationalen Kindergartengruppen erzogen werden, ist in den letzten Jahrzehnten auch in Deutschland stetig gewachsen. Die Zusammensetzung der Kindergartengruppen zeigt es.

Einleitend hatten wir ausgeführt, dass die Ergebnisse der PISA-Studien gezeigt haben, dass viele dieser Kinder aufgrund unzureichender Deutschkenntnisse die Angebote unseres Bildungssystems nicht nutzen können und aufgrund fehlender oder schlechter Schulabschlüsse auch keine berufliche Qualifikation erwerben. Derartige Beobachtungen haben die Diskussion über die Bedeutung der Elementarerziehung hinsichtlich ihrer präventiven Bedeutung wiederbelebt und dazu geführt, dass Kommunen und Länder (z. B. die Landesstiftung in Baden-Württemberg), kirchliche Träger von Vorschuleinrichtungen, aber auch vermehrt private Stiftungen (Hertie-Stiftung, Stiftung Mercator, Körber-Stiftung, Heinrich-Vetter-Stiftung, Dürr-Stiftung, Günter-Reimann-Dubbers-Stiftung, Leopold-Klinge-Stiftung u. v. m.) Gelder zur Verfügung stellen, um die Entwicklung und Anwendung von Sprachförderprogrammen zu unterstützen, die sich insbesondere an Kinder mit Migrationshintergrund wenden. Gleichzeitig richten sich die Förderprogramme auch an Kinder aus bildungsfernen Milieus, deren Sprachbeherrschung ebenfalls oft unzulänglich ist. Dass in Kindertagesstätte bzw. Kindergarten vor allem die Verkehrssprache zu fördern ist, liegt auf der Hand. Sie ist Unterrichtssprache und damit Voraussetzung für den Schulerfolg. Bislang steht der wachsenden Zahl von Kindern mit geringen Sprachkenntnissen und den Kindern mit Spracherwerbsstörungen allerdings erst eine relativ kleine Zahl ausgereifter und erprobter Förderprogramme gegenüber.

Vielfach werden an die Arbeit der Erzieherinnen überzogene Ansprüche gestellt, von denen wir uns distanzieren möchten. Dass Erzieherinnen imstande seien, nicht nur die Herkunftssprachen unterschiedlicher Kinder zu respektieren, d. h. etwa einzelne Elemente aus dem Wortschatz oder Redewendungen aufzugreifen und die Kinder für das Vorhandensein und die Unterschiede zwischen Sprachen zu sensibilisieren, sondern dass sie die Kinder auch hinsichtlich der Beherrschung ihrer Herkunftssprachen fördern, ist angesichts der Vielzahl der Sprachen in den Kindergärten und der unterschiedlichen Herkunft der Kinder illusorisch. Dieser Anspruch überfordert und verurteilt zum Scheitern. Die Förderung in den Herkunftssprachen obliegt Muttersprachlern, d. h. zunächst einmal vor allem den Eltern.

Das Spektrum der Maßnahmen zur Sprachförderung reicht von globalen Maßnahmen (die meist auf kommunaler Ebene initiiert und durchgeführt werden) bis zu (vorgeblich) theoretisch fundierten, oft als bereichsspezifisch ausgewiesenen Programmen. Enthielten erstere zunächst wenig mehr als Richtlinien für das Handeln von Erzieherinnen, so haben sie mittlerweile durch die Hinzuziehung von Fachleuten (z. B. „Forschungs- und Kontaktstelle Mehrsprachigkeit der Universität Mannheim“) sowie durch wissenschaftliche Betreuung und Evaluation (z. B. durch die Projekte der Landesstiftung Baden-Württemberg → www.sagmalwas-bw.de) gewonnen. Auch unspezifischere Aktivitäten, die durch Sensibilisierung, Schulung und Qualifizierung von Betreuern indirekt zur Sprachförderung beitragen wollen, verbessern die Situation (vgl. www.bildungsserver.de). Beispiel für derartige Anstrengungen ist das Sprachförderprogramm der REVAG (Revierarbeitsgemeinschaft für kulturelle Bergmannsbetreuung) in Ahlen (www.revag.de). Rucksack-Projekte (www.raa.de/RUCKSACK) oder die in Mannheim (Tracy & Keim, 2003) und Leipzig (http://www.leipzig.de/imperia/md/content/53_gesundheitsamt/handbuch_sprachf__rderung.pdf#search =«Yvonne Adler 2001«) initiierten Maßnahmen nehmen eine Zwischenstellung ein. Auf ihre Darstellung sei auf die Stellen vor Ort und die Internetadressen verwiesen.

Mittlerweile hat jedes Bundesland nicht nur Verfahren zur Sprachstandsermittlung, sondern auch entsprechende Sprachförderprogramme entwickeln lassen; entsprechende Erlasse regeln deren Einsatz. So hat Berlin beispielsweise eine „Sprachförderung als gemeinsame Aufgabe von Kindertageseinrichtung, Schule, Eltern und außerschulischen Kooperationspartnern (FÖRMIG GEMA)“ initiiert. Diagnostiziert wird dort auch nicht mehr mit „Bärenstark“, das ins Gerede gekommen war, sondern mit dem Verfahren DEUTSCH PLUS. Niedersachen hat sich für das Verfahren Fit-in-Deutsch entschieden, das landesweit durchgeführt werden muss. In einem Erlass wurde festgelegt, dass ab dem 1. April 2006 „die Sprachfördermaßnahmen vorrangig in den Kindertagesstätten“ stattfinden. Jedes Bundesland hat sich also seine eigenen Instrumente für die Sprachstandsdiagnostik und die Sprachförderung geschaffen. Ob dies Segen oder Fluch unseres föderalen Systems ist, mag jeder für sich entscheiden. Einen Überblick über all diese Verfahren und Programme sowie die jeweiligen Erlasse der Länder finden Sie auf der Website www.bildungsserver.de des Deutschen Bildungsservers.

Falls Erzieherinnen nicht per Landeserlass zur Anwendung eines bestimmten Förderprogramms verpflichtet sind, haben sie Beratungsbedarf. Angesichts der Vielzahl der Angebote sind sie oft ratlos, wenn es um die Entscheidung für eine Maßnahme geht, bieten doch die wenigsten der Programmhandbücher übersichtliche Angaben zu Zielen, Zielgruppen oder Dauer der Maßnahme.

Im Folgenden stellen wir überregional bekannte Förderprogramme vor, die speziell für Kinder mit Migrationshintergrund im Vorschulbereich entwickelt wurden. Therapeutische Maßnahmen im engeren Sinne schließen wir aus. Die Entwicklungsproximale Therapie nach Dannenbauer, die Kontextoptimierung nach Motsch und Berg, der Handlungsorientierte Therapieansatz für Kinder mit Sprachentwicklungsstörungen (HOT) von Weigl und Reddemann-Tschaikner sind Sprachtherapeuten vorbehalten. Aufgrund ihres Anspruchs (spezifische linguistische Kenntnisse) und der Zeitaufwändigkeit haben sie ohne zusätzliche Personalressourcen auch keinen Platz in den Kindertageseinrichtungen.

Nicht zuletzt bleiben auch vorbereitende Maßnahmen zur Schaffung von Basisvoraussetzungen für eine notwendige Sprachtherapie, wie allgemeine Wahrnehmungsförderungen durch so genannte Frostig-Programme oder wie Theraplay, in unserer Darstellung unberücksichtigt, da wir Maßnahmen präferieren, die unmittelbar am sprachlichen Problem ansetzen. Einen guten Überblick über die Möglichkeiten und Grenzen allgemeiner Wahrnehmungsförderung in der Sprachförderung und -therapie gibt diesbezüglich Nußbeck (2007). Damit klammern wir auch Ansätze aus, die dem Postulat der „Ganzheitlichkeit" folgend spezifisch sprachbezogene Maßnahmen unterbewerten. Wir sind der Auffassung, dass auch das Plädoyer für das Lernen mit „Seele, Geist und Körper" im Rahmen der Früherziehung, in der die Kinder möglichst umfassend gefördert werden sollen, keine konkreten, speziell auf das Lernen der Sprache gerichtete Hilfestellungen ersetzt. Selbst im Rahmen der Sprachförderung kommt es unseres Erachtens darauf an, dass nicht die Sprache allgemein gefördert, sondern auf der Ebene der spezifischen Probleme mit den Kindern gearbeitet wird. Im Einzelfall ist aufgrund diagnostischer Befunde eine Entscheidung zu treffen, welche spezifischen Förderbereiche schwerpunktmäßig mit welchen Mitteln gefördert werden.

Deutlich abzugrenzen sind Sprachförderprogramme schließlich von (zweifellos begrüßenswerten) Maßnahmen zur Förderung des Zweitspracherwerbs im Kindergarten, die Mehrsprachigkeit als solche unterstützen (Belke, 2003; Wode, 2000). Diese Maßnahmen zielen auf die Mehrsprachigkeit allgemein und bieten ein Lernangebot für alle. Spracherwerbsgestörte oder Kinder mit unzureichenden Deutschkenntnissen gehören nicht zur Zielgruppe.

Förderung beginnt mit der Einschätzung, was die einzelnen Erzieherinnen oder die Einrichtung leisten können. Professionelles Arbeiten kennzeichnet nicht zuletzt die Einsicht in die Begrenztheit der eigenen Kompetenzen und die Bereitschaft,

Kinder auch in die fachliche Obhut von Experten zu geben. Deshalb konzentrieren sich unsere Vorschläge ausschließlich auf Maßnahmen zur Förderung des Spracherwerbs.

Die Programme sind in den normalen Kindergartenalltag eingebettet, der selbstverständlich von weiteren pädagogischen Maßnahmen zur Vermittlung von Wissen, motorischer, sozialer und anderer Fertigkeiten bestimmt wird. Sie sind inhaltlich und zeitlich begrenzt. Sprachförderung erfolgt nicht unspezifisch oder nebenbei. Sie ist von den sonstigen Aktivitäten im Kindergarten klar abzugrenzen.

Erzieherinnen müssen sich einen schnellen Überblick über Inhalte und Zielgruppe von Sprachförderprogrammen verschaffen. Meist suchen sie in den Handbüchern von Sprachförderprogrammen vergeblich nach einer Übersicht, die Ziele, Zielgruppe, Zahl und Umfang der Fördereinheiten, Kosten und Ähnliches enthält. Um es vorab zu sagen: Die Handbücher der vorliegenden Programme haben zwei gravierende Mängel. Zum einen sind sie teilweise nicht benutzerfreundlich, zum anderen nehmen sie keine Rücksicht auf die gegenwärtige Qualifikation der Erzieherinnen. So setzen sie etwa in unterschiedlichem Maße linguistische Grundkenntnisse voraus. Selbstverständlich können sie keine Kurzeinführung in die Grundlagen der Linguistik geben. Um die Förderprogramme angemessen einsetzen zu können, müssen die Erzieherinnen diesbezüglich qualifiziert sein. Einige Programme bieten hierfür im Vorfeld Schulungen für Erzieherinnen an, andere Programme lassen dieses Problem gegenwärtig außer Acht.

Ein Bewertungsraster liefert Anwendern Maßstäbe, denen die Programme genügen müssen. Dies soll gewährleisten, dass diese sich begründet für ein Programm oder Fördermaterialien entscheiden. Grundsätzlich sollten jedoch die zum Verständnis und zur Durchführung notwendigen Angaben vollständig im Programmhandbuch niedergelegt sein. Der Verweis auf die angebotenen Schulungen, die hier möglicherweise Abhilfe schaffen, ist nicht ausreichend.

Die Maßnahmen sollen für alle förderbedürftigen Kinder ein Angebot sein, nicht nur für Kinder, deren Eltern die Auffälligkeiten ihres Kindes wahrnehmen und die zugleich bereit sind, sich finanziell und zeitlich zu engagieren. Eine letzte Einschränkung schließlich betrifft den Altersbereich. Vorgestellt werden ausschließlich Programme für Vorschulkinder.

Ergänzend zu den Programmen zur Förderung der gesprochenen Sprache stellen wir die so genannten Würzburger Trainingsprogramme (Hören, Lauschen, Lernen) dar, da diese in vielen deutschen Kindertagesstätten eingesetzt werden, im Saarland sogar flächendeckend. Die Würzburger Trainingsprogramme sollen Vorläuferfertigkeiten des Schriftspracherwerbs, insbesondere die phonologische Bewusstheit, trainieren, um so Lese-/Rechtschreibschwierigkeiten vorzubeugen.

Erfreulicherweise mehren sich in jüngster Zeit Aktivitäten zur Schaffung neuer Förderprogramme (Kaltenbacher & v. Stutterheim, 2004), aber auch von vorbereitenden Maßnahmen zur Qualifizierung etwa der Betreuerinnen im Vorschulbereich. Somit sind diesbezüglich Verbesserungen zu erhoffen, insbesondere, da auch die genannten Standards berücksichtigt bzw. reflektiert werden.

8.1 Standards für Förderprogramme

Anwender aus der Praxis benötigen übersichtlich dargebotene Entscheidungs- und Orientierungshilfen, um aus der angebotenen Programmvielfalt, das ihren und den Bedürfnissen des zu fördernden Kindes angemessene Programm auszuwählen. Grundlage für die Entscheidung ist, dass Sprachförderprogramme wie standardisierte Tests hinsichtlich ihrer Konstruktion, Anwendung, Wirksamkeit (Evaluation) und Weiterentwicklung bestimmten Standards genügen (→ Kap. 5). Wir unterscheiden **fünf Standards**:

- Transparenz (→ Kap. 8.1.1)
- Methodisch kontrollierte Konstruktion (→ Kap. 8.1.2)
- Eindeutige Durchführungshinweise und Erfolgskontrolle (→ Kap. 8.1.3)
- Anwendbarkeit und Einsatzbereich (→ Kap. 8.1.4) sowie
- Qualifikationserfordernisse auf Seiten der Anwenderin (→ Kap. 8.1.5).

Entsprechend qualifizierte Erzieherinnen sind an der Einhaltung von Qualitätsstandards interessiert und machen davon auch ihre Entscheidung zwischen zwei Programmen abhängig. Berücksichtigt wird selbstverständlich auch der Kostenfaktor.

8.1.1 Transparenz

Bei der Sichtung von Förderprogrammen gilt es zunächst, sich einen Überblick über Ziele, Zielgruppe, Stoßrichtung und Förderschwerpunkte sowie Zugangsvoraussetzungen zu verschaffen.

Ziele

Ziele in der Tageseinrichtung für Kinder sind → Prävention und → Flankierung, seltener → Remediation in Form von z. B. Fördermaßnahmen und → Kompensation. *Präventive Fördermaßnahmen* sollen Sprachstörungen verhindern. *Flankierende Programme* unterstützen den Spracherwerb bei beginnenden Fehlentwicklungen durch zusätzliche Anregungen. *Remediative Programme* sind → kurativ, beseitigen bereits eingetretene und verfestigte Beeinträchtigungen. Wurde bei einem Kind eine Beeinträchtigung der Entwicklungsvoraussetzungen diagnostiziert, kommen *kompensatorische Programme* zum Einsatz. Sie zielen nicht auf die Beseitigung der den Spracherwerb erschwerenden Beeinträchtigungen, sondern suchen den Weg zur Sprache durch andere Kompetenzen zu bahnen (Schöler, Fromm & Kany, 1998). In den beiden zuletzt genannten Fällen wird eine kompetente Erzieherin dazu raten, einen Sprachtherapeuten aufzusuchen. Möglicherweise können in Zusammenarbeit mit dem Therapeuten Elemente der kurativen bzw. kompensatorischen Therapie in die Arbeit im Kindergarten eingebunden werden.

Zielgruppe

Als nächstes werden Angaben darüber erwartet, für welche **Zielgruppe** sich die vorliegenden Programme eignen. Die Handbücher sollten Angaben zum Alter der Zielgruppe, aber auch zum Allgemeinheitsgrad des Programms enthalten: Richtet es sich an alle Kinder oder sollen nur Kinder mit eingeschränkten Entwicklungsvoraussetzungen und -bedingungen gefördert werden? Ist es u. U. gar für bestimmte Störungsbilder maßgeschneidert?

Stoßrichtung

Danach ist es notwendig zu erfahren, in welche **Richtung das Programm** geht. Will es etwa durch Elternarbeit die Entwicklungsbedingungen optimieren? Will es durch Wahrnehmungs- oder Gedächtnistrainings die Entwicklungsvoraussetzungen stärken? Oder zielt es ausschließlich auf die Sprache?

Förderschwerpunkte

Anwenderinnen benötigen Angaben zu den **Förderschwerpunkten:** Sollen Fertigkeiten (Sprachverstehen, Sprachproduktion) oder Kompetenzen (Wissen) aufgebaut werden? Weiter benötigen sie exakte Angaben zum *Förderbereich* und zur *Spezifität der diesbezüglichen Maßnahmen:* Richtet sich das Programm auf den Wortschatz, die Grammatik, kommunikative Kompetenzen oder weitere Sprachbereiche? Werden bestimmte Wortarten (z.B. Präpositionen, Verben), syntaktische Strukturen (z.B. Verbstellung), Sprechhandlungsfertigkeiten oder der Aufbau von Wissen gefördert?

Zugangsvoraussetzung

Scheinbar selbstverständlich ist die letzte Forderung: Transparenz beinhaltet, dass die zum Verständnis und zur Durchführung des Förderprogramms erforderlichen Informationen vorab allgemein zugänglich sind und nicht dem Kreis der Teilnehmer von Workshops, Wochenendseminaren usw. vorbehalten bleiben. Wer sich über ein Programm, die personellen und finanziellen Ressourcen seiner Einrichtung bedenkend, informieren will, erwartet, dass dies unabhängig von Mitgliedschaften und Ausbildungszirkeln möglich ist.

8.1.2 Methodisch kontrollierte Konstruktion

Förderprogramme dürfen erst dann flächendeckend eingesetzt werden, wenn sie bestimmten Standards der Konstruktion genügen. Dies setzt – der Konstruktion standardisierter Testverfahren vergleichbar – die Einhaltung bestimmter Konstruktionsschritte voraus. Ausgehend von einem Entwurf, der erprobt und gegebenenfalls empirisch begründet modifiziert wird, ergibt sich die (stets vorläufige) Endfassung.

Ein Förderprogramm muss nicht nur empirisch, sondern auch theoretisch fundiert sein, d. h. die vorgeschlagenen Maßnahmen beruhen auf Theorien oder Deskriptionen des Spracherwerbs und nicht auf Alltagsvorstellungen. Wird beispielsweise davon ausgegangen, dass autonome, mit anderen Funktionsbereichen unverbundene, ‚verkapselte' kognitive Areale, so genannte Module, den Spracherwerb bestimmen, so werden Maßnahmen vorgezogen, die sich auf diese spezifischen sprachlichen Strukturen beziehen. Zu den kritischen Erwerbsmechanismen zählt etwa das → Bootstrapping. Im Bereich der Wortbedeutungsentwicklung können Kinder aufgrund ihres syntaktischen Wissens erste Bedeutungen neuer Verben wie „gorpen" erschließen. Hören sie einen Satz wie „Ernie gorpt Krümelmonster", „wissen" sie, dass Ernie etwas tut und Krümelmonster etwas widerfährt. Während derartige (psycho-)linguistische Ansätze sprachspezifische Erwerbsmechanismen zugrunde legen, schließen (allgemein-)psychologische Ansätze nicht bereits im Vorfeld aus, dass der Spracherwerb auch auf sprachunspezifischen Erwerbsmechanismen und -prinzipien wie dem Assoziationslernen, dem Modell- und Imitationslernen sowie der Übung, kognitiven Verarbeitungsprinzipien oder auf der Nutzung korrelativer Zusammenhänge zwischen formalen und semantisch-pragmatischen Merkmalen beruht. Diese beim natürlichen Spracherwerb wirksamen Mechanismen ergänzen reflexionsorientierte Lernzugänge, die auf dem Wissen über Sprache und Schriftsprachkenntnissen beruhen. Sämtliche dieser Erwerbsmechanismen können therapeutisch fruchtbar gemacht werden, wobei die Theorie die Form und Gestaltung der Maßnahmen bestimmt.

Unabhängig von der Entscheidung für eine dieser theoretischen Fundierungen ist beim Vorliegen einer Diskrepanz zwischen sprachlichem und allgemeinem Entwicklungsstand stets zu bedenken, dass Erwerbsmechanismen phasenbezogen unterschiedlich wirksam sind. Sprachspezifische und allgemeine Erwerbsmechanismen wie Imitation u. ä. sind alters- bzw. entwicklungsbezogen gewiss nicht in gleicher Weise wirksam. Man denke nur an die postulierten kritischen Phasen: Zehnjährige Kinder lernen Sprache(n) anders als z. B. zwei- oder dreijährige.

Theoretische Vorannahmen bestimmen den Zuschnitt und die Formen der Förderung. Deshalb sind sie offenzulegen. Nur so ist der Bezug zwischen (theoretischen) Annahmen über Voraussetzungen, Bedingungen und Mechanismen des Spracherwerbs und den Fördermaßnahmen prüf- und nachvollziehbar. Programme brauchen eine theoretische Fundierung, entscheidend ist jedoch gleichermaßen ihre Praxistauglichkeit.

Informationen über Zuverlässigkeit (→ Reliabilität), Objektivität und Nachhaltigkeit ergänzen die Angaben zu den Programm-Merkmalen. Reliabilität und Objektivität sind Gütekriterien, die in Anlehnung an deren Verständnis im Rahmen der Testkonstruktion gefasst werden: Förderprogramme sollten zuverlässig sein, d.h. bei vergleichbarer Durchführung und Zielgruppe zumindest ähnliche Ergebnisse zeitigen. Sie sollten objektiv, d.h. unbeeinflusst von intra- und interindividuell variierenden Merkmalen von Einzelpersonen (Tagesform und -zeit, Personeneigenschaften, Wechsel des Therapeuten, Lehrer-, Schul- und Ortswechsel) sein. Weiter sollte ihre Nachhaltigkeit (Stabilität des Erfolgs) gesichert sein (→ Evaluation).

Bevor der Anwender seine Entscheidung trifft, erwartet er Angaben zur Programmstruktur, zu Programmbausteinen und -materialien und nicht zuletzt zur Programmreife. Die Struktur und die Schritte des Programms müssen im Einzelnen beschrieben und begründet dargelegt werden. Die einzelnen Programmbausteine sind vollständig aufzuführen und präzise zu beschreiben. Sie sind nach Schwierigkeit (Entwicklungsreihenfolge) zu ordnen und hinsichtlich ihrer Spezifität zu bestimmen. Dies beinhaltet nicht zuletzt ihre kindgerechte Gestaltung. Für die Anwendung ist wesentlich, ob das Programm hierarchisch oder additiv gestaltet ist, d.h. sind die Programmteile in einer festgelegten Folge durchzuführen oder ist es ins Belieben der Anwenderin gestellt, wie sie die einzelnen Teile in eine Folge bringt.

Förderprogramme durchlaufen bis zur jeweils gültigen Form verschiedene kontrollierte Entwicklungsschritte. Diese umfassen den Entwurf, der die Verpflichtung bzw. Orientierung auf einen Ansatz zur Erklärung des Spracherwerbs beinhaltet und somit den Geltungsbereich festlegt, die Schritte zur Zielerreichung beschreibt und begründet (Struktur des Förderprogramms) sowie Wirkmechanismen benennt. Jedes Programmhandbuch sollte deshalb angeben, in welchem Entwicklungsstadium sich das Programm befindet.

Idealerweise sehen Programme ihre Pflege und kontinuierliche Weiterentwicklung vor. Diese Verpflichtung teilen Programmautoren mit ihren Verlagen, die zur Bereitstellung entsprechender Mittel aufgefordert sind.

8.1.3 Durchführung und Erfolgskontrolle

Diagnostik und Sprachstandsbestimmung

Fördermaßnahmen sind zu begründen. Voraussetzung ist eine umfassende Sprachstandsbestimmung (→ Kap. 6). Diese leistet dreierlei: Sie schafft die Voraussetzungen und Grundlagen für die Prognose, die Therapie und die Erfolgskontrolle.

Idealerweise sollte deshalb eine umfassende Bestimmung des Spracherwerbsstands, d. h. die Prüfung sowohl des Sprachverstehens als auch der Sprachproduktion sowie der Entwicklungsbedingungen und -voraussetzungen Standard sein. Damit verbunden ist die Notwendigkeit der Erhebung elizitierter und spontansprachlicher Daten (→ Kap. 6). Schwierigkeit und Aufwand einer Erfassung der Entwicklungs*bedingungen* dürfen nicht dazu verleiten, diese zu vernachlässigen. Die Diagnose der Entwicklungs*voraussetzungen* umfasst sprachliche und nichtsprachliche Bereiche.

Forderungen nach einer umfassenden Diagnose sind leichter zu stellen als einzulösen. Im Kindergartenalltag stößt ihre Verwirklichung rasch an Kapazitätsgrenzen. Deshalb ist die Diagnostik nach dem ersten umfassenden Durchgang sukzessive auf die sich im Einzelfall als relevant erweisenden Verfahren zu beschränken. Am Ende bleibt die differenzial-diagnostische Erfassung der Aspekte, deren Förderung das Programm beansprucht. Die Diagnostik wird mit eigenen oder fremden, letztlich möglichst standardisierten Verfahren vorgenommen (→ Kap. 5).

Hier benötigt eine Erzieherin drei Informationen:
- Wo steht das Kind im Vergleich zu seiner Bezugsgruppe?
- Was kann es im Hinblick auf seine Möglichkeiten und macht es Fortschritte?
- Sind diese Fortschritte ausreichend, um das Ziel der Sprachbeherrschung in angemessener Zeit zu erreichen?

Hierbei ist anzugeben, wann das Ziel der Sprachbeherrschung, sei es in umschriebenen Teilbereichen oder ganz allgemein, als erreicht gilt: Gilt das Ziel beispielsweise bei 60 % oder erst bei 80 % korrekter Äußerungen als erreicht? Die mit dieser Art der Diagnose häufig verbundene Orientierung an altersgebundene Erwerbsreihenfolgen kann den Vergleich mit der Bezugsgruppe nicht ersetzen. Um von Entwicklungsnormen zu sprechen, ist die Datenbasis nach wie vor zu schmal. Wird ein allgemein gültiger Erwerbsverlauf unterstellt, bleiben differenzielle Erwerbsverläufe unberücksichtigt. Dass der Spracherwerb bei allen Kindern den gleichen Verlauf nimmt, ist insbesondere bei Migrantenkindern mit unzureichenden Deutschkenntnissen angesichts ihrer unterschiedlichen Herkunftssprachen fraglich. Wünschenswert ist somit die Diagnose in allen drei Hinsichten.

Unverzichtbar ist, dass die Programme Angaben zu ihrer Wirksamkeit enthalten (→ Evaluation). Sie geben an, ob und weshalb ein Programm wirksam ist (zu möglichen Programmeffekten vgl. Langfeldt, 2003, S. 9 ff.). Unterschieden werden wenigstens folgende vier Formen der Evaluation: Maßnahmen (1) zur Selbstkontrolle, (2) zur Kontrolle des Programms, (3) formative und (4) vergleichende Evaluation. Evaluiert wird auf der Grundlage der Befunde aus informellen oder standardisierten Verfahren. Ein statistisches Maß zur Kontrolle des nach der Fördermaßnahme Erreichten ist die Effektstärke (Langfeldt, 2003, S. 14).

Angaben zur Selbstkontrolle informieren die Erzieherinnen über den Erfolg ihrer Arbeit, Angaben zur Kontrolle des Programms über dessen Wirksamkeit. Häufig erweisen sich die propagierten Wirkmechanismen als unwirksam, die durchgeführte Fördermaßnahme aber dennoch als erfolgreich, weil die Kinder (vermehrte) Zuwendung erfahren, ihnen der Anwender imponiert u. ä. Die vergleichende Evaluation von konkurrierenden Programmen schließlich ermöglicht die begründete Entscheidung zwischen vorhandenen Programmalternativen. Liegen konkurrierende Programme vor, sind Ökonomie und Nützlichkeit wichtige Auswahlkriterien. Die formative Evaluation gibt Hinweise zur Programmpflege und zur Weiterentwicklung, die weniger für die Anwenderinnen als für Programmentwickler von Bedeutung sind. Idealerweise enthält ein Programm Angaben zu sämtlichen Formen der Evaluation.

Indikation

In jedem Fall sollten Förderprogramme Angaben enthalten, bei welchen Abweichungen Fördermaßnahmen indiziert sind – sei es hinsichtlich der Stellung in der Bezugsgruppe, des Tempos der individuellen Entwicklung, des Grades der Sprachbeherrschung oder der Identifizierung als Risikokind. Präventive Maßnahmen kennen keine spezifischen Einschränkungen, sie richten sich an alle potenziell Gefährdeten. Wer glaubt, mit dieser Öffnung – etwa aus Gründen der Ökonomie – ganz auf Diagnostik verzichten zu können, beraubt sich der Chance, die Wirksamkeit seiner präventiven Maßnahme nachzuweisen. Sicherlich ist eine umfassende Diagnostik im Rahmen präventiven Vorgehens aufgrund der größeren Zahl der in das Förderprogramm einbezogenen Personen nicht leistbar. Dennoch sollte Diagnostik auch bei präventiv gehaltenen Maßnahmen so gestaltet sein, dass sie im Falle zu Tage tretender Spracherwerbsstörungen individuenbezogene Rückbezüge gestattet.

8.1.4 Implementierung: Anwendung und Einsatz

Um ein Programm im Alltag ihrer Einrichtung umzusetzen, ist es für Erzieherinnen unerlässlich, dass das Programmhandbuch vollständige Angaben über räumliche Gegebenheiten (Setting), Altersbereich, Dosierung, Umfang, Gesamtzahl der einzelnen Fördereinheiten sowie Gesamtdauer der Fördermaßnahme enthält. Wichtig ist nicht zuletzt, ob die Förderung in Einzel- und/oder Gruppensitzungen erfolgen kann. Nur so kann die Erzieherin in ihrer Einrichtung vor dem Hintergrund räumlicher und personaler Ressourcen planen.

Angaben zum Setting informieren darüber, wo die Förderung stattfindet: in einer Praxis-Einrichtung, einer Kindertageseinrichtung bzw. einem (Sonder-)Kindergarten und/oder – Eignung und Bereitschaft der Eltern vorausgesetzt – im häuslichen Rahmen. Die Fördersituation (separater Raum, Spielecke usw.) ist genau zu beschreiben. Angaben zum Altersbereich legen fest, für welche Kinder sich das Programm eignet, Angaben zur Dosierung informieren darüber, ob es ein-, zwei-, dreimal die Woche durchgeführt, Angaben zum Umfang darüber, wie viel Zeit eine Übungseinheit beansprucht (eine halbe Stunde, eine Stunde usw.). Angaben zur Zahl der Übungseinheiten, der Gesamtdauer des Programms (ein halbes Jahr, ein Jahr usw.), ob es Einzel- oder Gruppenförderung vorsieht, sowie die Nennung von Kosten und Trägern runden die für den Anwender notwendigen Informationen ab. Selbstverständlich gibt es diesbezüglich keine im Einzelnen verbindlichen Angaben. Wer auf der Suche nach einem Förderprogramm ist, sollte jedoch eine Orientierung etwa hinsichtlich des Umfangs der Einzelsitzungen, der zu erwartenden Gesamtdauer, der Kosten, der Träger usw. erhalten.

8.1.5 Anwender: Qualifizierung — Supervision — Fortbildung

Anwenderinnen, wie Erzieherinnen, (Sprachheil-)Lehrerinnen, Logopädinnen oder Sprachtherapeuten, wollen wissen, ob ein Programm für ihre Zwecke geeignet ist. Ihre Qualifizierung, Supervision und Fortbildung ist Programmbestandteil. Gute Programme sind lern- und lehrbar (Langfeldt, 2003, S. 16). Voraussetzung hierfür sind sorgfältig dokumentierte Qualifikationsangebote, d. h. zum Standard von Förderprogrammen gehören Angaben zur Qualifizierung, Fortbildung und Supervision.

Schließlich sind Informationen über Kosten und Dauer der möglicherweise erforderlichen Aus- und Weiterbildung sowie der Supervision notwendig. Auch die Preise der Materialien sollten angegeben sein. Diese Informationen bilden die Grundlage für die Entscheidung über eine Ausbildung, über den Kauf von Fördermaterialien. Kurzum, gefordert ist Transparenz hinsichtlich der Nutzerfreundlichkeit.

Eine Checkliste der Erfüllung der Standards gestattet Anwenderinnen einen schnellen Überblick über die Qualität der vorhandenen Programme und erleichtert die Auswahl (vgl. Langfeldt, 2003, S. 17).

8.2 Ausgewählte Förderprogramme

Im Folgenden werden **fünf ausgewählte Förderprogramme** vorgestellt und das bislang durch diese Programme Geleistete bewertet. Für die Auswahl leitend waren Zugänglichkeit und Beachtung der Standards. Dass die Zahl so gering ist, liegt daran, dass viele Programme trotz gegenteiliger Beteuerungen der für Fördermaßnahmen zuständigen zumeist staatlichen Ausbildungs- und Forschungseinrichtungen oft unter wenig idealen Bedingungen erarbeitet und vor allem nach der Fertigstellung erster Versionen nicht kontinuierlich evaluiert und weiterentwickelt werden.

8.2.1 Neue Wege der sprachlichen Frühförderung von Migrantenkindern

Zvi Penner bzw. die von ihm gegründete Firma Kon-lab GmbH bieten eine Vielzahl ständig aktualisierter Programme und Fördermaterialien an (www.kon-lab.com).

Konlab	
Name (Autor, Erscheinungsdatum), Bestellmöglichkeit, Anschaffungskosten	Neue Wege der sprachlichen Frühförderung von Migrantenkindern (Penner, 2003 u. ff.: ggw. Neue Wege in der Therapie von Spracherwerbsstörungen), Kon-lab GmbH (www.kon-lab.com) Penner, Z. (o. J.). Auf dem Weg zur Sprachkompetenz: Neue Perspektiven der sprachlichen Förderung bei Migrantenkindern. Ein Arbeitsbuch. 25,00 € Infoseminare (keine Angabe über Kosten auffindbar) Intensives Schulungsangebot (umfassender Zertifikationslehrgang 1 215 €, Grundkurse 240 bis 190 €)[4] Materialien: Kindergartenprogramm (374 €), Frühinterventionsprogramm (158,40 €)[5] sowie weitere Materialien im Multimediapaket (118,80 €), Startkit (69,30 €) und Lex-Kit (92,40 €).
Einsatzbereich	Für alle Kinder mit Sprech- und Sprachauffälligkeiten, insbesondere aber den Altersbereich zwischen 4 und 7 Jahren
Transparenz	+/–[6]
Methodische Konstruktion	+/–
Durchführung/Evaluation	+/–
Implementierung	+/–
Anwenderkosten	+/–

Für die Erzieherin ist es in der Praxis nicht einfach, sich einen Gesamtüberblick zu verschaffen, zumal eine Aktualisierung der anderen folgt. Exemplarisch betrachtet wird hier das Programm zur Frühförderung fremdsprachiger Kinder aus dem Jahre 2002. Wie so häufig sind die für die Praktikerin relevanten Informationen über das gesamte Programmheft verteilt, wir präsentieren sie deshalb in systematisierter Form.

Transparenz

Ziel des Programms ist Prävention im Hinblick auf die Einschulung sowie Flankierung der schulischen Angebote zum Spracherwerb. Gefördert wird der Erwerb der „Schul-", d. h. der Unterrichtssprache. Zielgruppe sind Kinder mit Migrationshintergrund im Vorschulalter. Der Einfachheit halber kann das Programm jedoch „mit allen Kindern im Kindergarten durchgeführt werden [...]. Die Erfahrung zeigt ohnehin, dass alle Kinder [...] von den Materialien profitieren" (Penner, 2002 a, S. 11). Als För-

4 Stand 12.06.2006
5 Exakte Angaben nicht möglich, da ständig wechselnde Preise und Unstimmigkeiten in den Angaben.
6 Die Bewertung in den Programmsteckbriefen erfolgt dreistufig: + (gut); +/– (mittel); – (unzureichend).

derschwerpunkt bestimmt Penner die „Erhöhung der Sprachverstehenskapazität“. Die Förderung von Alltagswortschatz und Kommunikationsbereitschaft ist vorliegenden Förderungsprogrammen vorbehalten. Um welche Programme es sich handelt, wird nicht angegeben. Stoßrichtung ist die Optimierung der den Spracherwerb ermöglichenden Entwicklungsbedingungen. Auch die Förderbereiche werden offengelegt. Penner nennt Wortprosodie, Nominalphrase sowie das „Verstehen von Mengenausdrücken, Fragen, Anweisungen, Beschreibung von Ereignissen und ihrer Zeitstruktur“ (ebd., S. 4). Dass es sich bei letzteren um Schlüsselstrukturen handele, die insbesondere von „fremdsprachigen Kindern ohne gezielte Intervention nicht erworben werden können“ (ebd., S. 6), ist kaum mehr als eine Behauptung. Dass es sich um Bereiche handelt, die für den Spracherwerb kritisch sind, wird weder theoretisch überzeugend begründet, noch empirisch belegt.

Transparenz ist mit Einschränkungen gegeben. Die erforderlichen Angaben liegen vor, sind jedoch leider nur ungenügend aufbereitet. Nur Erzieherinnen, die die Zeit haben, das Handbuch durchzuarbeiten, stoßen auf die entsprechenden Angaben.

Methodisch kontrollierte Konstruktion

Laut Penner beruht sein Programm auf einer Reihe gesicherter Befunde über das Zustandekommen des Spracherwerbs und sei theoretisch fundiert. Zur Theorie zählen:

- Die Annahme sprachspezifischer Lernmechanismen
- Die Annahme der Modularität des Geistes – sprachspezifische Lernstrategien und Wissen sind separat gespeichert und von der Entwicklung in anderen kognitiven Bereichen unabhängig. Sprachwissen selbst ist intern wiederum modular organisiert
- Die Annahme einer kritischen Phase: Die „Weichen für eine robuste, intakte Sprachentwicklung [werden] schon in den ersten 12–18 Lebensmonaten gestellt [...], die wichtigsten Sprachlernprozesse, u. a. der Erwerb von prosodischen und Wortstellungsregularitäten, [sind] während dieser Periode abgeschlossen“ (Penner, 2002 b, S. 108). Entscheidend für die Schwierigkeiten von Kindern mit Migrationshintergrund sei vor allem der verspätete, erst nach Beendigung der kritischen Phase einsetzende Erwerb der Zweitsprache. Es „resultieren abweichende „[...] Repräsentationen des linguistischen Wissens [...] und somit weitgehend irreversible Beeinträchtigungen der Sprachentwicklung“ (Penner, 2002 b, S. 108).

Zentraler Erwerbsmechanismus ist das → *Bootstrapping,* „ein mehrmodulares Lernverfahren, im Rahmen dessen das Kind Informationen aus unterschiedlichen Komponenten der Grammatik und des Lexikons (→ Syntax, → Semantik, → Morphologie, → Prosodie etc.) zu einer Schnittstelle zusammenführt“ (Penner, 2002 b, S. 109). Beispiele für die Nutzung prosodischen Wissens zur Pluralbildung (→ Morphologie) sind folgende: Ist die Silbe am rechten Wortrand betont, wird ein Pluralmorphem angefügt. Dies gilt für ein- und mehrsilbige Wörter wie „Der Hund“ – „Die Hunde“ oder mehrsilbige Wörter wie „Das Krokodil“ – „Die Krokodile“. Im Unterschied dazu erhalten Wörter mit unbetontem rechten Rand keine Pluralmarkierung: „Der Kuchen" – „Die Kuchen". Reduzierte Bootstrapping-Kapazitäten verursachen Spracherwerbsstörungen: „Diese spezifische Sprachlernschwäche schränkt die Fähigkeit des sprachlernenden Kindes ein, grammatikalische, phonologische und lexikalische Regeln abzuleiten, wenn diese die Nutzung mehrmodularer Informationen voraussetzen" (Penner, 2002 b, S. 109).

Die Fördermaßnahmen beruhen auf zwei Prinzipien, dem der Parallelität und dem des zweifachen Kontrasts. Penner nimmt an, dass die Erwerbsmechanismen beim Erst- und Zweitspracherwerb die gleichen sind und der Grammatikerwerb fremdsprachiger Kinder genauso wie bei Deutsch lernenden Kindern verläuft (vgl. dagegen Kap. 3). Zum anderen wird die „systematische Darstellung des zweifachen *Kontrastes*" (Penner, 2002 a, S. 18) als therapeutisches Prinzip genutzt.

Angaben zu Gütekriterien wie Reliabilität, Objektivität und Nachhaltigkeit liegen bislang nicht vor. Gerade hier erwarten Erzieherinnen etwa Informationen darüber, ob die erzielten Erfolge von Dauer sind.

Die **Programmstruktur des Kindergartenprogramms** wird im Detail beschrieben. Es umfasst drei Stufen:

- **Förderung der Grundlagen des Wortschatzerwerbs** (Rhythmus, Wortbildung und Wortlernprinzipien/Wortschatzaufbau) – Dauer: Drei Monate; durch spezifische Übungen wie „Clipping" sollen insbesondere Kinder mit Migrationshintergrund, deren Zweitspracherwerb erst nach der kritischen Phase beginnt, die sprach-rhythmischen Regeln wie z. B. die Laut-Silbenstruktur von Wörtern erschließen.
- **Förderung der Basisgrammatik der Nominalphrase** (die grammatikalischen Funktionen des Artikels) – Dauer: bis zu einem halben Jahr. Die zweite Stufe sieht zwei Unterstufen vor: „a. Von AUCH- und Nicht-Sätzen zu Hauptsatzstrukturen" und „b. Die Grammatik des (bestimmten) Artikels und seiner Verwendungen im Deutschen" (Penner, 2002 a, S. 86).
- **Von der Grammatik zum Sprachverstehen:** Förderung weiterführender Verstehensmerkmale: Mengen, Fragen etc. – Diese bilden laut Penner die Schnittstelle zwischen Grammatik und Sprachverstehen (Ableitung von Satzbedeutungen). Zur Dauer liegen keine Angaben vor.

In der ersten Stufe sollen dem Sprache erwerbenden Kind die sprach-rhythmischen Informationen vermittelt werden, die es für den Aufbau von Wortschatz und Grammatik braucht (Penner, 2002 a, S. 18; vgl. auch Penner, 2002 b, S. 110). Dieses Vorgehen beruht auf Lockes Annahme (1994, 1997), dass Kinder unterstützt durch → rechtshemisphärisch verarbeitete → prosodische Informationen in den Spracherwerb einsteigen. Die beiden folgenden Förderstufen werden im Unterschied zur ersten nicht theoretisch begründet. Hier sollen Hinweise auf → Deskriptionen des Erstspracherwerbs die Bedeutsamkeit der geförderten Strukturen belegen.

Das Programm umfasst laut vorliegenden Angaben insgesamt 32 Bausteine (Dauer jeweils fünf bis zehn Minuten). Gefördert wird drei- bis fünfmal wöchentlich. Es handelt sich um ein hierarchisches Programm, die einzelnen Bausteine bauen aufeinander auf. Die Bausteine sind „cross-medial" gestaltet: Geboten werden Audio-, Bild- und Computerbausteine sowie Erzähleinheiten.

Die Dauer der Einzelsitzungen ist klar bestimmt, leider liegen keine Angaben über die Dauer der dritten Stufe und somit über den Gesamtumfang der Maßnahme vor. Die im Programmhandbuch vorhandenen Durchführungsanweisungen sind unzureichend, die Gesamtstruktur ist nicht erkennbar. Die Anwenderin läuft Gefahr, den Überblick zu verlieren. Möglicherweise schafft hier eine Teilnahme an den von Penner angebotenen Schulungen Abhilfe. Grundsätzlich sollten jedoch die zum Verständnis und zur Durchführung notwendigen Angaben vollständig im Programmhandbuch niedergelegt sein.

Hinsichtlich der Programmreife ist das Programm als fortgeschritten zu bewerten. Von Vorentwürfen ausgehend hat es offenbar verschiedene Entwicklungsetappen durchlaufen, ohne dass die Gründe für die Revisionen im Einzelnen deutlich werden.

Durchführung und Erfolgskontrolle

Diagnostik bzw. Sprachstandsbestimmung erfolgen bislang mit eigenen Mitteln (Penner, Weissenborn, Wermke & Wymann, 1999). Sie sind ausschließlich sprachbezogen. Evaluiert wurde bislang offenbar nur einmal in einem Prä-Posttest-Design nach zwei Jahren – nach Abschluss der (ersten) Endform (Penner, 2002 a, S. 4). Die beobachteten Veränderungen sind allerdings nicht wissenschaftlichen Standards gemäß statistisch abgesichert. Andere Evaluationsstandards bleiben unberücksichtigt.

Aufgrund der präventiven Ausrichtung des Programms liegen keine spezifischen Angaben zur Indikation vor. Angezeigt ist ein genereller Einsatz bei Vorschulkindern nichtdeutscher Herkunftssprache sowie der Einsatz bei Kindern mit „selektive[r] Stagnation im Erwerb der Schulsprache" (Penner, 2002 a, S. 4). In neueren Publikationen dehnt Penner die Förderung auf „Einleitung von gezielten Therapiemaßnahmen vor dem 12.–18. Lebensmonat aus" (www.kon-lab.com/programme, 7.8.2006).

Implementierung: Anwendung und Einsatz

Setting: Gefördert wird im Kindergarten, einige der Materialien (CDs und Videos) können jedoch auch zu Hause genutzt werden. Voraussetzung ist jeweils das Vorhandensein von Videorekorder oder PC.

Altersbereich, Dosierung, Umfang und Gesamtzahl der einzelnen Fördereinheiten sind angegeben. Die Gesamtdauer der Maßnahme ist jedoch offen.

Einzel- und Kleingruppenförderung: Penner schlägt vor, den Akzent „je nach persönlicher Überzeugung [...] entweder auf das Lernen-im-sozialen-Kontext oder das individuelle Lernen [zu] setzen" (Penner, 2002a, S. 11).

Anwender: Qualifizierung/Supervision/Fortbildung

Das Programm zur sprachlichen Frühförderung von fremdsprachigen Kindern im Kindergarten eignet sich vor allem für Erzieherinnen, Logopädinnen/Therapeuten, aber auch für Vorschullehrer und Lehrer der Eingangsklassen. Es hat mittlerweile nicht zuletzt aufgrund des Einsatzes der Mitarbeiter der Kon-lab GmbH weite Verbreitung gefunden. Träger sind v. a. kommunale und kirchliche Einrichtungen, in denen entsprechend geschulte Erzieherinnen nach seinen Maßgaben arbeiten. Entsprechende Info-Seminare zur Einführung in die wissenschaftlichen Grundlagen, Ausbildungsmaßnahmen (Grund- und weiterführende Kurse mit Zertifikat) werden angeboten, hinzukommen Angebote zur Fortbildung und Supervision.

Fazit

Das Programm ist eine nur scheinbar theoretisch fundierte Maßnahme, die eine Reihe grundlegender Sprachbereiche anspricht (Wortprosodie, Grammatik der Nominalphrase, Satzbedeutung). Die nur mit eigenen Mitteln vorgenommene Sprachstandsbestimmung ist unzulänglich – weitere Entwicklungsbereiche bleiben gänzlich unberücksichtigt – und die Güte der bislang vorliegenden Evaluierung ist unbefriedigend. Seine Stärken liegen jedoch eindeutig in der Reichhaltigkeit des Materials, seiner Gestaltung und multimedialen Verfügbarkeit. Die Relevanz der geförderten Strukturen (wie Wortprosodie) ist v. a. durch deskriptive Studien zur Sprachentwicklung belegt.

Warum das Programm wirksam ist, bleibt offen. Ist die vom Programm propagierte Förderung so genannter kritischer Schnittstellen wirksam oder sind potenzielle Erfolge auf die intensive Zuwendung und die Vielzahl der Übungen zurückzuführen? Dann beruhte seine Wirksamkeit auf klassischen Lernprinzipien. Offen bleibt auch, wie das Ziel, den „Spracherwerbsmotor" im Kind selbst anzuwerfen, wie die „Sensibilisierung für bestimmte sprachliche Regelmäßigkeiten" durch die Maßnahmen des Programms erreicht werden sollen. Diese Momente bilden jedoch die Grundlage für den eigenständigen Spracherwerb der Kinder.

Verbesserungsbedürftig ist das Programm nicht zuletzt hinsichtlich der Anwenderfreundlichkeit. Das bislang vorliegende Programmhandbuch ist mangelhaft strukturiert und somit unübersichtlich. Zwar sind die Angaben zur Durchführung meist detailreich und präzise, was Einheiten, Dauer der Schritte, Dauer der Stufen etc. anbelangt, sie finden sich jedoch verteilt auf das gesamte Buch bzw. in den Materialien selbst. Eine separate Gesamtübersicht ist dringend erforderlich. Dass eine allgemein gehaltene Übersichtsdarstellung, die bei der Auswahl aus der Vielzahl der von Kon-lab im Internet angebotenen Materialien und Schulungsmaßnahmen hilft, über den Buchhandel nicht zu erwerben ist, ist inakzeptabel.

Erfreulicherweise werden die genannten Standards reflektiert und ansatzweise berücksichtigt. Verwirrend ist – bei aller Aktualität – die Präsentation im Netz, die teilweise unstimmigen Angaben zu Preisen etc.

Trotz dieser Mängel ist das Programm insgesamt positiv zu bewerten. Die Förderbausteine scheinen relevant, sind Förderetappen zugeordnet, die Materialien sind ansprechend und unterstützen Kinder mit Migrationshintergrund beim Zweitspracherwerb des Deutschen.

8.2.2 KIKUS – Kinderkurse Deutsch

Transparenz

Anstoß zur Entwicklung von KIKUS (Kinderkurse Deutsch) gab die Beobachtung, dass bei Kindern nichtdeutscher Erstsprache keine effektive schulvorbereitende Arbeit möglich ist, „weil diese Kinder allzu große sprachliche Defizite im lautlichen, vokabularischen und grammatischen Bereich der deutschen Sprache aufwiesen und

KIKUS	
Name (Autor, Erscheinungsdatum), Bestellmöglichkeit, Anschaffungskosten	KIKUS Informations-DVD (19,90 €) KIKUS BILDKARTEN für Kursleiter/-innen und andere Fachkräfte (59 €) KIKUS-Arbeitsblätter für Eltern-Kind-Zusammenarbeit (15 €) KIKUS CD GUTEN MORGEN! (7,50 €) KIKUS LIEDERHEFT GUTEN MORGEN (7,50 €) KIKUS Zaubersack-Set (15,00 €) KIKUS-Sprachförderung Deutsch im Vor- und Grundschulalter. Projektdokumentation (19,90 €) Beschaffung: Zentrum für kindliche Mehrsprachigkeit e. V.; Kontakt: www.kikus-muenchen.de
Transparenz	+/–
Methodische Konstruktion	+/–
Durchführung/Evaluation	–
Implementierung	+
Anwenderkosten	+

nicht in der Lage waren, in der deutschen Sprache zu handeln (z. B. etwas zu erzählen, einer Geschichte zu folgen, Fragen zu stellen oder Konflikte in der Kindergruppe sprachlich zu lösen)“ (Guadatiello, 2003, S. 17). Damit sind Ziele und Zielgruppe des Programms bestimmt. Kinder nichtdeutscher Herkunftssprache(n) zwischen drei und zehn Jahren erhalten flankierend „eine professionelle und systematische Begleitung bei ihrem Erwerb des Deutschen als (erste) Fremdsprache [...], die sie aus ihrem – anderssprachigen – Elternhaus in der Regel nicht bekommen können“ (ebd., S. 18). Das Deutsche wird unter Berücksichtigung der Herkunftssprachen gefördert – weitergehendes Ziel ist die Mehrsprachigkeit: „Bei diesen Kindern bietet es sich förmlich an, eine systematische mehrsprachige Früherziehung zu verfolgen, die ihre Erstsprache einschließt. Sie wird im Rahmen des Projekts durch eine gezielte Eltern-Kind-Arbeit gefördert“ (ebd., S. 19). Die Bewusstmachung der Unterschiede zwischen Herkunfts- und Verkehrssprache Deutsch fördert die Sprachreflexion über Besonderheiten der deutschen Sprache und der Sprache der Eltern.

Leider liegen keine detaillierten Angaben über die bislang geförderten Kinder vor. Neben soziodemografischen und testdiagnostischen Daten wären im Hinblick auf den Anspruch der Unterstützung der Mehrsprachigkeit v. a. auch Angaben darüber von Bedeutung, auf welche Herkunftsnationen sich die Kinder verteilen.

KIKUS zielt auf die Entwicklungsbedingungen (Stoßrichtung), die unter Einbezug der Eltern – somit umfassender als bei den bislang betrachteten Fördermaßnahmen – optimiert werden sollen. Die Förderbereiche umfassen Wortschatz (Wortfelder) und „grammatische Inhalte, die von gleichaltrigen Kindern deutscher Erstsprache im Vorschulalter beherrscht werden und bei Schuleintritt vorausgesetzt werden“ (ebd., S. 21 ff.). Dazu zählen Verbkonjugation, Deixis, Anapher, Modalverben und Genus. Zentral ist die Vermittlung von gesellschaftsspezifischem „Musterwissen über sprachliche Handlungsmuster (Ehlich/Rehbein, 1979) wie [Frage und Antwort, Aussage, Auffordern, Bitten], Beschreiben, Erzählen oder Raten [...], das bei Schuleintritt stillschweigend vorausgesetzt wird“ (ebd., S. 18).

Methodisch kontrollierte Konstruktion

Die theoretische Grundlage des Programms liefert die *Funktionale Pragmatik* (Ehlich, 1991; Guadatiello, 2003, S. 11 ff.). Deren Beitrag zur Erklärung des Sprachlernens bleibt unbestimmt, die Grundlagen des Programms bilden letztlich Beschreibungen des Erstspracherwerbs und Befunde aus der Lehr- und Lernforschung. Die Entwicklungsbeschreibung bezieht sich auf Browns (1973) und Clahsens (1982) Beschreibungen des Verlaufs der morphologischen und syntaktischen Entwicklung. Die als Grundlage angegebene Lehr-/Lernforschung bezieht sich ausschließlich auf Arbeiten zum Imitationslernen. Als Wirkmechanismen werden Wiederholung (Massierung), Imitation und Reparatur genannt.

- *Wiederholung:* „Die Diskontinuität im Grammatikerwerb hat zur Folge, dass im Rahmen einer kindlichen Sprachförderung grammatische Inhalte immer wieder angeboten werden müssen. Die grammatische Progression besteht zu einem wesentlichen Teil aus dem wiederholten Angebot bestimmter grammatischer Strukturen in den unterschiedlichsten Handlungsmustern“ (Guadatiello, 2003, S. 23).
- *Imitation:* „Die ‚sprachliche Imitation‘ spielt beim Erstspracherwerb [in einem frühen Stadium] eine wesentliche Rolle (Garlin, 2000). Es ist ein Mechanismus, der in der Mündlichkeit greift. Kinder, die im Vorschulalter Deutsch als Fremdsprache erlernen, sind auf Mündlichkeit angewiesen. Sie verfügen noch nicht über das Hilfsmittel der Schrift, um die neue Sprache einzuüben. Deshalb müssen sie wieder neu an das elementare, auf Mündlichkeit beruhende Spracherwerbsverfahren der sprachlichen Imitation herangeführt werden“ (Guadatiello, 2003, S. 51). „Dieses Muster ist eine grundlegende Lernstrategie, um sprachliches Wissen zu erwerben. Deshalb wird es bei den Kindern nicht-deutscher Erstsprache(n) reaktiviert, indem es [im Rahmen der Sprachförderung] bewusst vermittelt und seitens der Lehrkraft gezielt eingesetzt wird“ (ebd., S. 26). Garlin (2000, S. 84) kennzeichnet das Handlungsmuster der Imitation als „Lehr-Lern-Aufforderung“.
- *Reparatur:* Eingeschliffene, bereits verinnerlichte Fehler sollen ausgeräumt werden. „In die sprachliche Imitation fließt somit ein besonderes Vorgehen der ‚Verbesserung‘ ein: die Reparatur (Rehbein, 1984). Diese ist nicht nur ein formales Richtigstellen der Äußerung, also ein Operieren auf der Ebene des Äußerungsaktes. Vielmehr setzt sie eine ‚Bewusstmachung‘ bei der Aneignung des sprachlichen Handelns in Gang, die als ein mentaler – kognitiver – Prozess bewertet werden kann. Die Bearbeitung sprachlicher Defizite erfolgt also bei den Kindern nicht-deutscher Erstsprache durch einen kognitiven Lernprozess“ (Guadatiello, 2003, S. 26). Wünschenswert wäre eine vertiefte Reflexion der Entwicklungsangemessenheit der Maßnahme, die Vorschulkindern „neben der rein sprachlichen Vermittlung insbesondere Sprachreflexion und die Bewusstmachung von Unterschieden zwischen Deutsch und der Herkunftssprache vermitteln soll“ (Fehlings de Acurio, 2000, S. 7).

Gütekriterien wie Reliabilität, Objektivität sowie Nachhaltigkeit werden bislang nicht diskutiert.

Programmstruktur: Die Maßnahme umfasst drei Komponenten: 1. wöchentlicher kindgerechter Deutschunterricht im Kindergarten, 2. Förderung der Muttersprache durch die Eltern und 3. Weiterbildung von Lehrern und Erziehern.

Als zweites Standbein zur Förderung im Kindergarten werden die Eltern mit eingebunden, die sich mit den Materialien in ihrer Muttersprache gemeinsam mit den Kindern beschäftigen sollen. Auf diese Weise wird eine Förderung der Muttersprache seitens der Eltern gewährleistet. Als dritte Säule des Konzepts werden Erzieher und Lehrer in Sachen Mehrsprachigkeit und Sprachförderung weitergebildet. „Nach einem gewissen Zeitraum (1 Jahr) sollen sie die Deutschförderung in Verbindung mit der Elternarbeit selbständig übernehmen" (Fehlings de Acurio, 2000, S. 7).

Es liegen klare Angaben zum Ablauf vor. Vorgesehen sind insgesamt 28 ca. einstündige Fördereinheiten im Verlauf des Kindergartenjahres, die in fester Abfolge geboten werden. Diese beinhalten vorgegebene Themen wie „Schule", „Fest" usw., in deren Rahmen Wortschatz (Gegenstände für ein Fest, Handlungen in der Schule, Schulutensilien), Grammatik (Produktion und Perzeption von Minimalpaaren), (Handlungs-)Muster wie Identifizieren, Beschreiben, Raten, Aussagen geübt werden. Spielerisches und systematisches Vorgehen werden dabei verbunden.

Materialien: Das KIKUS-Team gibt an, dass die Lehr- und Lernmaterialien aus der Praxis heraus entwickelt, in der Praxis erprobt und für die Praxis konzipiert wurden. Die einzelnen Teile sind aufeinander abgestimmt, können jedoch auch unabhängig voneinander flexibel eingesetzt werden. Ein Zaubersack enthält Materialien für 60 Minuten: „Bilderkärtchen zum Wortschatz- und Grammatiktraining, Fingerpuppen für gezielte Sprachübungen und eine CD mit Kinderliedern zum Nachsingen". Weitere Materialien bieten die KIKUS Bildkarten, die KIKUS Arbeitsblätter für die Eltern-Kind-Zusammenarbeit sowie das KIKUS Liederheft zur CD – Grundlagen für eine häusliche Eltern-Kind-Zusammenarbeit in Ergänzung zu einem Sprachförderprogramm. Im Set enthalten sind 30 Arbeitsblätter und 336 KIKUS Bildkarten im Kleinformat (farbig und schwarz-weiß) – zum Malen, Ausmalen und Ausschneiden und Kleben. So können die Inhalte der Sprachförderung ganz einfach zu Hause wiederholt und vertieft werden. Gleichzeitig bieten die Arbeitsblätter für Eltern und Kinder einen optimalen Sprechanlass, um auch in den Familiensprachen zu kommunizieren. Das heißt, es können mehrere Sprachen parallel gefördert werden.

Die Gesamtdauer der Maßnahme ist festgelegt und umfasst 28 Stunden. Angaben zur Programmreife liegen nicht vor.

Kosten: Pro Kurs und Kind müssen die Eltern 150 Euro bezahlen (hinzukommen 25 Euro für Materialkosten). Die Kosten schaffen eine Eingangsschwelle, die hinsichtlich der Motivation eine Auslese bewirkt.

Träger: „Zentrum für kindliche Mehrsprachigkeit e. V." in Kooperation mit „Evangelische Ausländerarbeit München" sowie „Institut für Deutsch als Fremdsprache an der Universität München".

Durchführung und Erfolgskontrolle

Diagnostik bzw. Sprachstandsbestimmung sind unzureichend. Die Diagnostik beinhaltet bislang nur Spontansprachanalysen (Halbinterpretative Arbeitstranskriptionen), die aufgrund des damit verbundenen Zeitaufwands im Kindergartenalltag nicht umzusetzen sind. Nichtsprachliche Leistungen bleiben unberücksichtigt. Informationen zur Evaluation erschöpfen sich in der Versicherung, das Programm werde wissenschaftlich begleitet. Zur Indikation liegen außer der Aussage „für Kinder nichtdeutscher Herkunftssprache" keine weiteren Angaben vor.

Implementierung: Anwendung und Einsatz

Die Angaben zum Setting sind vorbildlich: Die Sprachförderung findet vorzugsweise vormittags in einem separaten Raum der jeweiligen Einrichtung statt (Kindergarten, Hort). „Während der Fördereinheit sitzen die Kinder in einem Stuhlkreis, der halbkreisförmig angeordnet ist. Die Kursleitung sitzt links außen" (Guadatiello, 2003, S. 29). Im Kindergarten wird nicht nur aus ökonomischen, sondern auch aus didaktischen Gründen mit Kleingruppen (maximal 8 Kinder) gearbeitet: „Hier kommt der Fördergruppe eine besondere Funktion zu: Indem die Kinder nicht-deutscher Erstsprache in regelmäßigen Abständen mit anderen Kindern nicht-deutscher Erstsprache zusammenkommen, indem man für sie institutionalisierte Lehr-/Lernsituationen schafft, die vom sprachlichen Handeln getragen werden, sie zur sprachlichen Imitation motiviert, an sprachliche Imitation heranführt und ihnen Reparaturen anbietet und sie imitieren lässt, gewinnen sprachliche Imitation und Reparaturen an Normalität. So fangen die Kinder an, von sich aus, längere Äußerungen nachzusprechen und ihre Äußerungen gegenseitig zu reparieren. Der erste Schritt hin zu einem differenzierten Spracherwerb ist getan" (Guadatiello, 2003, S. 118). Die Dosierung wird bestimmt: „Kinder mit anderen Muttersprachen als Deutsch erhalten im Kindergarten und/oder in der Grundschule einmal pro Woche einen kindgerechten Deutschunterricht" (Fehlings de Acurio, 2000, S. 7).

Anwender: Qualifizierung/Supervision/Fortbildung

Das Programm richtet sich an Erziehungspersonal aus unterschiedlichen Einrichtungen: Erzieherinnen, Lehrkräfte, Logopädinnen und nicht zuletzt die Eltern selbst. Qualifizierungs- und Coachingmaßnahmen (Supervision) sowie weitergehende Fortbildungsmaßnahmen werden angeboten (www.kikus-muenchen.de).

Fazit

KIKUS ist ein Programm „aus der Praxis für die Praxis". Die Erfüllung der vorgestellten Programmstandards wird nicht einmal angedacht. So sind theoretische Fundierung, Diagnostik und Evaluation unzulänglich. Die zur theoretischen Fundierung herangezogene Funktionale Pragmatik enthält keine präzisen Angaben über das Zustandekommen der Sprachbeherrschung. Sie bietet allenfalls globale Hinweise für die praktische Arbeit. Diagnostik und Evaluation scheitern an der alleinigen Zugrundelegung zeitaufwändiger spontansprachlicher Analysen. Dass die Diagnose mehr als sprachliche Leistungen berücksichtigen sollte, wird nicht bedacht.

Positiv hervorzuheben ist, und das ist für Erzieherinnen entscheidend, der Realitätssinn: KIKUS zielt auf Kinder, die weder die Herkunftssprache ihrer Eltern, noch die Verkehrssprache ausreichend beherrschen. Es wird deutlich zwischen der Förderung der Herkunftssprache im Elternhaus und der Förderung der Verkehrssprache im Kindergarten unterschieden. Die Einbindung der Eltern, die auch in anderen Aktivitäten im Kindergarten angestrebt wird, dient der Motivation. Die so vermittelte Wertschätzung der Herkunftssprache soll umgekehrt auch die Akzeptanz der Sprache des Aufenthaltslandes erhöhen. Wirkmechanismen kommen vor allem aus dem Bereich des Imitationslernens.

KIKUS ist trotz gravierender Mängel hinsichtlich der Beachtung elementarer Standards aufgrund seiner Herkunft aus und der Verankerung in der Praxis, seiner guten Strukturierung, seiner Einbettung in die Angebote kirchlicher und kommunaler Träger und des Engagements der Programmentwickler ein beachtenswertes Programm, das durch die Realisierung diagnostischer Standards sowie konsequenter Evaluation wesentlich gewinnen würde.

Bedenkenswert ist die Tatsache, dass die Förderung der Kinder in der Tageseinrichtung nicht nur die Tageseinrichtung, sondern auch die Eltern etwas kostet. Nur Eltern, denen der schulische Erfolg ihrer Kinder am Herzen liegt, sind bereit, für sie Kosten zu tragen und sich selbst in der häuslichen Förderung zu engagieren. Diese Auswahl trägt sicherlich zum Erfolg des Programms bei. Die Kosten für das Programm selbst sind vergleichsweise moderat.

8.2.3 Sprachförderung im Kindergarten – Julia, Elena und Fatih entdecken gemeinsam die deutsche Sprache

Transparenz

Tophinke (2003) benennt die Ziele ihres Programms nicht näher. Ihre Maßnahme ist präventiv-flankierend. Sie bietet Angebote zur Unterstützung des Erwerbs sprachlicher Fertigkeiten im Allgemeinen (Stoßrichtung). Zielgruppe sind Kinder nichtdeutscher Erstsprache im letzten Kindergartenjahr. Wie bei den Angeboten von Penner ist ihr Programm ebenfalls für Kinder deutscher Erstsprache interessant und offen. Im Unterschied zu Penners Programm liegt der Förderschwerpunkt auf der Sprachproduktion. Förderbereiche sind von der Erstsprache abweichende sprachliche Strukturen, die den Kindern Schwierigkeiten bereiten. „Viele Muster der deutschen Sprache, die uns selbstverständlich und auch einfach erscheinen, gibt es in der Erstsprache der Kinder nicht“ (Tophinke, 2003, S. 8). Hierzu zählen Ist-Sätze, Artikel, Verbstellung, Fragesätze, Position des Verneinungswortes, Lautkombinationen am Silbenanfangsrand und Vokale (→ Kap. 3). Die Kinder erhalten Unterstützung im Bereich der → Phonologie, des Wortschatzes sowie der Wort- und Satzbildung. Wichtige Regeln der deutschen Sprache werden spielerisch geübt, die Entwicklung der sprachlichen Durchgliederungsfähigkeit unterstützt. Zwar ist die Vorbereitung auf den Schriftspracherwerb kein unmittelbarer Förder-

Sprachförderung im Kindergarten

Name (Autor, Erscheinungsdatum), Bestellmöglichkeit, Anschaffungskosten	Sprachförderung im Kindergarten – Julia, Elena und Fatih entdecken gemeinsam die deutsche Sprache (broschiert) von Doris Tophinke, Beltz Verlag, 29,90 €
Transparenz	+/–
Methodische Konstruktion	+/–
Durchführung/Evaluation	–
Implementierung	+
Anwenderkosten	+

gegenstand, das Programm dient jedoch auch der Vorbereitung für das spätere Lesen- und Schreibenlernen.

Methodisch kontrollierte Konstruktion

Programm-Merkmale: Die Angaben zur theoretischen Fundierung beschränken sich auf die Versicherung, das Programm sei sprachwissenschaftlich fundiert: „Die Materialien basieren auf Ergebnissen der sprachwissenschaftlichen Forschung, insbesondere der Erst- und Zweitspracherwerbsforschung, der Lautlehre (Phonetik/Phonologie) sowie der Schrifterwerbsforschung“ (ebd., S. 6). Im Unterschied zu Penners Programm orientiert sich der Aufbau an Erwerbsreihenfolgen des Zweitspracherwerbs: „Ganz allgemein lässt sich sagen: Einfache Muster werden vor komplexen Mustern erworben und häufig vorkommende vor seltener vorkommenden“ (ebd., S. 9). Die für den Praktiker bedeutsamen Angaben zu Reliabilität, Objektivität und Nachhaltigkeit liegen nicht vor.

Das Programm wurde in dem zweijährigen Projekt „Sprachförderung in Kindertagesstätten mit hohem Migrantenanteil“ in Osnabrück erprobt und ist somit als ausgereift zu betrachten (Programmreife). Die Programmstruktur wird genau beschrieben: Spiele und Übungen sind drei Spiel- und Übungsbereichen zugeordnet: (1) Wörter als Elemente von Sätzen, Satzmuster, (2) Wortbetonungsmuster und (3) die Elemente der Silben.

Ein detaillierter Zeit- und Organisationsplan ist vorhanden, den einzelnen Übungsbereichen und Übungseinheiten sind ganz bestimmte Materialien zugeordnet, die in einer festen, aufeinander aufbauenden Abfolge dargeboten werden. Die Materialien werden im Einzelnen erläutert. Empfohlen wird die Zusammenstellung einer so genannten Sprachförderkiste. Diese enthält in Tageseinrichtungen vorhandene und den Kindern vertraute Spielmaterialien. Trotz des hohen Strukturierungsgrades bleibt ein gewisses Maß an Flexibilität gewahrt, Spiel- und Übungsvariationen werden genannt.

Durchführung und Erfolgskontrolle

Gemäß der präventiv-flankierenden Zielsetzung erfolgt keine umfassende Diagnostik bzw. Sprachstandsbestimmung. Erfreulich ist, dass dennoch informelle Sprachstandserhebungen durchgeführt wurden, zu denen leider keine weiteren Angaben vorliegen. Wie erwartet, bereiten von der Erstsprache abweichende sprachliche Muster die meisten Schwierigkeiten. Die Angaben zum diagnostischen Vorgehen und zur Erfolgskontrolle (Evaluation) sind bislang völlig unzulänglich. So sollte auch bei präventiver Zielsetzung umfassender diagnostiziert werden, zum einen um Kindern mit beeinträchtigten Entwicklungsvoraussetzungen gerecht zu werden, zum anderen um den Erfolg der Maßnahme zu prüfen. Die Angaben zur Indikation beschränken sich auf die Empfehlung „für Kinder nichtdeutscher Herkunftssprache".

Implementierung: Anwendung und Einsatz

Angaben zum **Setting** (Findet die Förderung in einem eigenen Raum, einer Ecke des Kindergartens, zu bestimmten Zeiten statt?) stehen aus.

Altersbereich: Angewendet wird das Programm im letzten Kindergartenjahr. Die Kinder sind zwischen fünf und sechs Jahre alt.

Zu **Dosierung und Umfang** der Übungen liegen exakte Angaben vor: „Ideal sind wöchentlich drei bis vier kurze, etwa 20 Minuten dauernde Sprachfördereinheiten pro Kind" (ebd., S. 11). Die Ziele der Übungen werden jeweils genannt. Die Gesamtdauer ist mit 48 Wochen exakt vorgegeben. Die Förderung erfolgt in (Klein-)Gruppen.

Anwender: Qualifizierung/Supervision/Fortbildung

Das Programm richtet sich an Vorschulerzieherinnen und Eltern. Zu deren Qualifizierung, Supervision und Fortbildung enthält das Programmhandbuch keine Angaben. Sie erfolgen offenbar u. a. in Workshops (Kontakt: sprachfoerderung@doristophinke.de).

Fazit

Vorbildlich sind die klare Präsentation der Programmstruktur, der Förderbereiche und die anregend gestalteten Fördereinheiten. Ein präziser Programmplaner gewährleistet Übersichtlichkeit. Die einzelnen Übungen werden gut erläutert und liegen als Kopiervorlagen bei. Die Materialien sind im Alltag von Kindertageseinrichtungen brauchbar. Das Programm ist aufgrund seiner anwenderfreundlichen Darstellung und Gestaltung für den Einsatz im Elementarbereich und für die Arbeit von Erzieherinnen geeignet.

Die positive Bewertung der praktischen Seite des Förderprogramms von Tophinke darf nicht dazu verleiten, die Arbeit an der theoretischen Fundierung einzustellen. So gibt es nicht *die* sprachwissenschaftliche Forschung (Tophinke, 2003, S. 6), sondern – auch im Hinblick auf den Erst- und Zweitspracherwerb – konkurrierende Auffassungen. Unerlässlich sind weiter auch umfassendere diagnostische sowie begleitende evaluative Maßnahmen. Die Maßnahmen zur Schulung, Fortbildung und Supervision sollten ebenfalls im Programmhandbuch wenigstens kurz beschrieben und allgemein zugänglich gemacht werden.

8.2.4 Wir verstehen uns gut

Transparenz

Ziel der „Methoden und Bausteine zur Sprachförderung für deutsche und zugewanderte Kinder", so der Untertitel des Programms „Wir verstehen uns gut" von Schlösser (2001) ist die Prävention von Sprachentwicklungsstörungen und die Flankierung („Sprachstärkung", ebd., S. 12) des Erwerbs einer gemeinsamen Verkehrssprache. Stoßrichtung sind die Entwicklungsbedingungen. Die Zielgruppe umfasst „Kinder, deren Familiensprache nicht Deutsch ist, als auch (...) Kinder aus Aussiedlerfami-

Wir verstehen uns gut

Name (Autor, Erscheinungsdatum), Bestellmöglichkeit, Anschaffungskosten	Wir verstehen uns gut Schlösser, E. (2001). Ökotopia Verlag; 35,80 €
Transparenz	+/–
Methodische Konstruktion	+/–
Durchführung/Evaluation	–
Implementierung	+
Anwenderkosten	+

lien und deutsche Kinder, die einen deutlichen Entwicklungsbedarf im Grundwortschatz und ihrer sprachlichen Gewandtheit haben" (ebd., S. 12). Förderschwerpunkt ist die Sprachproduktion. So sollen der Grundwortschatz der Kinder erhöht und die kindliche Ausdrucksfähigkeit gesteigert werden. Hierbei wird die jeweilige Muttersprache berücksichtigt, weitergehendes Ziel ist letztlich Mehrsprachigkeit. Förderbereiche sind demgemäß Wortschatz und Ausdrucksvermögen.

Methodisch kontrollierte Konstruktion

Programm-Merkmale: Das Programm ist weder theoretisch noch durch Anlehnung an die Meilensteine oder die Deskription des Spracherwerbs fundiert. Erkennbar ist die Vorstellung Schlössers, dass „der Spracherwerb mit dem Tun – also den kindlichen Handlungsformen – eng verwoben [ist]. Deshalb ist es sinnvoll (und im Programm so berücksichtigt), alle Angebote mit Handlungsformen, die das Kind altersentsprechend zeigt, zu verkoppeln und Sprachinhalte nicht isoliert vom Tun zu vermitteln" (ebd., S. 17). Von besonderer Bedeutung ist das „Vorbild-Verhalten". Die Wirkmechanismen bleiben unreflektiert.

Programmbausteine und -materialien werden übersichtlich dargestellt: Das Programm umfasst neun, in sich gegliederte, aufeinander aufbauende Bausteine. Diese orientieren sich an der Lebenswelt der Kinder, nicht am Verlauf des Spracherwerbs. Jeder Baustein beinhaltet vier Teilbereiche: das Sprachziel (Wörter und sprachliche Elemente, die der Baustein vermittelt), die Methodik (Art und Weise, in der die gewählten und empfohlenen Sprachinhalte vermittelt werden), die Materialien und die Reflexion (die Durchführenden halten „fest, wie sie die einzelnen Elemente eingesetzt und welche Erfahrungen sie mit ihnen gemacht haben" (ebd., S. 14). Materialien sind Handpuppen, Malblätter, Kopiervorlagen u. v. m.

Programmreife: Die einzelnen Bausteine wurden in der praktischen Arbeit eineinhalb Jahre erprobt, modifiziert und in das Sprachprogramm eingearbeitet. „Die Erprobung verlief positiv und entließ die Kinder mit verbesserter sprachlicher und sozialer Ausgangslage in die Grundschule. Gespräche mit LehrerInnen des ersten Schuljahres bestätigten dies" (ebd., S. 12).

Durchführung und Erfolgskontrolle

Diagnostik und Sprachstandsbestimmung: Dem Programm liegen detaillierte Anmelde- und Sprachstandsbögen bei. Diese gestatten eine informelle Einschätzung des Spracherwerbsstandes, ersetzen jedoch keine umfassende Diagnostik. Die erhobenen anamnestischen Daten sind hinsichtlich der Entwicklungsvoraussetzungen unzureichend. Schlösser ist sich darüber im Klaren, welche Bedeutung der „Sprachstandseinschätzung" zukommt: „Sie hat jedoch für den späteren erfolgreichen Verlauf der Gruppenarbeit und damit den Lernerfolg der einzelnen Kinder wesentliche Bedeutung" (ebd., S. 13).

Evaluation erfolgt als Selbstkontrolle. Hierzu liegt ein so genannter Reflexionsbogen vor. Zusätzlich hat Schlösser (2002) eine Auswertung der Rückmeldungen von Anwendern vorgenommen, die durchgängig von bemerkenswerten sprachlichen Fortschritten der geförderten Kinder berichten. Die Ergebnisse sind jedoch nicht wissenschaftlichen Erfordernissen gemäß abgesichert.

Indikation: Seinem präventiven Charakter gemäß wird das Programm für alle Kinder der beschriebenen Zielgruppe empfohlen. Zusätzliche Einschränkungen werden nicht vorgenommen.

Implementierung: Anwendung und Einsatz

Das Förderprogramm wendet sich an Kindertageseinrichtungen. Die Durchführungsanweisungen sind präzise.

Setting: Die Förderung erfolgt in einem Stuhlkreis in der Spielecke, besser in einem eigenen Raum.

Altersbereich: Das Programm richtet sich an Kinder in Kindertageseinrichtungen im Jahr vor der Einschulung. „Gegebenenfalls können auch Kinder unter fünf Jahren in die Förderung eingebunden werden, je nach zeitlicher und personeller Kapazität des Kindergartens“ (ebd., S. 12).

Dosierung: Ideal ist es, ein- bis zweimal pro Woche zu fördern.

Umfang und Gesamtzahl der Fördereinheiten: Eine Programmeinheit umfasst in der Regel ca. 20–30 Minuten. Die Förderung erfolgt in Kleingruppen und erstreckt sich über das gesamte letzte Kindergartenjahr.

Empfohlen wird eine **Gruppengröße** von acht bis zehn Kindern. Das Programm ist im Kindergarten kostenfrei. Träger sind kommunale und kirchliche Einrichtungen, die auch für die Schulung der Erzieherinnen aufkommen. Die Vernetzung mit unterschiedlichen Fördereinrichtungen wird angestrebt.

Anwender: Qualifizierung/Supervision/Fortbildung

Qualifizierung und Fortbildung werden angeboten (Kontakt: tekajaschloesser@t-online.de). Einen Schwerpunkt der Ausbildung bildet die Reflexion des eigenen Sprachverhaltens.

Fazit

Das Programm ist weitgehend theoriefrei gehalten und alltagsbasiert. Seine Stärke liegt in der lebensnahen Auswahl der Förderbausteine („Das bin ich“, „Das ist meine Familie“, „Mein Stadtteil“ usw.), die die Kinder motiviert, sich einzubringen, und die Sprechfreude weckt. Damit sollen zusätzlich zur Sprachförderung „positive Anregungen zur Identitätsbildung“ gegeben werden. Betont wird die Bedeutung von

Sprache für die Verständigung, das Bewusstsein für die Normalität der Mehrsprachigkeit, der Sprachrespekt und die identitätsstiftende Funktion von Sprache.

Das Programm ist klar und lebensnah strukturiert. Jeder Baustein enthält Angaben zum Sprachziel, der Methodik und den Materialien. Allerdings wünscht sich der Anwender, dass die empfohlenen Materialien wie Lieder, Spiele u.ä. dem Programm beigefügt sind und nicht erst aufgrund von Literaturhinweisen zugänglich gemacht werden müssen.

Leider fehlt die theoretische Fundierung. Diagnostik und Evaluation sind den Standards gemäß völlig unzureichend. Das Programm würde durch eine wissenschaftlichen Standards entsprechende, begleitende Evaluation nur gewinnen. Die Maßnahmen zur Schulung, Fortbildung und Supervision sollten ebenfalls im Programmhandbuch wenigstens kurz beschrieben und allgemein zugänglich gemacht werden.

8.2.5 Hören, Lauschen, Lernen

Mit diesem Programm verlassen wir den Bereich der Förderung gesprochener Sprache und beschreiben abschließend eine Maßnahme, die Kinder im letzten Kindergartenjahr auf den Schriftspracherwerb vorbereiten soll.

Transparenz

Ziel dieses Programms ist die Prävention von Lese-/Rechtschreibschwierigkeiten. Erzieherinnen und insbesondere auch Eltern sollen Mittel zur (frühen) Prävention von Lese – und Rechtschreibproblemen zur Hand gegeben werden. Zielgruppe sind die durch Screenings z.B. BISC (→ Kap. 7.3.1) oder HASE (→ Kap. 7.3.3) identifizierten Risikokinder, die Gefahr laufen, Probleme beim Erwerb der Schriftsprache zu entwickeln. Das Programm zielt auf die Vorläuferfertigkeiten des Schriftspracherwerbs, nicht auf generelle Entwicklungsvoraussetzungen oder -bedingungen der Kinder (Stoßrichtung). Förderschwerpunkt war zunächst die phonologische Bewusstheit, also das Wissen kleiner Kinder über die Lautstruktur der gesprochenen Sprache. In vielen (internationalen) Förderstudien konnte gezeigt werden, dass das Ausmaß dieses Wissens einen positiven Einfluss auf den Schriftspracherwerb hat. Aufgrund der mittlerweile vorliegenden Erfahrungen mit dem Programm und seiner Evaluation wurden die Präventionsmaßnahmen dahingehend erweitert, dass die Kinder bereits im Kindergarten mit Buchstaben vertraut gemacht werden, um Risikokindern den Einstieg in die Buchstabenwelt zu erleichtern. Zuvor war man davon ausgegangen, dass die Förderung der phonologischen Bewusstheit allein ausreiche. Das Präventionsprogramm Hören, Lauschen, Lernen 2 beinhaltet deshalb ein spielerisches Training zur Buchstaben-Laut-Verknüpfung und ergänzt Hören, Lauschen, Lernen 1.

Hören, Lauschen, Lernen

Name (Autor, Erscheinungsdatum), Bestellmöglichkeit, Anschaffungskosten	Hören, Lauschen, Lernen (Küspert & Schneider, 5., überarb. Aufl. 2006), Vandenhoeck & Ruprecht; 17,90 € Hören, Lauschen, Lernen – Arbeitsheft (Küspert & Schneider, 5., überarb. Aufl. 2006), Vandenhoeck & Ruprecht; 17,90 € Hören, Lauschen, Lernen – Anleitung und Arbeitsmaterial. (Küspert & Schneider, 5., überarb. Aufl. 2006), Vandenhoeck & Ruprecht; 29,90 € Hören, Lauschen, Lernen – Arbeitsheft (Küspert & Schneider, 5., überarb. Aufl. 2006), Vandenhoeck & Ruprecht; 29,90 € Hören, Lauschen, Lernen – vorgespielt. Anleitung zur Durchführung des Programms. DVD mit Booklet (Küspert & Schneider, 2007), Vandenhoeck & Ruprecht; 12,90 € Hören, Lauschen, Lernen 2 – Arbeitsmaterial (Plume & Schneider, 2004), Vandenhoeck & Ruprecht; 59,00 € Hören, Lauschen, Lernen 2 – Arbeitsbuch (Plume & Schneider, 2004), Vandenhoeck & Ruprecht; 17,90 € Hören, Lauschen, Lernen 2 – Arbeitsheft und Materialien (Plume & Schneider, 2004), Vandenhoeck & Ruprecht; 69,00 €
Transparenz	+
Methodische Konstruktion	+
Durchführung/Evaluation	+
Implementierung	+
Anwenderkosten	+

Methodisch kontrollierte Konstruktion

Das Programm knüpft an internationale Erfahrungen und Studien zur Förderung des Schriftspracherwerbs an (etwa Lundberg, Frost & Petersen, 1988). Es beruht also auf langjährigen Erfahrungen und kann daher als ausgereift gelten. Auch die hier beschriebene Version in ihrer Übertragung auf den deutschsprachigen Raum hat verschiedene Konstruktionsetappen durchlaufen und ist als ausgereift zu betrachten. Während verschiedene Modelle zum Lesen und Schreiben vorliegen, kann das Programm nicht als Umsetzung theoretischer Vorstellungen gelten. Die Bedeutung der von ihm geförderten Kompetenzen ist vor allem empirisch – dies jedoch gründlich – belegt, der Bezug zu Theorien des Lesens und Schreibens eher korrelativ. Die Wirkmechanismen, was setzt das Training in Gang – kognitives Lernen, Aufbau von Schriftlernen steuerndem Wissen – ist offen.

Die Würzburger Trainingsprogramme erfüllen die Ansprüche an Reife sowie Pflege und Weiterentwicklung.

Durchführung und Erfolgskontrolle

Diagnostik in Form eines Screenings (z. B. BISC → Kap. 7.3.1 oder HASE → Kap. 7.3.3) geht dem Programmeinsatz voraus. Durch die Ergebnisse des Screenings werden die zu fördernden Risikokinder bestimmt (Indikation). Sorgfältige Evaluationsstudien weisen nach, dass sich bereits durch die Förderung der phonologischen Bewusstheit Erfolge erzielen lassen. Die Ergebnisse entsprechender Untersuchungen zeigen, „dass eine kombinierte Trainingsvariante, bei der Übungen zur phonologischen Bewusstheit mit einem Buchstaben-Laut-Zuordnungsprogramm verknüpft wurden, langfristig zu den vergleichsweise besten Ergebnissen führte" (Roth & Schneider, 2002, S. 99). Dies wurde in der Programmergänzung Hören, Lauschen, Lernen 2 berücksichtigt. Objektivität scheint gegeben, da mittlerweile Vergleiche zwischen unterschiedlichen Anwendern aufgrund von Evaluationsstudien vorliegen. Wirksamkeit und Nachhaltigkeit des Programms sind ebenfalls empirisch abgesichert.

Implementierung: Anwendung und Einsatz

Das Förderprogramm wendet sich an Kindertageseinrichtungen bzw. Kindergärten. Die Programmmaterialien enthalten präzise Durchführungsanweisungen. Die Kinder sollen das Gefühl haben zu spielen. Die Durchführung soll in gemütlicher Atmosphäre erfolgen. Kein Kind darf eine Niederlage erleiden oder sich dumm vorkommen.

Die **Programmstruktur** ist eindeutig und gut beschrieben. Das Arbeitsheft führt durch ein 20 Wochen dauerndes Trainingsprogramm. Das Programm soll regelmäßig, täglich zehn Minuten möglichst zur selben Tageszeit in Kleingruppen mit Vorschulkindern durchgeführt werden. Die Struktur des Programms ist zu beachten, d. h. die verschiedenen Spiele sollen in der angegebenen Reihenfolge durchgeführt werden. Im Einzelnen beinhaltet das Programm sechs Übungseinheiten, die zwischen sieben und fünfzehn Spiele enthalten. Es beginnt mit Lauschspielen zum Üben des genauen Hinhörens, fährt fort mit Reimübungen und führt dann die Einheiten Satz, Wort und Silbe ein. Schließlich werden der Anlaut und einzelne Laute im Wort bewusst gemacht. Die Erweiterung beinhaltet in einer ersten Einheit Spiele zur Buchstaben-Laut-Zuordnung, ohne dem schulischen Lesen- und Schreibenlernen zuvorzukommen. In einer zweiten Übungseinheit unterstützen Multimediaspiele die Durchführung. Träger sind meist kommunale und kirchliche Einrichtungen, die auch für die Schulung der Erzieherinnen aufkommen.

Anwender: Qualifizierung/Supervision/Fortbildung

Ursprünglich im Hinblick auf die Durchführung durch Erzieherinnen mit Kleingruppen im Kindergarten konzipiert, hat sich der Anwendungsbereich des Trainingsprogramms mit dem Erscheinen einer Multimediaversion erweitert. So erhalten mittlerweile auch Eltern Anleitungen, wie sie ihre Kinder mit dieser Version des Würzburger Trainingsprogramms am häuslichen Computer selbst fördern können. Nicht alle können diese Möglichkeit aus finanziellen Gründen nutzen. Qualifizierung und Fortbildung für Erzieherinnen werden angeboten.

Fazit

Die meisten Kinder im Vorschulalter sprechen in der Regel verständlich, verfügen über einen ausreichenden Wortschatz und verwenden eine weitgehend korrekte Grammatik. Vielen fällt es jedoch schwer, das von ihnen Gesagte in einzelne Wörter, Silben und Laute aufzuteilen. Beim Lesen- und Schreibenlernen sollen sie dann möglichst schnell begreifen, dass Laute von graphischen Zeichen, den Buchstaben, repräsentiert werden. Das Trainingsprogramm bietet vielfältige Übungen, durch die Vorschulkinder in spielerischer Weise lernen, die lautliche Struktur der gesprochenen Sprache zu erkennen (→ phonologische Bewusstheit). Die Kinder können die Laute isolieren, Buchstaben erkennen und auch aufgrund dieser Kenntnis erste Worte selbstständig schreiben. Dadurch erhalten sie eine gute Grundlage für den nachfolgenden Schriftspracherwerb in der Schule. Die oft auch unter dem Namen „Würzburger Trainingsprogramme" bekannt gewordenen Präventionsprogramme *Hören, Lauschen, Lernen 1* und *Hören, Lauschen, Lernen 2* gelten als die derzeitig einzigen Programme, bei denen der Nachweis der Wirksamkeit überzeugend gelungen ist. Die Zahl der Kinder mit einem Risiko konnte ebenso wie das Risiko bei einzelnen Kindern durch das Training gemindert werden. Auch die anderen eingangs genannten Standards wurden berücksichtigt.

8.2.6 Derzeitige Programmentwicklungen

Nachdem wir eine Auswahl vorliegender Sprachförderprogramme vorgestellt haben, weisen wir abschließend darauf hin, dass zurzeit in allen Bundesländern unter dem Eindruck der Ergebnisse der PISA-Studien bereits vorhandene Programme zur Sprachförderung im Vorschulbereich gesichtet, hinsichtlich ihrer Eignung geprüft und vielfach neue entwickelt werden, um die unzureichenden Deutschkenntnisse von Kindern mit Migrationshintergrund bereits vor dem Schuleintritt zu beheben oder wenigstens zu mindern. Nur mit ausreichenden Deutschkenntnissen können diese Kinder am Bildungsangebot der Schulen teilhaben. So wird derzeit in Baden-Württemberg das Programm „Sprachförderung im Kindergarten" durch Gelder der Landesstiftung mit jährlich fünf Millionen Euro unterstützt. Ziel ist es, diagnostische Verfahren und Fördermaßnahmen für den Einsatz im Vorschulbereich zu entwickeln, zu erproben und zu evaluieren. Ein weiteres Beispiel hierfür ist ein am Seminar für Deutsch als Fremdsprachenphilologie (SDF) der Universität Heidelberg gegenwärtig erarbeitetes und erprobtes Programm (Kaltenbacher & v. Stutterheim, 2004).

Diese Programme sind zurzeit noch nicht verfügbar. Erzieherinnen sollten bei ihrem Erscheinen darauf achten, ob sie und die sie begleitenden Verfahren zur Sprachstandsbestimmung den in Kapitel 5 und in diesem Kapitel genannten Standards für diagnostische Verfahren und Fördermaßnahmen genügen und die Entscheidung für ihren Einsatz davon abhängig machen.

8.3 Fazit – Desiderate – Ausblick

Tabelle 8.1 fasst zusammen, inwieweit die beschriebenen Programme den diskutierten Standards genügen. Erfreulicherweise zeigt sich, dass mittlerweile Sprachförderprogramme vorliegen, die die genannten Standards zum Teil erfüllen, wenigstens aber bedenken.

Die vorgestellten Programme genügen dem Kriterium der Transparenz. Leider werden diesbezügliche Angaben in einigen Fällen nicht kompakt und übersichtlich dargeboten, sondern über die Handbücher verteilt. Der Kenntnisstand von Erzieherinnen, ihre Arbeitssituation sowie das ihnen zur Verfügung stehende Zeitbudget bleiben unberücksichtigt. Um den Einstieg zu erleichtern, sollte jedes Programm einen Leitfaden enthalten, der über Fundierung, Diagnose, Evaluation sowie Durchführung informiert. Ein Programmplaner, der den Verlauf der Maßnahme (vor-)strukturiert, die Übungseinheiten und -materialien Förderbereichen und -zeitpunkten zuordnet und genaue Angaben zu ihrer Anwendung enthält, ist unerlässlich. Um eine schnelle und begründete Vorauswahl der in Frage kommenden Maßnahmen zu ermöglichen, ist eine, wie von Langfeldt (2003) in anderem Zusammenhang vorgeschlagen, zusammenfassende Checkliste unerlässlich. Den im Bereich der Transparenz und Anwenderfreundlichkeit noch gegebenen Mängeln kann bereits durch eine systematischere Darstellung, durch die Bündelung der für den Anwender relevanten Informationen über Art des Programms, seine Ziele usw., durch die Nennung der für Diagnose und Evaluation empfohlenen Verfahren, durch Angaben zur Anwendung und Durchführung, begegnet werden. Hier sind nicht nur die Autoren, sondern auch die (betreuenden) Verlage angesprochen. Ein Beispiel für Anwenderfreundlichkeit durch Strukturiertheit und Klarheit ist Tophinkes Förderprogramm.

Dass bislang keine oder unzulängliche theoretische Fundierungen vorliegen, ist für die Praxis möglicherweise nicht von Nachteil. Im Gegenteil, die Fördermaßnahmen werden nicht mit gegenwärtig uneinlösbaren Ansprüchen hinsichtlich der Passung von Theorie und Fördereinheiten überladen und sind in ihrer Umsetzung ausschließlich auf die Arbeitsmöglichkeiten im Kindergarten und das Kindergartenalter hin zugeschnitten.

Hinsichtlich des Standards der methodisch kontrollierten Konstruktion ist das Bemühen um Legitimierung durch Theorieanbindung erkennbar. Leider ist diese oft künstlich (KIKUS) oder wenig überzeugend (Penner). Noch kennzeichnet die mangelnde Passung zwischen Theorie und empfohlenen Maßnahmen die meisten Pro-

Standards		Penner	Kikus	Tophinke	Schlösser	„Würzburg"
Transparenz	Ziele	●	●	●	●	●
	Zielgruppe	●	●	●	●	●
	Stoßrichtung	●	●	●	●	●
	Förderschwerpunkt	○	●	●	●	●
	Förderbereich	○	●	●	●	●
Konstruktion	Fundierung	●	–	–	–	○
	Zuverlässigkeit	–	–	–	–	●
	Objektivität	–	–	–	–	●
	Nachhaltigkeit	–	–	–	–	●
	Programmstruktur	●	●	●	●	●
	Programmbausteine	●	●	●	●	●
	Programm-Materialien	●	●	●	●	●
	Programmreife	●	○	○	○	●
	Programmpflege	○	○	–	–	●
Durchführung	Diagnostik	–	–	–	–	●
	Evaluation	–	–	–	○	●
	Indikation	○	○	○	–	●
Implementierung	Setting	○	●	–	●	●
	Altersbereich	○	●	●	●	●
	Dosierung	●	●	●	●	●
	Umfang	●	●	●	●	●
	Gesamtzahl	●	●	●	●	●
	Gesamtdauer	○	●	●	●	●
	Einzel-/Gruppenförderung	●	●	●	●	●
	Kosten	–	●	–	●	●
	Träger	●	●	–	●	●
Anwender	Aus-/Fortbildung/Supervision	●	●	–	●	●

● Standards erfüllt ○ Standards teilweise erfüllt – Standards nicht erfüllt

Tab. 8.1: Standards der vorgestellten Programme

gramme. Dies ist sicherlich nicht zuletzt darauf zurückzuführen, dass es *die* Theorie des Spracherwerbs bislang nicht gibt. Angesichts vermeintlich bahnbrechender Einsichten und Gewissheiten hinsichtlich der Mechanismen des Spracherwerbs überrascht die Prominenz totgesagter Lernmechanismen wie Modellierung, Imitation, Übung, die in den meisten Programmen – wenn auch meist unausgesprochen – eine zentrale Rolle spielen. Das Resümee „alles wie gehabt" wäre jedoch falsch. Verkannt würde, dass gegenüber der Vergangenheit entscheidende Fortschritte in der Bestimmung und immer präziseren Beschreibung der Förderbereiche gemacht wurden, die eine begründete Auswahl und gezielte Förderung spezifischer Bereiche der Grammatik gestatten. Erfreulicherweise wächst gleichzeitig die Einsicht in die phasenbezogene Wirksamkeit von Lernmechanismen. So wird berücksichtigt, dass sich die Lernvorgänge beim Erstsprach- und natürlichen Zweitspracherwerb nicht ohne weiteres wiederholen lassen. Gegebenenfalls sind andere Lernzugänge – etwa entwicklungsbezogen angemessenere reflexionsorientierte, sprachwissensbezogene Zugänge – heranzuziehen.

Erfreulich ist weiterhin, dass die Einsicht in die Notwendigkeit einer umfassenden Diagnostik und Evaluation mit unterschiedlichen Mitteln wächst. Dies gilt insbesondere für die wachsende Akzeptanz standardisierter Verfahren. Geringer ausgeprägt sind das Verständnis der Grundlagen und das Bewusstsein für die Notwendigkeit der externen Evaluation. Hier zeigt sich, dass viele Programmautoren – möglicherweise aufgrund ihrer Ausbildung – oft keinerlei methodische Kenntnisse über Evaluationsmethoden, insbesondere über Fragen der Veränderungsmessung besitzen. So sind sich nur wenige darüber im Klaren, dass die Bedeutsamkeit von Differenzen zwischen den vor und nach der Durchführung des Förderprogramms erhobenen Leistungswerten statistisch abzusichern ist. Eine Ausnahme bildet hier das Präventionsprogramm *Hören, Lauschen, Lernen*, bei dem die Wirksamkeit – wissenschaftlichen Standards gemäß – nachgewiesen werden konnte.

So notwendig und richtig es einerseits ist, auf umfassender Diagnostik und Evaluation zu bestehen, so unrealistisch ist andererseits die Erwartung, dass alle damit verbundenen Ansprüche in der Praxis zu erfüllen sind. Zu lösen ist dieses Problem nur durch sequenzielle Diagnostik, die schrittweise die im Einzelfall relevanten Förderbereiche eingrenzt und die Zahl der diesbezüglich erforderlichen diagnostischen Verfahren auf ein handhabbares Maß reduziert. Dass manche glauben, präventive Förderprogramme rechtfertigten den Verzicht auf Ausgangsdiagnostik, verkennt, dass generell die Entwicklungsvoraussetzungen abzuklären sind, um Kinder mit primären Beeinträchtigungen zu identifizieren, zum anderen um Voraussetzungen zur Beurteilung des eigenen Erfolgs zu schaffen.

Verbesserungsbedürftig sind die Angaben zur Anwendung und zum Einsatz der Förderprogramme. Auffällig ist, dass die Programme eine exakte Bestimmung einer Altersunter- bzw. -obergrenze, von Abweichungskriterien, die angeben, wann der Programmeinsatz indiziert ist, meiden. Die Angaben über Gesamtdauer, Umfang,

Häufigkeit und Intensität der Fördereinheiten sind meist gewährleistet. Auch Kostenfragen und Angaben zum Träger sollten nicht ausgeklammert bzw. so gestaltet sein, dass die Gesamtkosten erkennbar sind.

Im Wesentlichen befriedigend ist die Situation hinsichtlich der letzten Gruppe von Standards, die die Forderung nach Angaben zur Qualifikation, Supervision und Fortbildung von Therapeuten beinhalten. Die Durchführung eines Förderprogramms ist vor allem ein erlernbares Handwerk (vgl. Langfeldt, 2003). Dem tragen die meisten Autoren durch umfassende Angaben über die notwendigen Ausbildungsschritte und -inhalte Rechnung. Wünschenswert wäre ein jeweils exemplarischer Überblick in die einzelnen Ausbildungsschritte.

Literatur

Adler, Y. (2001). *Störungen der Grammatik im Verlauf der Sprachentwicklung. Teil 2: Diagnostik.* Leipzig: Universität, Erziehungswissenschaftliche Fakultät, Institut für Förderpädagogik.

Bates, E., Dale, P. S. & Thal, D. (1995). Individual differences and their implications for theories of language development. In P. Fletcher & B. MacWhinney (Eds.), *The handbook of child language* (pp. 96–151). Oxford: Blackwell.

Belke, G. (2003). *Mehrsprachigkeit im Deutschunterricht. Sprachspiele, Spracherwerb, Sprachvermittlung.* Hohengehren: Schneider.

Bensel, J. (2001). Vom Schrei zur Interaktion. Die Entwicklung des frühkindlichen Schreiens. *Frühe Kindheit, 4 (1)*, 14–17.

Brown, R. (1973*). A first language.* Cambridge, Mass.: Harvard University Press.

Bruner, J. (1987). *Wie das Kind sprechen lernt.* Bern: Huber.

Clahsen, H. (1982). *Spracherwerb in der Kindheit. Eine Untersuchung zur Entwicklung der Syntax bei Kleinkindern.* Tübingen: Narr.

Crystal, D. (1981). *Clinical linguistics. Disorders of human communication.* Heidelberg: Springer.

Cummins, J. (1979). Cognitive/academic language proficiency and linguistic interdependence, the optimum age question and some other matters. *Working Papers on Bilingualism, 19*, 1–43.

Curtiss, S. (1977). *Genie: A psycholinguistic study of a modern-day ‚wild child'.* New York: Academic Press.

Dannenbauer, F. M. (1999). Grammatik. In Baumgartner, S. & Füssenich, I. (Hrsg.), *Sprachtherapie mit Kindern* (S. 105–161) (4. überarb. u. erw. Aufl.). München: Reinhardt.

Dittmann, J. (2002). *Der Spracherwerb des Kindes. Verlauf und Störungen.* München: C. H. Beck.

Dittmann, J. & Schmidt, C. (Hrsg.). (2002). *Über Wörter.* Freiburg: Rombach.

Ehlich, K. (1991). Funktional-pragmatische Kommunikationsanalyse. Ziele und Verfahren. In D. Flader (Hrsg.), *Verbale Interaktion. Studien zur Empirie und Methodologie der Pragmatik* (S. 127–143). Stuttgart: Metzler.

Ehlich, K. & Rehbein, J. (1979). Erweiterte halbinterpretative Arbeitstranskriptionen (HIAT 2). *Linguistische Berichte, 59*, 51–75.

El Mogharbel, C. & Deutsch, W. (2007). Von der Stimme zur Sprache: Die Ontogenese von Phonetik, Phonologie und Prosodie. In H. Schöler & A. Welling (Hrsg.), *Handbuch Sonderpädagogik, Band 1 Sonderpädagogik der Sprache* (S. 19–28). Göttingen: Hogrefe.

Esser, G., Lehmkuhl, G. & Schmidt, M. (1983). Die Beziehung von Sprechstörungen und sprachlichem Entwicklungsstand zur zerebralen Dysfunktion und psychiatrischen Auffälligkeiten bei 8jährigen Grundschülern. *Sprache – Stimme – Gehör, 7*, 59–62.

Fehlings de Acurio, R. (2000, Oktober). *Die Welt spricht nicht nur Deutsch und Englisch! – Chancen und Potentiale bilingualer Kindergärten und Schulen*. Vortrag anl. 10. Bocholter Forum der Landesarbeitsgemeinschaft der kommunalen Migrantenvertretungen NRW, Bocholt.

Fenson, L., Dale, P.S., Reznick, J.S., Thal, D. & Bates, E. (1993). *MacArthur Communicative Development Inventories*. San Diego, CA: Singular Publishing Group.

Fox, A. (2005). *Kindliche Aussprachestörungen* (3., überarb. Aufl.). Idstein: Schulz-Kirchner.

Fried, L. (2004). *Expertise zu Sprachstandserhebungen für Kindergartenkinder und Schulanfänger*. Deutsches Jugendinstitut. Verfügbar unter: www.dji.de/bibs/271_2232_ExpertiseFried.pdf [16.08.2006].

Fried, L. (2006). Sprachstandserhebungen in Gesundheits- und Bildungspolitik. *Sprache – Stimme – Gehör, 30*, 53–66.

Fried, L. (2007). Sprachstandserhebungsverfahren für Kindergartenkinder und Schulanfänger in Politik und Pädagogik. In H. Schöler & A. Welling (Hrsg.), *Handbuch Sonderpädagogik, Band 1 Sonderpädagogik der Sprache* (S. 665–680). Göttingen: Hogrefe.

Garlin, E. (2000). *Bilingualer Erstspracherwerb. Sprachlich handeln, Sprachprobieren, Sprachreflexion. Eine Langzeitstudie eines deutsch-spanischen aufwachsenden Geschwisterpaares*. München: Verlag für Sprache und Sprachen.

Glück, C.W. (2005). *Kindliche Wortfindungsstörungen* (3. korr. Aufl.). Frankfurt a.M.: Lang.

Greve, W. & Wentura, D. (1997). *Wissenschaftliche Beobachtung*. Weinheim: Psychologie Verlags Union.

Grimm, H. (1978). Sprache. In K.J. Klauer (Hrsg.), *Handbuch der Pädagogischen Diagnostik* (S. 355–366). Düsseldorf: Schwann.

Grimm, H. (2002). Replik auf die Testbesprechung von Ulrike Willinger: Grimm, H. & Doil, H. (2000). ELFRA. Elternfragebogen für die Früherkennung von Risikokindern. Göttingen: Hogrefe. *Zeitschrift für Entwicklungspsychologie und Pädagogische Psychologie, 34, 122–123.*

Grimm, H. & Weinert, S. (2002). Sprachentwicklung. In R. Oerter & L. Montada (Hrsg.),. *Entwicklungspsychologie* (S. 517–550) (5. vollst. überarb. Aufl.). Weinheim: Beltz.

Grohnfeldt, M. (1991). *Handbuch der Sprachtherapie, Bd. 3 Störungen der Semantik*. Berlin: Spiess.

Guadatiello, A. (2003). *KIKUS – Sprachförderung Deutsch für Kinder im Vor- und Grundschulalter. Projektdokumentation – Linguistische Analysen – Empfehlungen*. Norderstedt: Books on demand GmbH.

Hacker, D. & Wilgermein, H. (2001). *Aussprachestörungen bei Kindern* (2. Aufl.). München: Reinhardt.

Heck, R. (1982). Systematisches Beobachten von Kindern in der Gruppe. Erfahrungsbericht über ein Fortbildungskonzept für Erzieherinnen im Kindergarten. *Unsere Jugend, 34*, 116–122.

Hofmann, C. (2003). Förderdiagnostik zwischen Konzeption und Rezeption. In G. Ricken, A. Fritz & C. Hofmann (Hrsg.), *Diagnose: Sonderpädagogischer Förderbedarf* (S. 106–115). Lengerich: Papst.

Jakobson, R. (1941). *Kindersprache, Aphasie und allgemeine Lautgesetze.* Uppsala: Almqvist & Wiksell.

Jensen, T. S., Boggild-Andersen, B., Schmidt, J., Ankerhus, J. & Hansen, E. (1988). Perinatal risk factors and first-year vocalizations: Influence on preschool language and motor performance, *Developmental Medicine and Child Neurology, 30,* 153–161.

Kaltenbacher, E. (2005). *Meilensteine und Chronologie des Erstspracherwerbs (Wortschatz, Grammatik, Erzählen).* Unveröff. Ms. zur Fortbildungsreihe ›Vom Kleinkind zum Schulkind‹. Heidelberg: SDF.

Kaltenbacher, E. & Stutterheim, C. v. (2004). *Entwicklung und Erprobung eines Förderprogramms zur sprachlichen Integration von Vorschulkindern.* Verfügbar unter: www.idf.uni-heidelberg.de/forschung/kaltenbacher1/kaltenbacher1.html [03.05.04].

Kany, W., Fromm, W., Schöler, H. & Stahl, J. (1990). *Mündliche Erzählungen sprachauffälliger und sprachunauffälliger Erst- bis Viertklässler* (Arbeitsberichte aus dem Forschungsprojekt Dysgrammatismus Nr. 5). Heidelberg: Pädagogische Hochschule, Fachbereich VI.

Kauschke, C. & Rothweiler, M. (2007). Lexikalisch-semantische Entwicklungsstörungen. In H. Schöler & A. Welling (Hrsg.), *Handbuch Sonderpädagogik, Band 1 Sonderpädagogik der Sprache* (S. 239–247). Göttingen: Hogrefe.

Kauschke, C. & Siegmüller, J. (2006). Patholinguistische Diagnostik bei Sprachentwicklungsstörungen. Normierung & Auswertungsraster. Verfügbar unter: http://www.elsevier.de/artikel/842247&_osg=834300&_hsg=833815&_usg=834285 [4.12.2006].

Keilmann, A. (2007). Kindliche Stimmstörungen. In H. Schöler & A. Welling (Hrsg.), *Handbuch Sonderpädagogik, Band 1 Sonderpädagogik der Sprache* (S. 322–340). Göttingen: Hogrefe.

Kiese-Himmel, C. & Bockmann, A.-K. (2003). *Der produktive Wortschatz in der frühen Kindheit in Abhängigkeit von sozialen Einflussgrößen.* Poster anl. 20. Wissenschaftliche Jahrestagung der Deutschen Gesellschaft für Phoniatrie und Pädaudiologie, Rostock, 12.–14.09.2003.

Klauer, K. J. (2005). Buchbesprechung von Mutzek, W. & Jogschies, P. (Hrsg.). (2004). Neue Entwicklungen in der Förderdiagnostik. Grundlagen und praktische Umsetzungen. Weinheim: Beltz. *Zeitschrift für Pädagogische Psychologie, 19,* 191–192.

Kleber, E. W. (1982). Probleme des Lehrerurteils. In K. J. Klauer (Hrsg.), *Handbuch der Pädagogischen Diagnostik (Studienausgabe), Bd. 2* (S. 589–617). Düsseldorf: Schwann.

Küspert, P. & Schneider, W. (2006). *Hören, Lauschen, Lernen* (5., überarb. Aufl.). Göttingen: Vandenhoeck & Ruprecht.

Landesgesundheitsamt Baden-Württemberg. (2000). *Einschulungsuntersuchung 2000. Landesauswertung der Schulärztlichen Untersuchungen in Baden-Württemberg, Tabellenausdruck.* Stuttgart: Landesgesundheitsamt.

Langfeldt, H.-P. (2003). Über den Umgang mit Trainingsprogrammen. In H.-P. Langfeldt (Hrsg.), *Trainingsprogramme zur schulischen Förderung* (S. 1–18). Weinheim: Beltz.

Langfeldt, H.-P. & Tent, L. (1999). *Pädagogisch-psychologische Diagnostik – Band 2 Anwendungsbereiche und Praxisfelder.* Göttingen: Hogrefe.

Lenneberg, E.H. (1972). *Biologische Grundlagen der Sprache.* Frankfurt a.M.: Suhrkamp.

Locke, J.L. (1994). Gradual emergence of developmental language disorders. *Journal of Speech and Hearing Research, 37*, 608–616.

Locke, J.L. (1997). A theory of neurolinguistic development. *Brain and Language, 58*, 553–559.

Lundberg, L., Frost, J. & Petersen, O.P. (1988). Effects of an extensive program for stimulating phonological awareness in preschool children. *Reading Research Quarterly, 23*, 263–284.

Mannhard, A. & Scheib, K. (2005). *Was Erzieherinnen über Sprachstörungen wissen müssen. Mit Spielen und Tipps für den Kindergarten.* München: Reinhardt.

Marx, H., Jansen, H. & Skowronek, H. (2000). Prognostische, differentielle und konkurrente Validität der Bielefelder Screenings zur Früherkennung von Lese-Rechtschreibschwierigkeiten (BISC). In: M. Hasselhorn, W. Schneider & H. Marx (Hrsg.), *Diagnostik von Lese-Rechtschreibschwierigkeiten. Tests und Trends N.F. Bd. 1, Jahrbuch der pädagogisch-psychologischen Diagnostik* (S. 9–34). Göttingen: Hogrefe.

Meibauer, J. & Rothweiler, M. (Hrsg.). (1999). *Das Lexikon im Spracherwerb.* Tübingen: Francke UTB.

Michaelis, R. (2004). Das „Grenzsteinprinzip" als Orientierungshilfe für die pädiatrische Entwicklungsbeurteilung. In H.G. Schlack (Hrsg.), *Entwicklungspädiatrie* (S. 123–129). München: Marseille.

Mills, A. (1985). The acquisition of German. In D.I. Slobin (Ed.), *The cross-linguistic study of language acquisition. Vol.1: The Data* (pp. 141–254). Hillsdale, N.J.: Erlbaum.

Ministerium für Jugend, Kultus und Sport. (Hrsg.). (2005). *Orientierungsplan für Bildung und Erziehung für die baden-württembergischen Kindergärten.* Pilotphase Weinheim: Beltz.

Motsch, J. & Berg, M. (2005). *Kontextoptimierung. Mit CD-ROM. Förderung grammatischer Fähigkeiten in Therapie und Unterricht* (2., überarb. Aufl.). München: Reinhardt.

Nelson, K. (1973). Structure and strategy in learning to talk. *Monographs of the Society for Research in Child Development, 38, (1–2).*

Nußbeck, S. (2007). Möglichkeiten und Grenzen allgemeiner Wahrnehmungsförderung in der Sprachtherapie. In H. Schöler & A. Welling (Hrsg.), *Handbuch Sonderpädagogik, Band 1 Sonderpädagogik der Sprache* (S. 906–921). Göttingen: Hogrefe.

Paschon, A. & Zeilinger, M. (2004). Salzburger *Beobachtungskonzept für Kindergärten SBKKG-4.0.* Verfügbar unter: www.sbg.ac.at/erz/people/paschon/sbkkg/sbkkg.htm [16.08.2006].

Penner, Z. (2003). *Neue Wege der frühen Sprachförderung von Migrantenkindern.* Frauenfeld: Kon-lab GmbH.

Penner, Z. (o. J.). *Auf dem Weg zur Sprachkompetenz: Neue Perspektiven der sprachlichen Förderung bei Migrantenkindern. Ein Arbeitsbuch.* Frauenfeld: Kon-lab GmbH.

Penner, Z. (2002 a). *Programm sprachliche Frühförderung von fremdsprachigen Kindern im Kindergarten. Programmhandbuch.* Unveröff. Manuskript.

Penner, Z. (2002 b). Plädoyer für eine präventive Frühintervention bei Kindern mit Spracherwerbsstörungen. In W. v. Suchodoletz (Hrsg.), *Therapie von Sprachentwicklungsstörungen* (S. 106–142). Stuttgart: Kohlhammer.

Penner, Z., Weissenborn, J., Wermke, K. & Wymann, K. (1999). Prävention, Früherkennung und Frühintervention bei Spracherwerbsstörungen. *Paediatrica, 10,* 19–25.

Plume, E. & Schneider, W. (2004). *Hören, Lauschen, Lernen 2.* Göttingen: Vandenhoeck & Ruprecht.

Rehbein, J. (1984). *Reparative Handlungsmuster und ihre Verwendung im Fremdsprachenunterricht. ROLIG PAPIR 30/84.* Roskilde: Universitetscenter.

Roth, E. & Schneider, W. (2002). Langzeiteffekte einer Förderung der phonologischen Bewusstheit und der Buchstabenkenntnis auf den Schriftspracherwerb. *Zeitschrift für Pädagogische Psychologie, 16,* 99–107.

Rother, A. (2004). Wer soll testen? Zum Streit zwischen PsychologInnen und LogopädInnen. *L. O. G. O. S. Interdisziplinär, 12,* 256–258.

Rothweiler, M. & Kauschke, C. (2007). Lexikalischer Erwerb. In H. Schöler & A. Welling (Hrsg.), *Handbuch Sonderpädagogik, Band 1 Sonderpädagogik der Sprache* (S. 42–57). Göttingen: Hogrefe.

Schäfer, H. (1986). Bildwortserie zur Lautagnosieprüfung und zur Schulung des phonematischen Gehörs. Göttingen: Hogrefe.

Schäfer, G. E. (o. J.). *Beobachten und Dokumentieren als Aufgabe der Bildungsvereinbarung.* Verfügbar unter: www.uni-koeln.de/ew-fak/paedagogik/fruehekindheit/texte/BeobachtenUndDokumentierenAlsAufgabeDerBildungsvereinbarung.pdf [24.4.2006].

Schlösser, E. (2001). *Wir verstehen uns gut. Spielerisch Deutsch lernen.* Münster: Ökotopia.

Schlösser, E. (2002). *1. Auswertung der Rückmeldungen zum Sprachprogramm „Wir verstehen uns gut".* Verfügbar unter: www.oekotopia-verlag.de/PDF/AuswertungSchloesser.pdf [25.10.04].

Schöler, H., Fromm, W. & Kany, W. (Hrsg.). (1998). *Spezifische Sprachentwicklungsstörung und Sprachlernen. Erscheinungsformen, Verlauf, Folgerungen für Diagnostik und Therapie.* Heidelberg: HVA Edition Schindele.

Schöler, H. & Schäfer, P. (2004). *HASE Heidelberger Auditives Screening in der Einschulungsuntersuchung – Itemanalysen und Normen* (Arbeitsberichte aus dem Forschungsprojekt „Differenzialdiagnostik« Nr. 17). Heidelberg: Pädagogische Hochschule, Institut für Sonderpädagogik, Abt. Psychologie in sonderpädagogischen Handlungsfeldern. Verfügbar unter: www.ph-heidelberg.de/wp/schoeler/HASE-Normen.pdf [31.08.2006].

Schröder, E.-M. (2006). Mein Kind ist (zu) dünn – Suppenkasper zum Essen motivieren. Online-Familienhandbuch. Verfügbar unter: www.familienhandbuch.de/cmain/f_Aktuelles/a_Ernaehrung/s_1060.html [16.08.2006].

Schulz, P. (2007). Verzögerte Sprachentwicklung: Zum Zusammenhang zwischen Late Talker, Late Bloomer und Spezifischer Sprachentwicklungsstörung. In H. Schöler & A. Welling (Hrsg.), *Handbuch Sonderpädagogik, Band 1 Sonderpädagogik der Sprache* (S. 178–190). Göttingen: Hogrefe.

Shukowa, N. S., Mastjukowa, J. M. & Filitschewa, T. B. (1978). *Die Überwindung der verzögerten Sprachentwicklung bei Vorschulkindern.* Berlin: VEB Verlag Volk und Gesundheit.

Stern, C. & Stern, W. (1907). *Die Kindersprache: Eine psychologische und sprachtheoretische Untersuchung.* Leipzig: Barth.

Szagun, G. (1996). *Sprachentwicklung beim Kind* (6. überarb. Aufl.). Weinheim: Psychologie Verlags Union.

Thewalt, B., Stöger, H., Ziegler, A. & Zöllner, I. (2006). Der Breuer-Weuffen-Test als Instrument der Schuleingangsdiagnostik. In E. Sticker, K. Kuhlmann & E. Mittag (Hrsg.), *Leistung – Lust und Last.* Bonn: Deutscher Psychologen Verlag.

Tophinke, D. (2003). *Sprachförderung im Kindergarten – Julia, Elena und Fatih entdecken gemeinsam die deutsche Sprache.* Weinheim: Beltz.

Tracy, R. (2002). *Deutsch als Erstsprache: Was wissen wir über die wichtigsten Meilensteine des Erwerbs?* Mannheim: Universität Informationsbroschüre 1/2002 der Forschungs- und Kontaktstelle Mehrsprachigkeit.

Tracy, R. & Keim, I. (2003). *Sprachförderung. Weiterbildung von pädagogischen Fachkräften in Tageseinrichtungen für Kinder und Lehrkräften an Grundschulen.* Verfügbar unter: www.idw-online.de [18.10.04].

Wode, H. (2000). *Frühes Fremdsprachenlernen: Englisch ab Kita und Grundschule: Warum? Wie? Was bringt's?* Kiel: Verein für Mehrsprachigkeit.

Glossar

Aufgabenanalyse (Itemanalyse)

Die Aufgaben- oder Itemanalyse beinhaltet die methodische Überprüfung der Gütekriterien der einzelnen Aufgaben, der einzelnen Untertests und des Gesamttests innerhalb der Testkonstruktion. Im Einzelnen werden die Schwierigkeit einer jeden Aufgabe (Wie viele Kinder können diese Aufgabe lösen?), ihre so genannte Trennschärfe (Wie gut korreliert die Leistung bei einer Aufgabe mit dem Gesamttestergebnis?) und die Zuverlässigkeit (→ Reliabilität) der einzelnen Testteile sowie des Gesamttests geprüft.

Ambiguität

Ambiguität heißt Doppel- bzw. Mehrdeutigkeit von sprachlichen Ausdrücken. Die Mehrdeutigkeit kann sich dabei auf nahezu alle Ebenen eines sprachlichen Ausdruckes beziehen. Beispiele:

- Lexikalische Ebene: „Bank“ kann sowohl die Parkbank als auch das Bankhaus meinen.
- Syntaktische Ebene: „Peter hilft dem Mann mit dem Spaten“. Der Ausdruck „mit dem Spaten“ kann sich auf Peter oder auf den Mann beziehen. Oder: „In dem Kindergarten saßen viele alte Väter und Mütter“. „Alt“ ist syntaktisch mehrdeutig: Es kann sich nur auf die Väter oder aber auf beide Elternteile beziehen.
- Pragmatische Mehrdeutigkeit: „Es zieht hier aber heftig“. Dieser Ausdruck kann als Feststellung gedacht sein, aber auch als Aufforderung, die Türe zu schließen, oder einfach nur als Klage, dass ein nicht zu ändernder Zustand gegeben ist.

Ammensprache

Mit Ammensprache wird eine Form der → Motherese bzw. kindgerichteten Sprache bezeichnet. „Was hast du nur für süüüße kleine Ooohren, ooooh, du bist ja gaaanz liiiiiib“, solche Aussagen, die in anderen Situationen als peinlich erlebt würden, die man als überkandidelt bewertet, sind typisch für das Sprachverhalten der Kommunikationspartner des kleinen Kindes. Die meisten Menschen, selbst jüngere Kinder, sprechen mit einem Baby langsamer, in einer solch übertriebenen Art und Weise, sie ziehen bestimmte Laute länger, die Intonation ist ausgeprägter, die Stimmlage insgesamt etwas höher, die Aussagen werden stärker betont. Die Forschung zur Ammensprache zeigt, dass die übertriebene Melodie und die stärkeren Betonungen dem Kind erleichtern, einzelne Wörter zu verstehen und aus dem Lautstrom herauszulösen. Mit solchen melodischen und Intonationsmustern werden dem Kind auch Gefühlsunterschiede lautsprachlich verdeutlicht und vermittelt.

Anamnese

Anamnese heißt wörtlich Erinnerung, In-Erinnerung-zu-Bringendes. Mit einer Anamnese werden Informationen aus der Vergangenheit, der Entwicklungsgeschichte erfasst. In einem anamnestischen Gespräch wird entweder der Patient bzw. Klient selbst befragt oder bei einem Kind die Eltern. Die Anamnese dient in aller Regel auch der Differenzierung verschiedener Entwicklungsverläufe (→ Differenzialdiagnose), d. h. diese Befragung soll Hinweise auf Entwicklungsvoraussetzungen und -bedingungen liefern, die zum aktuellen Entwicklungsstand beigetragen haben. Beispielsweise kann durch eine Anamnese der Verdacht auf genetische Ursachen einer Sprachentwicklungsstörung oder einer Lese-Rechtschreibschwäche erhärtet werden, wenn sich herausstellt, dass bei einer Reihe von direkten Verwandten ebenfalls solche Auffälligkeiten vorlagen.

Anapher

Anapher heißt wörtlich das (im Text) Hinauftragende. In der Linguistik (Sprachwissenschaft) ist mit Anapher ein sprachliches Element gemeint, das sich auf ein anderes, zuvor geäußertes oder geschriebenes Element bezieht. Meist wird ein solcher Bezug durch Pronomen hergestellt. Beispiel: „Die Mutter von Sven kam in den Kindergarten, sie wollte mit der Erzieherin über ihn sprechen." Hier sind gleich zwei Anaphern enthalten, *sie* bezieht sich auf die Mutter und *ihn* auf Sven.

Artikulationsrate

Die Artikulationsrate ist ein Maß für die Geschwindigkeit, in der eine Person sprachliche Äußerungen produzieren kann. Meist wird die Zahl der Silben, die man in einer bestimmten Zeiteinheit (beispielsweise einer Sekunde) sprechen kann, als Maß für die Artikulationsrate bestimmt.

Artikulationszonen

Bei der Lautbildung werden drei Artikulationszonen unterschieden. Die erste Zone betrifft die Artikulationsorte Unterlippe, Oberlippe, obere Schneidezähne. Hier werden die stimmlosen ([p] [f]) und stimmhaften Konsonanten ([m] [b] [w]) gebildet. Die zweite Zone umfasst die Zungenspitze sowie die unteren und oberen Schneidezähne sowie deren Alveolen (das sind die Mulden im Kiefer, in denen die Zähne stecken). Dort werden die stimmlosen Konsonanten (/t/ /s/ /z/ /sch/) und die stimmhaften ([n] [d] [s] [r] [l]) gebildet. Die dritte Zone umfasst Gaumen, Zäpfchen, Mittel- und Hinterzunge, gebildet werden hier die stimmlosen Konsonanten ([k] [ch]) und die stimmhaften ([ng] [g] [j]).

Auditive Merkspanne

Die auditive Merkspanne bezeichnet die Anzahl der akustisch-auditiven Informationen, wie Laute, Ziffern, Wörter oder Töne, die wir gleichzeitig behalten können. Ein erwachsener Mensch kann durchschnittlich etwa sieben solcher Einheiten gleichzeitig speichern. Als Maß für die Gedächtnisspanne werden meist Aufgaben des Wiedergebens von Zahlen- oder Wortfolgen eingesetzt.

Autismus

Der frühkindliche Autismus gilt als eine tiefgreifende Entwicklungsstörung (nach DSM IV). Beim Autismus ist die soziale Interaktion sehr stark beeinträchtigt. Dies zeigt sich oft bereits in den ersten Lebensmonaten durch fehlende Kontaktaufnahme zur Bezugsperson. Andererseits beschäftigen sich autistische Kinder eingehend mit ganz bestimmten Objekten, auf die sie fixiert sind und mit denen sie häufig andere Funktionen als üblich ausüben. So kann beispielsweise ein Spielzeugauto nur dazu dienen, die Räder unablässig zu drehen. Der Spracherwerb ist meist erheblich verzögert, viele autistische Kinder erwerben gar keine Lautsprache. Eine Kommunikation mit autistischen Kindern und Erwachsenen ist außerordentlich schwierig, manche leben in ihrer eigenen Welt und die emotionalen Äußerungen sind oft nicht zu verstehen. Viele zeigen stereotype Verhaltensweisen, die oft wiederholt werden. Beispielsweise schaukeln sie mit dem Oberkörper immer hin und her.

Auxiliar

Auxiliare oder Hilfsverben heißen diejenigen Verben, die zur Bildung von anderen Verbformen genutzt werden. Im Deutschen gibt es drei Hilfsverben: sein, haben und werden. „Das Kind *ist* gefallen, dabei *hat* es sich das Knie verletzt."

Bootstrapping

Der Begriff Bootstrapping umschreibt die „Einstiegshilfe" in ein neues System (wörtlich heißt es das Anziehen eines engen Stiefels mithilfe der Schlaufen). Diese Metapher kennzeichnet einen Prozess, bei dem ein bereits bestehendes System den Einstieg in ein neues, komplexeres System startet. In der Linguistik spricht man beispielsweise von phonologischem Bootstrapping, wenn das phonologische System als Einstieg in die Entwicklung des semantisch-lexikalischen Systems dient. Beim semantischen Bootstrapping wird angenommen, dass Kinder ihr Wissen über semantische Kategorien (wie Lebewesen, Handlungen, Ereignisse, Eigenschaften) für den Erwerb von Wortarten (wie Nomen, Verb, Adjektiv) nutzen.

Constraints

Constraints sind Beschränkungen. Wir finden sie z. B. in unseren verschiedenen Wahrnehmungssystemen. So können wir hohe Frequenzen nicht oder nur eingeschränkt hören, wie z. B. die von Hundepfeifen erzeugten Laute, weil deren Frequenz außerhalb unseres Hörspektrums liegt. Auch bei der Wahrnehmung sprachlicher Informationen werden solche Beschränkungen angenommen: So wird beispielsweise davon ausgegangen, dass Kinder beim erstmaligen Nennen eines neuen Worts annehmen, dass dieses Wort den gesamten Gegenstand benennt und keinen Teil desselben („Teil-Ganzes-Contraint").

Deixis

Deixis heißt wörtlich zeigen. Ein deiktischer Ausdruck bezeichnet diejenigen sprachlichen Elemente, mit denen ein Sprecher dem Hörer in einer Situation Hinweise auf bestimmte anwesende Objekte oder Personen gibt. Deiktische Elemente sind Demonstrativpronomen (z. B. dieser, jener) oder Lokaladverbien (wie da, hier, dort). Deiktische Elemente sind nur verständlich, wenn sie in eine Situation eingebettet sind.

Deklination

Die Deklination beschreibt das grammatische Regelsystem, nach denen Nomen (Substantive, Adjektive und Pronomen) gemäß ihrem → Kasus, → Numerus und → Genus flektiert werden (→ Flexion).

Differenzialdiagnose

Als Differenzialdiagnose bezeichnet man alle diejenigen Diagnosen, die als Erklärung für ein beobachtetes Phänomen (Symptom) wahrscheinlich oder möglich sind. Eine eindeutige Differenzialdiagnose liegt dann vor, wenn durch weitere diagnostische Schritte alle anderen in Frage kommenden Diagnosen ausgeschlossen werden können.

Down-Syndrom

Als Down-Syndrom wird eine bestimmte genetische Veränderung beim Menschen bezeichnet, bei der das 21. Chromosom oder Teile davon sich verdreifachen (Trisomie). Die Down-Syndrom-Kinder oder -Erwachsenen fallen durch bestimmte typische körperliche Merkmale auf, auffällig sind meist die Augen, die ein mandelförmiges Aussehen haben. In aller Regel liegt eine mehr oder weniger starke geistige Behinderung vor. Die durchschnittliche Häufigkeit liegt zwischen etwa 1:500 bis 1:800. Jungen sind häufiger betroffen als Mädchen.

Dyade

Dyade bezeichnet die Zusammenfassung zweier Einheiten, etwa zweier Personen. So werden Mutter und Kind als Einheit aufgefasst.

Dysarthrie

Die Dysarthrie ist eine Sprechstörung, die durch verschiedene neurologische Erkrankungen verursacht wird. Die Artikulation von Lauten ist zum Teil stark beeinträchtigt, weil sowohl die Koordination als auch die Beweglichkeit der Sprechmuskulatur durch zentralnervöse Schädigungen eingeschränkt sein kann. Der Vokaltrakt (Gesamtheit der Sprechmuskulatur und der Stimmbänder) ist ebenso intakt wie das sprachliche Wissen.

Dysgrammatismus

Dysgrammatismus ist eine Störung des Erwerbs oder der Verwendung von grammatischen Strukturen. Wörter werden dabei häufig falsch dekliniert (→ Deklination), Verben falsch konjugiert (→ Konjugation) und die syntaktische Form von Äußerungen ist fehlerhaft. Als Kindlicher Dysgrammatismus wurde früher die heute unter dem Namen Spezifische Spracherwerbsstörung bekannte Spracherwerbsstörung bezeichnet. Heute gilt er als Teilsymptom dieser umfassenderen Störung. Dysgrammatismus kann aber auch als Begleitsymptom bei einer Aphasie auftreten.

Dyslalie

Eine Dyslalie liegt vor, wenn einige oder alle Sprachlaute nicht korrekt und flüssig artikuliert werden.

Eichstichprobe, Eichung

Um Normen für einen standardisierten Test zu erstellen, wird an einer repräsentativen Stichprobe, einer Eichstichprobe, der Test durchgeführt. Die dabei ermittelten Leistungswerte werden zur Erstellung der Normen herangezogen.

Elizitationsverfahren

Als Elizitationsverfahren („Hervorlockungsverfahren“) gelten diejenigen diagnostischen Verfahren (z.B. Tests), mit denen Reaktionen (wie verbale Antworten oder Zeigegesten) der untersuchten Person hervorgerufen werden sollen. Anders als bei Beobachtungsverfahren werden bestimmte Aufgabenstellungen vorgegeben, die Hinweise auf die zu untersuchende Fähigkeit oder Fertigkeit erlauben sollen.

Empirismus

Nach empiristischen Theorien vollzieht sich Spracherwerb allein durch Erfahrungen und auf der Grundlage allgemeiner Lernformen. Spezifische Spracherwerbsmechanismen, die genetisch angelegt sind, werden nicht angenommen.

Entwicklungsaufgabe

Entwicklungsaufgaben sind Aufgaben, die an bestimmte Lebensabschnitte gebunden sind. Das Baby steht beispielsweise vor der Aufgabe, Sprechen zu lernen. Der Sechsjährige soll Lesen und Schreiben lernen. Drei Quellen einer Entwicklungsaufgabe werden unterschieden: (a) die physische Reife bzw. individuelle Leistungsfähigkeit, (b) die soziokulturelle Entwicklungsnorm und (c) individuelle Zielsetzungen.

Entwicklungssequenz

Die Entwicklung vom Fötus zum erwachsenen Menschen wird in unterschiedlicher Weise beschrieben und erklärt. Viele Theorien gehen dabei von der Annahme aus, dass sich Entwicklung in unterscheidbaren und aufeinanderfolgenden Sequenzen oder Stufen vollzieht bzw. als solche beschreibbar ist. Diese Stufen sind unumkehrbar, keine Stufe kann übersprungen werden. Beispiel für eine Theorie, die eine Entwicklungssequenz postuliert, ist die Theorie der kognitiven Entwicklung von Piaget, bei der vier qualitative Stufen unterschieden werden.

Evaluation

Der Begriff Evaluation kennzeichnet die Methode, mit der die Wirksamkeit einer Interventionsmaßnahme, z. B. einer Sprachförderung, überprüft wird. Bei einer Evaluation werden Informationen über die Maßnahmen meist in → Prä-Post-Designs erhoben.

Fast mapping

Fast mapping bezeichnet die unmittelbare Übernahme von erstmals gehörten, zuvor unbekannten Wörtern in das mentale → Lexikon.

Finalsatz

→ Zusammengesetzte Sätze

Flexion

Flexion ist der Oberbegriff für → Deklination und → Konjugation.

Flankierung

Flankierung ist eine begleitende Form der Intervention, die sich nicht auf die Beseitigung der Ursachen einer Störung richtet. Bei einer Sprachförderung könnte die Vermittlung kultureller Traditionen eine flankierende Maßnahme sein.

Frikative

Frikative (auch Reibelaute) sind Laute, die durch Reibung der Atemluft an einer Verengung des Atemkanals gebildet werden. Beispiele: [f], [s], [ch], [sch].

Genus

Das Genus oder Geschlecht ist eine Kategorie bei Substantiven (Nomen). Im Deutschen gibt es drei Formen des Geschlechts (männlich, weiblich, sächlich). Durch die Notwendigkeit der formalen Übereinstimmung (Kongruenz) im Satz werden auch Adjektive, Artikel und Pronomen nach dem Genus des jeweiligen Nomens flektiert.

Für Kinder mit Migrationshintergrund kann es hier Probleme geben, da ihre Sprache andere, weniger oder mehr grammatische Geschlechter kennt.

Hemisphäre

Mit (Hirn-)Hemisphäre (wörtlich Halbkugel) werden die beiden Teile des menschlichen Gehirns bezeichnet, die durch eine Brücke miteinander verbunden sind. Die beiden Teile werden vom Hinterkopf nach vorne betrachtet als rechte und linke Hemisphäre bezeichnet. Die Wissens- bzw. Funktionsbereiche, die für die Sprachverarbeitung notwendig sind, liegen bei den meisten Menschen in der linken Hemisphäre (linkshemisphärisch). Werden diese Bereiche des Gehirns geschädigt, etwa durch einen Schlaganfall, sind daher meist Störungen der Sprachverarbeitung die Folge.

Ja-Sage-Strategie

Antwortet das Kind auf nahezu alle Fragen und verbalen Anforderungen mit „Ja", wird die Interaktion meist aufrechterhalten. Es fällt nicht auf, ob das Kind die Äußerungen seines Gesprächspartners verstanden hat oder nicht. Bei einem „Nein" würde der Interaktionspartner andere Reaktionen zeigen müssen, er könnte die Interaktion nicht ohne weiteres aufrechterhalten.

Kaspar Hauser-Kinder bzw. Wolfskinder

Als Kaspar Hauser-Kinder werden Kinder bezeichnet, die längere Zeit isoliert aufgewachsen sind und daher viele Verhaltensweisen und Kompetenzen nicht erwerben konnten. Dies gilt insbesondere für den Bereich der Sprache. Kaspar Hauser ist der Name eines Jugendlichen, der im Alter von etwa 16 Jahren in der ersten Hälfte des 19. Jahrhunderts in Nürnberg auftauchte. Seine Sprachbeherrschung beschränkte sich auf einige Wörter und Sätze. Es wird vermutet, dass er jahrelang in einem Verlies gefangen gehalten wurde.

Ein ähnlicher Fall wurde 1970 in Kalifornien bekannt – der Fall Genie, ein Mädchen, das erst im Alter von 13½ Jahren in einem dunklen Verschlag entdeckt wurde, gefesselt an einen Stuhl, wo es offenbar ohne Zuwendung, insbesondere ohne sprachliche Stimulation, ausschließlich am Leben gehalten worden war. Über beide Fälle wurden zwischenzeitlich Filme gedreht und eine Reihe von Büchern publiziert.

Der Fall Genie war für die Spracherwerbsforschung insofern von Interesse (z. B. Curtiss, 1977), weil man sich u. a. Antworten auf die Frage erhoffte, ob die von Lenneberg (1972) aufgestellte These einer sensiblen Phase für den Erwerb einer Sprache aufrechterhalten werden konnte. Lennebergs These besagt, dass Spracherwerb nur bis zur Pubertät möglich ist. Wer bis zu diesem Zeitpunkt nicht mit einer Sprache in Kontakt gekommen ist, kann Sprache nicht oder nur unvollständig lernen.

Kasus

Neben Genus und Numerus ist der Kasus (Fall) eine weitere Form der → Flexion bei Nomen, Adjektiven und Pronomen. In der deutschen Sprache gibt es vier Fälle: Nominativ, Genitiv, Dativ und Akkusativ. Im Lateinischen und im Russischen werden sechs, im Kroatischen sogar sieben Fälle unterschieden.

Kategoriale Wahrnehmung

Kategoriale Wahrnehmung ist ein Phänomen u.a. der Lautwahrnehmung. Sie ermöglicht die Unterscheidungsfähigkeit zwischen verschiedenen Lautklassen. Die Laute [b] und [p] unterscheiden sich physikalisch kaum, der Unterschied liegt nur in der Verschlusszeit der Lippen: Beim [b] öffnen sich die Lippen ein paar Millisekunden vorher als beim [p]. Verändert man diese Verschlusszeit kontinuierlich von einem [b] zu einem [p], nehmen wir den allmählichen Übergang nicht wahr, sondern hören entweder ein [b] oder ein [p].

Kausalsatz

→ Zusammengesetzte Sätze

Kindgerichtete Sprache

In Abhängigkeit vom Alter des Kindes werden drei verschiedene Formen der kindgerichteten Sprache unterschieden: (1) die Ammensprache (auch als baby talk bezeichnet) bis etwa zum zwölften Monat, (2) die stützende Sprache im zweiten Lebensjahr und (3) die lehrende Sprache ab dem 24. Monat. Die → *Ammensprache* besteht aus einfachen Äußerungen, gesprochen in einer hohem Tonlage. Sie dient der Verständlichkeit, der Spracherkennung, der Aufmerksamkeitserregung und -lenkung. Die *stützende* Sprache ist durch einen gemeinsamen Aufmerksamkeitsfokus, sprachliche und nichtsprachliche Routinen und Worteinführungen charakterisiert; sie dient dem dialogischen Sprechen und der Wortschatzerweiterung. Bei der *lehrenden* Sprache steht der Erwerb der Grammatik im Vordergrund. Die Bezugsperson regt die Sprachproduktion an und wiederholt bzw. erweitert (elaboriert) die kindlichen Äußerungen. Beispiele für diese Elaborationen sind korrigierende und transformierte Wiederholungen.

Kindliche Aphasie

Als kindliche Aphasie bezeichnet man Störungen der Sprachfunktionen (Sprechen, Verstehen, Lesen, Schreiben) nach weitgehend vollendetem Spracherwerb. Verursacht wird diese Form der Sprachstörung durch hirnorganische Schädigungen wie Schlaganfall, Verletzungen, Entzündungen oder Tumore.

Kompensation

Im Bereich des Spracherwerbs meint Kompensation, dass die Funktionen eines gestörten Bereiches von einem anderen Bereich übernommen werden. Dadurch werden Defizite bis zu einem gewissen Grade ausgeglichen, d.h. kompensiert. Bei einer Reihe von Kindern mit einer Legasthenie (Lese-Rechtschreibschwäche) erleichtert oder ermöglicht beispielsweise der Aufbau eines sprachbegleitenden Gebärdensprachsystems den Schriftspracherwerb. Hier kompensiert der Umweg über das visuelle Wahrnehmungssystem die möglicherweise zugrunde liegenden Schwächen im auditiven Wahrnehmungssystem.

Konjugation

Die Konjugation bezeichnet das Regelsystem zur → Flexion von Verben. Verben werden durch Veränderungen des Wortstammes oder durch das Anfügen (z.B. 2. Person [Wortstamm + [-st]: du spring*st*) oder Vorstellen ([ge-] + Wortstamm + [-t]: er ist *gerannt*) von Flexionsmorphemen (→ Morphem) konjugiert.

Konjunktion

Konjunktionen (Verbindungswörter) sind Wörter, die zwei Sätze miteinander verbinden. Zwei Hauptsätze können beispielsweise mit den Konjunktionen „und“ oder „oder“ verbunden werden. Bei der Verbindung zwischen Haupt- und Nebensätzen werden Konjunktionen noch danach unterschieden, welche Beziehung sie zwischen Haupt- und nachfolgendem Nebensatz stiften. Beispielsweise kann die Konjunktion eine zeitliche Abfolge signalisieren, wie mit den temporalen Konjunktionen „bevor“, „nachdem“, „während“. Oder es werden kausale Beziehungen durch kausale Konjunktionen wie „weil“ oder „obwohl“ hergestellt.

Können (Fertigkeiten)

Als Können bezeichnen wir Fertigkeiten zum Vollzug bestimmter Handlungen. Für eine Sprechhandlung ist es erforderlich, dass viele dazu erforderliche Prozesse ohne Nachdenken oder bewusste Steuerung ablaufen. Diese Fertigkeiten stehen als automatisierte Routinen zur Verfügung. Achten wir beispielsweise gezielt auf die Produktion von Lauten oder Wörtern im Satz, stört dies die automatisch ablaufenden Spracherzeugungsprozesse. Bekannt ist dieses Phänomen unter der Bezeichnung Tausendfüßlerproblem. Würden sich Tausendfüßler auf die motorischen Abläufe der einzelnen Füße konzentrieren, würden sie kaum einen Schritt vorwärts kommen.

Konstrukt

Der Begriff Konstrukt bezeichnet nicht direkt beobachtbare Sachverhalte innerhalb wissenschaftlicher Theorien. Die meisten Begriffe in sozialwissenschaftlichen, pädagogischen oder psychologischen Theorien sind Konstrukte. Dies gilt auch für den Spracherwerb. So sind → bootstrapping und → Sprachverständnis ebenso Konstrukte wie Emotion oder Intelligenz. Konstrukte sind die Platzhalter nicht unmittelbar beobachtbarer Sachverhalte. So ist die Intelligenz nicht direkt beobachtbar, ebenso wenig wie das Sprachverständnis. Um sie messen zu können, muss man genau festlegen, was unter Intelligenz und Sprachverständnis verstanden wird. Diese Festlegung bestimmt die beobachtbaren Leistungen, die als Hinweise auf das zugrunde liegende Konstrukt gelten sollen. Zur Intelligenzprüfung wurde eine Reihe von Aufgaben entwickelt, deren Lösungen durch eine Person als Hinweis auf die Ausprägung ihrer Intelligenz bewertet werden. Als Hinweis auf das Sprachverständnis eines Kindes gilt beispielsweise die Ausführung von Instruktionen, die man dem Kind stellt.

Kopula

Kopula bezeichnet ein Verb, mit dem das Subjekt des Satzes mit dem Prädikat verbunden wird. Kopulaverben sind *sein, werden* und *bleiben*.

Kriteriumsvalidität

→ Validität

Kunstwörter

Kunstwörter (auch Nonsens- oder Pseudowörter) sind Wörter, die im Lexikon einer Sprache nicht vorkommen. Sie werden jedoch nach den jeweiligen phonetischen Regeln einer Sprache gebildet (→ Phonotaktik). So ist „Zawo“ beispielsweise ein solches Kunstwort, das im Deutschen vorkommen könnte. In Tests werden solche Kunstwörter beispielsweise eingesetzt, um zu vermeiden, dass semantische Hinweise die Aufgabenlösung fördern. Mit ihnen wird auch geprüft, ob morphologische Veränderungen an einem Wort produktiv (etwa ohne eine Pluralform bislang gehört zu haben) vorgenommen werden können, z. B. „Zawo“ – „Zawos“.

Kulturfaires Verfahren

Leistungen von Kindern (und Erwachsenen) werden durch ihre Anlagen (vgl. auch Entwicklungsvoraussetzungen) und durch die Einflüsse der Kultur, in der sie aufwachsen (vgl. auch Entwicklungsbedingungen), beeinflusst. Kulturfaire Verfahren versuchen ausschließlich die Fähigkeiten zu erfassen, die nicht auf kulturelle Einflüsse zurückzuführen sind.

Kurativ

Als kurativ (heilend) werden therapeutische Maßnahmen bezeichnet, die auf die Beseitigung einer vorliegenden Störung ausgerichtet sind.

LAD

Mit Language Aquisition Device (LAD) wird nach Noam Chomsky ein Mechanismus bezeichnet, der einen mehr oder weniger vom Einfluss und den Bemühungen der Umwelt unabhängigen Spracherwerb des Kindes ermöglicht, vorausgesetzt dass dem Kind ein Minimum sprachlicher Äußerungen angeboten wird. Dieser Erwerbsmechanismus ist angeboren und enthält alle für den universellen Spracherwerb erforderlichen grammatischen Strukturen (Universalgrammatik) und ein Hypothesenbildungs- und -bewertungsverfahren.

Late bloomer

Als late bloomer (Spätaufblüher oder Spätzünder) werden diejenigen Kinder bezeichnet, die im Alter von zwei Jahren als → late talker diagnostiziert wurden, aber im Laufe ihres dritten Lebensjahres diesen Rückstand wieder aufholten.

Late talker

Als late talker werden Kinder bezeichnet, die mit zwei Jahren weniger als 50 Wörter sprechen und meist noch keine Zwei-Wort-Äußerungen produzieren.

Lautagnosie

Eine Lautagnosie liegt dann vor, wenn ein Kind gehörte Laute nicht unterscheiden kann. Kinder mit Lautdifferenzierungsschwächen oder partieller Lautagnosie können beispielsweise die Unterschiede zwischen Phonemen wie [k] und [t] nicht wahrnehmen. Als Ursache wird eine zentrale Wahrnehmungsschwäche angenommen.

Lexik(on)

Als mentales Lexikon wird die Gesamtheit aller Wörter bezeichnet, die im „Kopf" gespeichert sind. Wortschatz oder Lexik werden meist → synonym verwendet.

Lippen-Kiefer-Gaumenspalte, LKG

Die Lippen-Kiefer-Gaumenspalte ist eine häufige und angeborene Fehlbildung (in Deutschland pro Jahr etwa 1 500 Kinder). Sie entsteht durch einen unvollständigen Verschluss von Teilen des Gesichts während der Entwicklung des Embryos. Bleibt eine LKG unbehandelt, führt dies zu Störungen von Ernährung, Atmung, Hören und Sprechen.

Metasprachliches Wissen

Als metasprachliches Wissen werden alle Gedächtnisinhalte bezeichnet, die sich auf die Sprache und ihre verschiedenen Teilbereiche beziehen. Dieses Wissen ist Ausdruck einer bewussten Beschäftigung mit der Sprache. Ein Teil dieses Wissens ist die → phonologische Bewusstheit.

Metapher

Metapher nennt man eine Äußerung, bei der ein Wort nicht in seiner wörtlichen Bedeutung, sondern in einer übertragenen Bedeutung gebraucht wird. Diese Beziehung zwischen der wörtlich gemeinten und der übertragen gemeinten Sache beruht meist auf Ähnlichkeit. Beispiele:

- Geld ist ein gutes Schmiermittel.
- Die Erzieherin machte eine bissige Bemerkung.
- Das Kind bekam eine Gänsehaut.

Migration

Migration (wörtlich Wanderung) bezeichnet Ein- (Immigration) und Auswanderungen (Emigration).

Mismatch
Mismatch kennzeichnet die Verwendung eines Wortes, die von seiner Verwendung in der Erwachsenensprache abweicht. Es handelt sich neben Überdehnung, Unterdehnung und Überlappung um einen Fehler, der beim referenziellen Gebrauch von Wörtern zu beobachten ist.

MLU
Die MLU (= mean length of utterance) oder in Deutsch mittlere Äußerungslänge gilt als Maß für den Spracherwerbsstand eines Kindes. Dieses Maß wird unterschiedlich bestimmt. Ursprünglich wurde die Zahl der Morpheme einer Äußerung gezählt und daraus dann über alle Äußerungen ein Mittelwert gebildet. Heute wird – zumindest gilt dies für viele Untersuchungen im deutschsprachigen Raum – die mittlere Anzahl von Wörtern, die die kindlichen Äußerungen enthalten, bestimmt.

Modalsatz
→ Zusammengesetzte Sätze

Modalverb
Ein Modalverb bildet in Verbindung mit dem Infinitiv eines → Vollverbs das Prädikat. Mit dem Modalverb werden Inhalte ausgedrückt, die möglich, erwünscht, notwendig usw. sind. Beispiele für Modalverben sind: dürfen, können, mögen, müssen, sollen, wollen.

Morphem, freies, gebundenes
Morpheme sind die kleinsten bedeutungstragenden Einheiten der Sprache: Wörter und Flexionen (Präfixe und Suffixe). Morpheme, die ohne direkte Bindung an ein anderes Morphem stehen können, heißen *freie* Morpheme wie Baum, Auto, Tasche. Morpheme, die immer Teil eines Wortes sind, heißen *gebundene* Morpheme wie -er, -heit, -ling, ge-.

Morphologie
Morphologie ist die Lehre der Wortformen. Sie untersucht und beschreibt, wie die Wörter einer Sprache flektiert werden (→ Flexion) und wie neue Wörter gebildet werden (→ Wortbildung).

Motherese
→ Kindgerichtete Sprache

Mutismus
Mit Mutismus wird das andauernde Schweigen einer Person über einen langen Zeitraum bezeichnet. Diese schweigt gegenüber bestimmten Personen oder in bestimmten Situationen.

Nativismus

Dem Nativismus liegt die Annahme zugrunde, dass der Mensch seine Kompetenzen (Fähigkeiten und Wissen) nicht erlernt, sondern dass diese im Wesentlichen bereits genetisch angelegt sind und sich nur noch entfalten müssen. Eine nativistische Erklärung für den Spracherwerb lieferte Chomsky mit der Annahme eines → LAD.

Normen

Normen bieten im Zusammenhang mit diagnostischen Verfahren die Möglichkeit, z. B. die Leistung eines Kindes mit der Leistung anderer Kinder seiner Altersgruppe zu vergleichen.

Novize

Als Novize wird in unserem Zusammenhang eine Person bezeichnet, die neu in einem bestimmten Sach- oder Fachgebiet ist und daher noch keine spezifischen Erfahrungen oder Kenntnisse auf diesem Gebiet besitzt.

Numerus

Mit dem Numerus wird die Unterscheidung der Anzahl von Dingen oder Personen an verschiedenen Wortarten (Nomen, Adjektiv, Verb, Artikel, Pronomen) markiert. Im Deutschen gibt es zwei Formen, die eine Anzahl markieren können: die Einzahl (Singular) oder die Mehrzahl (Plural), beispielsweise Blume – Blumen. Im Kroatischen werden drei Formen (Singular, Dual, Plural) unterschieden. Andere Sprachen wie das Chinesische zeigen den Numerus lediglich bei Pronomen und Nomen an, die auf Menschen verweisen.

Objektivität

Unter Objektivität als Messgütekriterium versteht man den Grad, in dem die Durchführung, die Auswertung und die Interpretation eines diagnostischen Verfahrens von der Person, die die Untersuchung durchführt, unabhängig sind. Ein Test wäre beispielsweise dann in der Auswertung objektiv, wenn mehrere Personen zu den gleichen Ergebnissen bei der Aufgabenbewertung kommen würden.

Objektpermanenz

Für Kleinkinder verlieren Objekte ihren Aufforderungs- und Anreizcharakter, wenn sie aus dem Sichtfeld des Kindes verschwinden – nach dem Motto „aus dem Auge, aus dem Sinn“. Nach Piaget muss ein Kind erst eine → interne Repräsentation des Objekts im Gedächtnis aufbauen, damit es von ihm auch als weiter existierend betrachtet wird, selbst wenn es nicht mehr sichtbar ist. Erste Hinweise für die Auffassung, dass Objekte auch unabhängig von ihrer Sichtbarkeit weiterexistieren, finden sich im Alter von etwa acht bis neun Monaten. Ein umfassendes Verständnis der Objektpermanenz entwickelt das Kind laut Piaget jedoch erst im Alter zwischen 18 und 24 Monaten.

Operantes Lernen

Operantes Lernen (auch operante Konditionierung) ist eine Form menschlichen und tierischen Lernens. Skinner hat diese Form des Lernens insbesondere in Tierversuchen untersucht. Die Verstärkung ist bei dieser Form des Lernens von besonderer Bedeutung. Ein erwünschtes Verhalten wird positiv, ein unerwünschtes negativ verstärkt. Durch solche Verstärkungen können komplette Verhaltenssequenzen aufgebaut werden. Nach Skinner kann auch der Erwerb der Muttersprache durch diesen Lernprozess erklärt werden: Das Kind produziert Laute, und diese Laute werden z.B. von den Bezugspersonen verstärkt, sodass sich allmählich die Lautbildungen des Kindes denen der erwachsenen Sprecher annähern.

Operationalisierung

Mit Operationalisierung (oder Messbarmachung) bezeichnet man die Vorschriften und die Schritte, wie ein → Konstrukt gemessen werden soll. Beispielsweise wird das Konstrukt „Sprachverstehen" in einer Reihe von Tests wie folgt messbar gemacht: Dem Kind wird eine Instruktion gegeben, die es mit Spielmaterialien ausführen soll, z.B. „Der Bär wird von dem Hasen gestreichelt." Wird diese Handlung korrekt ausgeführt, schließt man darauf, dass das Kind diesen Satz verstanden hat. In der Regel werden korrekte Aufgabenlösungen mit einem Punkt bewertet. Bei der Vorgabe mehrerer solcher Aufgaben werden die Punkte summiert. Angenommen wird, dass ein Kind, das mehr Aufgaben korrekt gelöst hat als ein anderes, auch ein höheres Sprachverständnis besitzt.

Passe-Partout-Wörter

Passe-Partout-Wörter (wie „da", „Dings", „tun") sind (wie der gleichnamige Schlüssel für alle Türen) in vielen Situationen geeignet, um einen nicht ausreichenden Wortschatz oder bestimmte grammatische Probleme zu verdecken. Das Kind verwendet immer gleiche Wörter, die zwar durchaus in vielen Situationen passend sind, aber nicht erfordern, dass ein differenzierterer Wortschatz und Ausdrucksformen erlernt werden.

Perzentilskala

→ Prozentrangskala

Phenylketonurie

Die Phenylketonurie ist eine der häufigsten Stoffwechselstörungen. Sie wird mit einer Häufigkeit von 1:10 000 vererbt und mittlerweile durch ein Frühgeborenen-Screening in aller Regel erkannt. Ohne eine entsprechende Therapie kommt es zu gravierenden Entwicklungsstörungen und geistigen Behinderungen.

Phonem

Phoneme sind die kleinsten bedeutungsunterscheidenden Einheiten einer Sprache. Sprachen haben ein begrenztes Lautinventar, mit dem alle Wörter gebildet werden können. Im Deutschen gibt es etwa 40 Phoneme, bei anderen Sprachen variiert das Phoneminventar zwischen 10 und 80 Phonemen.

Phonetik

Die Phonetik befasst sich mit Produktion und Wahrnehmung der Laute einer Sprache. Im Unterschied zur → Phonologie befasst sich die Phonetik mit der akustischen Struktur der Laute und ihrer Artikulation, sie untersucht die physikalischen Eigenschaften von Lauten und wie diese beim Sprechen erzeugt werden.

Phonologie

Die Phonologie beschäftigt sich mit den Lauten (Phonemen) als den kleinsten bedeutungsunterscheidenden Elementen einer Sprache.

Phonologische Bewusstheit

Unter phonologischer Bewusstheit versteht man die Einsicht in die Lautstruktur der gesprochenen Sprache. Im Hinblick auf den Schriftspracherwerb schafft sie Voraussetzungen etwa für die Erkenntnis, dass jeder Buchstabe Lauten zugeordnet ist und umgekehrt. Die deutsche Schriftsprache ist eine alphabetische, d. h.: Beim Schreiben werden Laute in entsprechende Buchstaben übersetzt, und umgekehrt werden beim Lesen Buchstaben „verlautlicht". Phonologische Bewusstheit gilt als bedeutende Voraussetzung für das Gelingen des Schriftspracherwerbs (→ Vorläuferfertigkeit). Ein Kind besitzt phonologische Bewusstheit, wenn es ein Gespür für den Klang der gesprochenen Sprache entwickelt hat. Es kann dann z. B.

- reimen: *Hand – Wand, Haus – Maus, Hase – Nase* und sogar
- Laute innerhalb eines Worte erkennen z. B. die Laute [s] [a·] [n] [d] in dem Wort *Sand* oder
- einen Satz in einzelne Wörter zerlegen: /Die/ /Maus/ /ist/ /im/ /Haus/.

Phonotaktik

Phonotaktik ist die Lehre von den Regularitäten einer Sprache hinsichtlich der möglichen Kombinationen von Phonemen zu Silben, Morphemen und Wörtern.

Plosive

Als Plosive werden diejenigen Konsonanten bezeichnet, bei deren Lautbildung der Atemluftstrom vollkommen blockiert wird. Die anschließende Wiederfreisetzung des sich angestauten Luftstroms führt zu einer Art kleiner „Explosion", die den Klang erzeugt. Plosive sind die Laute [p], [b], [g], [k], [t], [d], [q] in all ihren Variationen.

Prädiktor

Ein Prädiktor ist ein Merkmal einer Person, das ein zukünftiges Verhalten oder eine zukünftige Leistung gut vorhersagen kann. Bei eigenen Untersuchungen erwies sich beispielsweise die Leistung beim Nachsprechen von Sätzen im Vorschulalter als ein guter Prädiktor für spätere Lese-Rechtschreibleistungen im zweiten, dritten und vierten Schuljahr.

Pragmatik

Pragmatik ist die Lehre vom Gebrauch der Sprache in unterschiedlichen Situationen, sie beschäftigt sich mit der Beziehung zwischen Zeichen und Zeichenbenutzern. Sprache wird unter einem funktionalen Aspekt betrachtet: Sprechen ist eine Form des Handelns; die Sprechhandlung (→ Sprechakt) ist eine zentrale Einheit dieses Ansatzes.

Prä-Post-Design

Ein Prä-Post-Design ist die Bezeichnung für einen Untersuchungsplan beispielsweise im Rahmen der → Evaluation einer Fördermaßnahme. Dabei werden die Kinder vor Beginn (prä) und nach Beendigung (post) einer Fördermaßnahme untersucht. Damit will man prüfen, ob die Fördermaßnahme effektiv gewesen ist, d. h. ob sich die sprachlichen Leistungen der Kinder infolge einer Sprachfördermaßnahme auch tatsächlich verbessert haben. Erforderlich ist allerdings auch noch, dass man gleichzeitig eine Gruppe von Kindern untersucht, die keine oder eine andere Förderung erhalten haben, um sicher zu gehen, dass der Leistungsanstieg durch die Förderung und nicht durch normale Entwicklungsveränderungen in der Zeit zwischen erstem und zweiten Untersuchungszeitpunkt zustande gekommen ist.

Prävention

Prävention in Medizin, Psychologie und Pädagogik bezeichnet Maßnahmen, mit der man einer Krankheit, einer Beeinträchtigung oder einem Versagen vorbeugen will. Der flächendeckende Einsatz eines Förderprogramms zur phonologischen Bewusstheit im Kindergarten ist eine Präventiv-Maßnahme, um die Zahl von Lese-Rechtschreibschwierigkeiten im Vorhinein zu mindern.

Prognostische Validität

→ Validität

Prolongationen

Mit Prolongation bezeichnet man in der Sprechwissenschaft ungewöhnliche Verlängerungen von Lauten. Absichtsvolle Prolongationen, d. h. Dehnungen eines Lauts, gelten als eine Methode, um Stottern in einem Gespräch zu reduzieren.

Prosodie

Prosodie bezeichnet in der Linguistik die Gesamtheit aller spezifischen Eigenschaften eines → Sprechaktes. Zur Prosodie zählen der Akzent, die Intonation, der Sprechrhythmus, das Sprechtempo. Für das Verstehen ist nicht nur das Gesagte, sondern auch das Gemeinte wichtig – und dies wird meist erst durch prosodische Merkmale eindeutig (→ suprasegmentale Merkmale).

Protowörter

Als Protowort werden erste kindliche Lautäußerungen bezeichnet, die fest mit einem Referenten verbunden sind. Die von dem Kind verwendete Lautform entspricht nicht der der Erwachsenensprache. Danach folgen die ersten konventionellen Wörter wie [Mama], [Papa], [da] oder [Auto].

Prozentrang, Prozentrangskala

Durch Prozentränge, auch als Perzentile (lat. „Hundertstelwerte") bezeichnet, wird eine Häufigkeitsverteilung in 100 Teile aufgeteilt (Prozente). Oberhalb eines Prozentranges von 85 % liegen noch 15 % der Leistungen einer Population und unterhalb 85 %.

Reduplikation

In der Linguistik wird mit Reduplikation eine Silben- oder Wortwiederholung bezeichnet.

Referenz

Allgemein bedeutet das Wort Referenz: auf etwas zurückführen, sich auf etwas beziehen. Beim Sprechen referieren Sprecher beispielsweise mit einem sprachlichen Zeichen, wie dem Namen eines Objektes, auf ein spezifisches reales Objekt oder allgemein auf die Klasse solcher Objekte: sie verwenden das Wort „Ball" um entweder auf einen bestimmten Ball oder auf die Kategorie der Bälle zu verweisen.

Reliabilität

Reliabilität oder Zuverlässigkeit ist ein Messgütekriterium. Reliabel ist beispielsweise ein diagnostisches Verfahren, wenn es unabhängig von Situationseinflüssen immer zuverlässig die Leistung prüft.

Remediation

Mit Remediation wird im pädagogischen Bereich Förderunterricht bezeichnet. Es geht in gewisser Weise um eine Beseitigung oder Korrektur von Altlasten, daher bezeichnet Remediation auch die Umwelt- oder Altlastsanierung.

Repräsentation (intern und extern)

Interne Repräsentation ist die Bezeichnung für die Form, wie unser Wissen und Können in unserem Gedächtnis niedergelegt ist. Man kann sich unser Wissen beispielsweise in Form von Bildern (Ikonen), Symbolen, Netzwerken oder in Form eines Lexikons gespeichert vorstellen.

Externe Repräsentationen von Wissen sind z. B. Bücher oder CDs.

Retardierung

Mit Retardierung wird eine zeitlich verzögerte Entwicklung bezeichnet.

Schlüsselwortstrategie

Bei kleineren Kindern ist zu beobachten, dass ihr Sprachverständnis sich an Schlüsselwörtern orientiert. Während diese Strategie jüngeren Kindern entwicklungsangemessen ist, täuscht ihr Einsatz durch ältere Kindern oder Kinder mit Migrationshintergrund das Vorhandensein entwicklungsgemäßen Sprachverstehens vor. Die Kinder interpretieren Äußerungen jedoch nach wie vor allein anhand von einzelnen Schlüsselwörtern. Oft sind ihre Interpretationen korrekt, da der Kontext weitere Informationen zum Verständnis von Äußerungen liefert. Die Kompetenzen dieser Kinder werden überschätzt, sie erhalten womöglich nicht die erforderliche Unterstützung, weil sie meist korrekt reagieren und daher nicht angenommen wird, dass das Kind über unzureichende Sprachkenntnisse verfügt.

Schwa-Laut

Schwa bezeichnet ein unbetontes e [ɛ]. Viele deutsche Endungen mit den → Suffixen [-e] oder [-en] sind unbetont: z. B. bei den Vergangenheitsformen wie „liebte“ oder den Pluralformen wie „Bälle“ oder „Tassen“.

Screening

Screening heißt wörtlich Siebverfahren. Ein Screening ist ein diagnostisches Verfahren, mit dem möglichst flächendeckend, wie in einer U-Reihenuntersuchung (U1–U9), die Kinder eines Altersjahrganges untersucht werden. Dabei steht nicht die Suche nach einer Ursache für eine bestimmte Beeinträchtigung oder Störung im Vordergrund, sondern es soll versucht werden, alle Kinder mit einem betreffenden Risiko (beispielsweise für eine Lese-Rechtschreibschwierigkeit) zu erfassen.

Semantik

Die Semantik (Bedeutungslehre) ist ein Teilgebiet der Linguistik, das sich mit der Bedeutung sprachlicher Zeichen befasst.

Spontansprachprobe

Eine Spontansprachprobe ist eine auf Video- oder Audiokassette aufgenommene Folge sprachlicher Äußerungen. Diese werden anschließend analysiert, beispielsweise mit Hilfe der Profilanalyse (→ Kap. 7.4.13). Spontansprachproben werden meist während Spielsituationen oder beim Erzählen einer Bildgeschichte erhoben. Damit soll der Spracherwerbsstand erfasst werden, insbesondere der Grammatikerwerb.

Sprechhandlung/Sprechakt

Sprechhandlungen oder Sprechakte sind Grundeinheiten der sprachlichen Kommunikation. Mit seinen sprachlichen Äußerungen möchte der Sprecher etwas beim Hörer bewirken. Der Inhalt eines Sprechakts entspricht der Intention, der Absicht des Sprechers. Sagt der Vater zu seinem zur Tür hereinkommenden Sprössling „Es zieht“ ist damit meist nicht eine Feststellung gemeint, sondern der Vater möchte seinen Sohn indirekt auffordern, doch bitte die Tür zu schließen. Eine linguistische Analyse der sprachlichen Äußerung allein liefert keine Hinweise auf die mit der Äußerung verbundenen Intentionen. Die Situation ist notwendiger Bestandteil für das Verstehen dessen, was der Sprecher meinte. Denn oft ist das Gemeinte nicht das Gesagte.

SSES

SSES ist die Abkürzung für Spezifische Sprachentwicklungsstörung (früher auch als kindlicher Dysgrammatismus oder als Entwicklungsdysphasie gekennzeichnet). Die SSES ist eine erwartungswidrige Minderleistung im sprachlichen Können. Der Erwerb und Gebrauch sprachlich-strukturellen Wissens scheint beeinträchtigt bei durchschnittlicher nonverbaler Intelligenz, keinen auffälligen emotionalen Störungen oder Verhaltensstörungen und keinen *diagnostizierten* Hörschäden oder Hörstörungen, cerebralen Dysfunktionen oder Hirnschädigungen.

Subjekt-Verb-Kongruenz

Subjekt-Verb-Kongruenz bezeichnet die Übereinstimmung des → Numerus von Subjekt und Verb wie in den beiden folgenden Beispielen: (1) „Das Kind ruft die Erzieherin.“ (2) „Die Kinder rufen die Erzieherin.“ Solche Kongruenzen sind beispielsweise dann wichtig, wenn bei gleicher Wortstellung zwei unterschiedliche Bedeutungen eindeutig sein sollen, wie in den folgenden Beispielen: (3) „Die Erzieherin kennt die Kinder.“ (4) „Die Erzieherin kennen die Kinder.“

Suffix

Ein Suffix ist eine Endung eines Wortes, die nicht selbstständiger Bestandteil eines Wortes ist. Ein Suffix dient der Flexion und Wortbildung. Beispiele: [-e] ist das Flexionssuffix für „gehe“, oder für „Tage“; [-chen] ist das Wortbildungssuffix für „Kindchen“.

Suprasegmentale Merkmale

Unter suprasegmentalen Merkmalen versteht man in der Linguistik alle lautsprachlichen Merkmale, die lautübergreifend sind bzw. sich nicht in eine sequenzielle Abfolge von Segmenten (z. B. Laut, Silbe, Phon, Wort, Satz) einfügen. Dazu gehören der Ton, die Intonation, der Akzent, die zeitliche Dauer der Äußerung, die Sprechpausen, das Sprechtempo, der Sprechausdruck; die Begriffe prosodisch und suprasegmental werden oft synonym verwendet.

Synonym

Als Synonym bezeichnet man ein Wort, das die gleiche Bedeutung wie ein anderes Wort oder mehrere andere Wörter derselben Sprache hat.

Syntax

Syntax ist die Lehre von den Beziehungen und der Stellung der sprachlichen Zeichen im Satz. Gegenstand der Syntax ist die Untersuchung von Form und Struktur natürlicher Sprachen.

Temporalsatz

→ Zusammengesetzte Sätze

Theory of mind

Theory of mind (Theorie des Geistes) bezeichnet die Fähigkeit, eigene und fremde psychische Zustände im eigenen Wissenssystem zu repräsentieren. Ergebnisse aus entwicklungspsychologischen Untersuchungen zeigen, das Kinder erst ab einem Alter von zwei bis drei Jahren eine Theorie des Geistes entwickeln. Geprüft wird die Theorie des Geistes beispielsweise mit Aufgabenstellungen, in denen das Kind Vermutungen über das Handeln und das Denken anderer Personen anstellen soll.

Trisomie 21

→ Down Syndrom

Validität

Validität oder Gültigkeit ist das wichtigste Merkmal von wissenschaftlichen Aussagen oder von wissenschaftlichen Methoden, wie beispielsweise auch diagnostischen Verfahren. Die Validitätsüberprüfung zeigt, wie gut das Merkmal, das man durch ein diagnostisches Verfahren prüfen will, auch tatsächlich durch das diagnostische Verfahren erfasst wird. Es gibt verschiedene Formen der Validität als Gütekriterium eines diagnostischen Verfahrens:

- Inhaltsvalidität liegt vor, wenn durch das Verfahren alle Bereiche der geprüften Leistung auch erfasst werden. Ein Test zur Prüfung des Sprachverstehens ist dann inhaltsvalide, wenn er auch das Sprachverstehen und nicht das Weltwissen prüft.
- Konstruktvalidität ist dann gegeben, wenn das Verfahren eng mit solchen Verfahren zusammenhängt (korreliert), die die gleichen oder ähnliche Merkmale er-

fassen wollen, und keine Beziehung zu solchen Merkmalsbereichen aufweist, die nicht mit dem Verfahren überprüft werden sollen.

- Kriteriumsvalidität ist gegeben, wenn das diagnostische Verfahren zu den gleichen Ergebnissen führt wie ein bereits bewährtes anderes Verfahren oder mit dem Verfahren tatsächlich das Risiko einer bestimmten Beeinträchtigung vorhergesagt werden kann (prognostische Validität). So wäre ein Screening zur Risikobestimmung für eine Lese-Rechtschreib-Schwierigkeit kriteriumsvalide (prognostisch valide), wenn es tatsächlich Lese-Rechtschreib-Schwierigkeiten im zweiten oder dritten Schuljahr bereits im Vorschulalter vorhersagen kann.

Vokaltrakt

Der Vokaltrakt umfasst den gesamten Rachen- und Mundraum von den Stimmlippen an aufwärts. Er dient dem Transport von Nahrung und Atemluft und ist darüber hinaus für die Artikulation und die Resonanz zuständig.

Vollverb

Vollverb heißen alle Verben, die zur Bildung von Gegenwartsformen keines Auxiliars (Hilfsverbs), keiner → Kopula und keines → Modalverbs bedürfen: „Ich rufe", „Du suchst", „Wir laufen".

Vorläuferfertigkeit

Als Vorläuferfertigkeiten werden in den letzten Jahren meist diejenigen Leistungen bezeichnet, die für einen reibungslosen Erwerb der Schriftsprache vorhanden sein müssen. Eine wesentliche Vorläuferfertigkeit ist die → phonologische Bewusstheit. Weitere Vorläuferfertigkeiten wären beispielsweise die Fähigkeit zur Unterscheidung von Graphemen (Buchstaben), z. B. zur Differenzierung zwischen einem p und einem q oder einem b und einem p.

Williams-Beuren-Syndrom

Das Williams-Beuren-Syndrom (WBS) ist eine seltene Behinderung (Häufigkeit von 1:20 000 bis 1:50 000). Die Behinderung entsteht spontan durch den Verlust von genetischem Material im Bereich des Chromosoms 7 bei der Bildung der Keimzellen. Als Leitsymptome können betrachtet werden (→ http://www.w-b-s.de/info/index.html):

- Gefäßverengungen und -veränderungen, insbesondere in Herznähe
- Typische Gesichtszüge
- Schielen
- Kleinwuchs
- Leichte bis mittelschwere geistige Behinderung
- Entwicklungsverzögerung (u. a. Laufen und Sprechen)
- Typisches Persönlichkeitsprofil
- Ess- und Trinkschwierigkeiten

- Geräuschempfindlichkeit
- Musikalische Begabung.

Wissen

Mit Wissen werden alle diejenigen Gedächtnisinhalte bezeichnet, auf die wir bewusst zugreifen können. Wir haben ein Wissen z. B. über Sprache, Mathematik, Geographie. Als linguistisch geschulte Personen können wir beispielsweise auch Wissen über den Prozess der Lautproduktion erwerben, aber dieses Wissen wird vermutlich nicht mit den Repräsentationen überstimmen, die unsere tatsächliche Produktion von Lauten steuern.

Wissen kann in Können überführt werden. Ein gutes Beispiel dafür ist der Leselernprozess. Das Kind lernt zunächst die einzelnen Graphem-Phonem-Korrespondenzen (Buchstaben-Laut-Verbindungen). Um zu einem flüssigen Lesen zu kommen, müssen diese Verbindungen so lange geübt werden, bis sich eine Fertigkeit (Lesen-Können) aufgebaut hat. Die ursprünglich bewusst gebildeten Buchstaben-Laut-Verbindungen werden allmählich automatisiert.

Wortbildung

Die Wortbildung beschreibt die bei der Bildung neuer Wörter zugrunde liegenden Prozesse. Wortbildungsprozesse liegen den Zusammensetzungen von Wörtern (z. B. Kinder und Garten → Kindergarten), bei Ableitungen (z. B. Hand → händig) und bei so genannten Konversionen (d. h. ein Wort aus einer bestimmten Wortklasse wird in ein Wort einer anderen Wortklasse umgewandelt, z. B. Orange → orange; verhauen → Verhau).

Wortfindungsstörung

Wortfindungsstörungen können ein Symptom von zentralnervösen Störungen sein, beispielsweise durch hirntraumatische Schädigungen wie Aphasien. Die passenden Wörter werden nicht mehr aufgefunden, um sie in den entsprechenden sprachlichen Kontexten produzieren zu können.

Zusammengesetzte Sätze

Ein zusammengesetzter Satz besteht aus mehreren Teilsätzen. Teilsätze können neben- oder untergeordnet sein. Ein untergeordneter Teilsatz ist ein Nebensatz, der ohne den Hauptsatz nicht stehen könnte und der meist mit einer → Konjunktion eingeleitet wird. Solche Hauptsatz-Nebensatz-Gefüge werden u. a. nach der Funktion der eingeleiteten Nebensätze unterschieden. Konjunktionen wie *bevor, als, bis, nachdem* leiten einen *Temporalsatz* ein, Konjunktionen wie *weil* oder *da* einen *Kausalsatz (Begründungssatz)*, Konjunktionen wie *indem, ohne dass* oder *als ob* einen Modalsatz, Konjunktionen wie *damit, um zu* oder *dass* einen *Finalsatz (Zwecksatz)*.

Beispiele:

- *Temporalsatz:* Peter rannte zuerst weg, bevor sich Michael in Bewegung setzte.
- *Kausalsatz:* Weil Peter keinen Apfel mehr bekommen hat, ist er traurig.
- *Modalsatz:* Je mehr der Junge lachte, desto wütender wurde das Mädchen.
- *Finalsatz:* Die Erzieherin erklärte die Aufgabe zweimal, damit alle Kinder sie verstehen konnten.